Die positive Funktion von Fehlerereignissen

Europäische Hochschulschriften
Publications Universitaires Européennes
European University Studies

Reihe VI
Psychologie

Série VI   Series VI
Psychologie
Psychology

Bd./Vol. 741

PETER LANG
Frankfurt am Main · Berlin · Bern · Bruxelles · New York · Oxford · Wien

Reingard Kess

Die positive Funktion von Fehlerereignissen

Über die Auffindung und Nutzbarmachung von Fehlerpotentialen

PETER LANG
Europäischer Verlag der Wissenschaften

Bibliografische Information Der Deutschen Bibliothek
Die Deutsche Bibliothek verzeichnet diese Publikation in der
Deutschen Nationalbibliografie; detaillierte bibliografische
Daten sind im Internet über <http://dnb.ddb.de> abrufbar.

Zugl.: Hamburg, Univ., Diss., 2005

Gedruckt auf alterungsbeständigem,
säurefreiem Papier.

D 18
ISSN 0531-7347
ISBN 3-631-55184-3

© Peter Lang GmbH
Europäischer Verlag der Wissenschaften
Frankfurt am Main 2006
Alle Rechte vorbehalten.

Printed in Germany 1 2 3 4 5 7

www.peterlang.de

„Es gibt keinen Neuschnee"
Kurt Tucholsky, 1931

Danksagung:
Ich danke von ganzem Herzen meinem Doktorvater Prof. Dr. Hugo Schmale für die Unterstützung. Ich danke meinem Zweitbetreuer Prof. Dr. Matthias Burisch sowie den Mitarbeitern und der Geschäftsleitung der Baufirma August Prien, Hamburg und der Baufirma Claus Alpen, Neustadt für ihr Vertrauen und die Zusammenarbeit. Ich danke den vielen Menschen, die mich unterstützt haben diese Arbeit fertig zu stellen. Ich danke meiner Familie.

Lüdersdorf, September 2005

Inhaltsverzeichnis

Teil B

Die Untersuchung

113

Teil C
Die Ergebnisse der empirischen Untersuchung und erste Interpretationen
135

Teil D
Gesamtinterpretation und Diskussion der Ergebnisse in Bezug auf theoretische Implikationen für die Fehlerforschung und den Umgang mit Fehlern und Fehlerereignissen in der Praxis
157

Teil E
Literaturverzeichnis und Anhang
211

Abbildungsverzeichnis

Tabellenverzeichnis

Einleitung und Fragestellung

In dieser Arbeit geht es um Fehlerereignisse und Fehler in der Arbeitswelt. Damit ist das Feld eingegrenzt. Der genaue Kontext, in dem Fehlerereignisse untersucht werden sollen, bedarf jedoch noch der Präzisierung.

Arbeitshandeln findet in organisierter Weise statt, von der Ich-AG bis hin zu großen Unternehmen und Organisationen. Jedes hat ein besonderes spezifisches Bedingungsgefüge, findet in spezifische Strukturen statt und orientiert sich an Regelwerken. Der Mensch erfüllt mit der Erledigung seiner jeweiligen Arbeitsaufgabe einen spezifischen Organisationszweck. Dadurch und darum ist der Mensch der Knotenpunkt allen wirtschaftlichen Arbeitshandelns.

Je nachdem, welches Interesse der Beschäftigung mit dem Fehler zugrunde liegt, wurden in diesem Zusammenhang im Laufe der Zeit verschiedene Definitionen, Umgangsweisen und Haltungen zum Fehler und entsprechende Strategien für ein Fehlermanagement entwickelt. Die meisten Ansätze stellen auf der Basis einer negativen Bewertung die Kontrolle und die Ausmerzung von Fehlern in den Mittelpunkt. In den seltensten Fällen wurde die Möglichkeit einer positiven Funktion von Fehlern, wie dies z.B. im lerntheoretischen Rahmen von „trial and error" angedacht ist, berücksichtigt. Diese Arbeit will einen Beitrag dazu leisten, dem Fehlerphänomen genauer nachzuspüren, um einen Zugang zu einem, über das sachliche Lernen hinaus gehenden, möglichen Nutzen von Fehlern und Fehlerereignissen zu öffnen.

Fehler, erlebt oder kommentiert, begegnen uns täglich: *Da ist aber was schief gelaufen! Das hab ich falsch gemacht! Da ist mir ein Fehler unterlaufen. Schrecklich!* Aber man sagt auch: *Aus Fehlern wird man klug. Wer arbeitet macht Fehler, wer viel arbeitet macht viele Fehler – nur wer nichts tut bleibt fehlerfrei!? Niemand ist fehlerfrei! Wer ist schon ohne Fehl und Tadel? Das kann schon mal vorkommen! Das ist nicht meine Schuld gewesen...! Wo gehobelt wird, da fallen Späne!* Solche Redensarten zeigen die zwiespältigen Emotionen, die ausgelöst werden, wenn etwas nicht so gelaufen ist wie geplant und womöglich ein Schadenentstanden ist. Die erste Reaktion ist gewöhnlich eine verurteilende Zuweisung von Ursachen und Konsequenzen, gefolgt von Angst (vor Strafe oder Verantwortung) und in der Folge von Entschuldigungen oder Bagatellisierungen.

Es scheint, als ob wir alle daran gewöhnt sind, dass nicht immer alles nach Plan verläuft, sonst hätten wir nicht so viele Formeln entwickelt es zu beschreiben. Menschen, die perfekt scheinen, sind uns sogar unheimlich. Das Spektrum des Phänomens Fehler ist weit. Wir alle kennen die Vielzahl von „kleinen" Fehlerereignissen (siehe Reason 1977, Norman 1980, Senders 1980) aus unserem eigenen Alltag: Sie reichen von Tippfehlern über kleine Beulen, die wir uns beim Zurücksetzen des Autos zuziehen, bis hin zu Unfällen und Katastrophen, die Menschenleben und Umwelt nachhaltig schädigen (Tschernobyl, Harold of free enterprise). In Beziehungen kommt es vor, dass wir anderen Fehlverhalten vorwerfen, weil sie unsere Gefühle verletzt haben, oder dass uns ein Verhalten einem anderen (dem Bekannten, dem Chef, der Sekretärin oder den Schwiegereltern) gegenüber als unangemessen erklärt wird. Was haben wir da bloß wieder falsch gemacht? Kollegen oder Mitschüler, bei denen alles fehlerfrei zu laufen scheint, werden beäugt und beobachtet, bis ihnen zur Beruhigung aller endlich doch ein Fehler unterläuft. Lässt sich trotz strenger Beobachtung kein Fehler entdecken, erklären wir uns, dass diese Personen sicherlich in anderen Bereichen so ihre Schwächen haben.

Wir sind uns eigentlich alle bewusst, dass es kein Null-Fehler-Verhalten, keine Perfektion gibt, dass es noch nicht einmal ein eindeutiges „richtig" oder „falsch" gibt. Vieles ist eben nicht ganz richtig, könnte besser sein oder ist grad eben noch akzeptabel. Deshalb hat jeder gelernt, seine eigenen Toleranzgrenzen zu entwickeln, in denen Ereignisse als noch akzeptabel oder bei Überschreiten als falsch bewertet werden. Wie verschieden diese Grenzen im Privaten wie im beruflichen Alltag sein können, weiß ein jeder aus manchmal nicht enden wollenden Diskussionen darüber, was richtig und was falsch ist.

Dennoch und irgendwie gerade darum: Fehler sind und bleiben etwas Negatives. Unerwünschte Folgen -ein nicht erreichtes Ziel und Gefühle des Unwohlseins-lassen uns unser Handeln kritisch reflektieren, und darin steckt durchaus auch etwas Gutes. Erst diese Reflexion des „trial and error" (Miller, Galanter & Pribram, 1960) ermöglicht Anpassung und nicht zuletzt im biologischen Sinne Überleben (von Weizsäcker & von Weizsäcker 1984).

*

Fehler können durchaus nützlich sein, das ist bekannt. Lernen, ohne Fehler zu machen, geht nicht. Niemand kann alles bereits beim ersten Versuch. Pädagogische und entwicklungspsychologische Forschungen haben sich intensiv mit dem wie und warum sich Fehler ereignen beschäftigt (Weimer 1925, Piaget 1976). Die Art der gemachten Fehler erlaubt Rückschlüsse darüber, wie eine Person lernt und was sie noch nicht gelernt hat. Untersuchungen von Fehlern Lernender haben Wege aufgezeigt, wie Lernziele besser erreicht werden können (Selz 1922, Bruner 1970, Piaget 1976, Mehl 1993; Aebli 1994, Kobi 1994, Weingardt 2004). Daraus wurden sowohl didaktische und erzieherische Konzepte, als auch Fehlerklassifikationen und Standards für bestimmte Altersstufen und Lerninhalte entwickelt. Fehler werden hier genutzt um Rückmeldungen über Lernprozesse zu erhalten, diese bewerten und besser verstehen zu können. Zugleich dienen sie auch als Kriterium zur Ermittlung der Leistungsfähigkeit einer Person und finden ständige Anwendung im schulischen Alltag, bei Prüfungen jeglicher Art oder bei der professionellen Prognose der Berufseignung.

Das gilt im Kleinen wie im Großen: Grundlage einer jeden Gesellschaft sind Regeln und Gesetze. Regelbrüche oder Devianzen werden geahndet; und sie verändern und ermöglichen Wandel und Weiterentwicklung einer Gemeinschaft. Die Ahndung devianten Verhaltens sorgt gleichsam für den Erhalt des Gemeinwesens dadurch, dass durch eine Abweichung die gemeinsamen Regeln und Gesetze bestätigt werden. Durch eine Legitimierung oder Regelung vormals devianten Verhaltens kann Gesellschaft sich entwickeln. Das Verfehlen, der Fehler nutzt hier der Konsolidierung oder dem Voranschreiten.

Innerhalb jeder Gesellschaft gibt es verschiedene Bereiche, die eigene Regeln, Maßstäbe und Soll-Werte vorgeben: das Bildungswesen, das Wirtschaftsleben, das soziale Zusammenleben, das kulturelle Schaffen. Aus der Menge und der Art gemachter Fehler wird im jeweiligen gesellschaftlichen Kontext versucht, einen Rückschluss auf die Güte und Leistung von Produkten und Menschen zu ziehen.

*

Um so erstaunlicher ist es, dass in der Wirtschaft und Industrie das sogenannte Null-Fehler-Prinzip gelten soll (Manasaray 2000). Es hieße auf Bewertungskriterien zu verzichten und zu ignorieren, dass die Wirtschaft schließlich auch von Menschen gemacht wird. Worauf, wie und warum soll dieses Null-Fehler Prinzip denn angewandt werden? Mit Hilfe der Normierung von Aufgaben, Abläufen und Zeitplänen und sollen klare Grenzen für falsch und richtig geschaffen werden. Das Einhalten dieser Grenzen wird durch Qualitätsmanagementsysteme, Fehlermanagementsysteme und Controlling überwacht (Edward W. Deming 1982, DIN ISO 9002; Westkämper 1996, Algedri 1998). Bei Abweichungen von den gesetzten Soll-Werten wird versucht, eine Anpassung einzuleiten und störende Elemente im Zweifelsfall auszutauschen. Das betrifft technische Systeme und Menschen gleichermaßen. Dieser soll dann durch die „richtige" Personalauswahl gefunden oder durch Qualifizierung des Mitarbeiters befähigt werden, Arbeit in den tolerierbaren Grenzen zu verrichten, und zwar so, dass keine Fehler mehr geschehen, die die Effektivität bzw. den Gewinn beeinträchtigen: Bestellungen, die falsch oder unvollständig ablaufen, Kundenreklamationen oder Schreibtische, die trotz Anstrengung noch immer unter einem Papierberg verschwinden. Also Ereignisse oder Zustände, die Arbeitsabläufe verlangsamen, behindern oder die in irgendeiner Weise Mehrkosten verursachen.

Das Null-Fehler-Prinzip ist also ein auf die Optimierung wirtschaftlichen Handelns ausgerichtetes Prinzip. Neben der Gewinnmaximierung sollten wir hoffen, dass mit dem Null-Fehler-Prinzip selbstverständlich auch eine Schadensminimierung für Mensch und Umwelt einher gehen (Imai 1992).

Die Vorstellung, Fehler auf Null bringen zu können, impliziert zusätzlich, dass man alle Fehler und ihre Ursachen kennt. Tatsächlich ereignet sich aber eine solche Vielfalt an Fehlern, die in ihrem Gefolge oft weitere mit sich bringen, so dass sie gar nicht alle vorhersehbar sein können. Der Flügelschlag eines Schmetterlings, der einen Orkan auslösen kann, ist eine konstruktivistische Metapher für die Verwobenheit von Ereignissen und ihren Auswirkungen. Das Null-Fehler-Prinzip wird der empfundenen Hilflosigkeit gegenüber den Auswirkungen von Fehlern nicht gerecht. Es weist in die falsche Richtung, weil es nicht einmal in den kleinsten Systemen umsetzbar ist.

Welche Richtung lässt sich also einschlagen, um mit Fehlern und deren teilweise komplexen und unüberschaubaren Auswirkungen umzugehen? Die Kernthese der vorliegenden Arbeit lautet, dass Fehler etwas durchaus Nützliches sein können. Die Arbeit will einen Beitrag dazu leisten, dem Phänomen Fehler -das unterschwellig immer da ist- mehr Bedeutung abzugewinnen als „bloß" daraus zu lernen. Dazu gehört: Informationen aus dem Fehlerphänomen zu gewinnen, um die Komplexität der Entstehung besser zu verstehen und damit Auswirkungen von Fehlern besser kontrollieren zu können, das Fehlerereignis selbst (und nicht nur Ursachen) genauer zu kennen und eine Entscheidungsgrundlage zu entwickeln, wie auch mit dem Fehlerereignis und den Begleiterscheinungen anders, sachgerechter und nutzbringender umgegangen werden kann.

Ganz gleich in welchem Kontext, ob gesellschaftlich, wirtschaftlich oder persönlich, ein Fehler ist die Abweichung von einer Vorgabe und wird zum Gegenstand des Interesses, weil die Abweichung unerwünscht ist. Die negative Bewertung des Fehlers, die Sorge vor den Konsequenzen erzeugen eine Spannung, die dazu beiträgt, das Handeln in die Richtung des „Erwünschten" zu lenken.

Ergebnisse eigenen und fremden Handelns zu bewerten und wenn nötig korrigierend einzugreifen, scheint fester Bestandteil eines jeden gesellschaftlichen Lebens zu sein, um soziale Akzeptanz zu erfahren und wirtschaftlich überleben zu können. Das Ereignis Fehler dient dabei ständig als Gradmesser, inwieweit das Handeln im „richtigen Fluss" ist oder Anpassungsbedarf besteht.

Das Phänomen Fehler konstruiert sich demnach -abhängig von der jeweiligen Intention und dem jeweiligen Kontext- an der Bewertung einer unerwünschten Abweichung von einem Soll-Wert, der aktuell Gültigkeit hat. Die Beschäftigung mit dem Fehler ist dabei oft eine Ursachensuche. Begleitet von der Hoffnung, dass durch die Abschaffung der Fehlerursache der Fehler selbst nicht mehr auftreten kann.

*

In dieser Arbeit wird ein besonderer Ausschnitt von Welt betrachtet: die Arbeitswelt. Hier tritt das Phänomen häufig in Erscheinung und entfaltet seine Wirkung auf unterschiedlichen Ebenen.

Im Arbeitsalltag ist der Fehler besonders unerwünscht. Hier geht es um Leistung -Interpretationen sind hier zunächst unerwünscht. Aus diesem Grund wird wohl oft versucht, den Fehler zu versachlichen, indem man ihn einfach Problem nennt. Die Frage lautet dann: Wie kann das Problem gelöst werden oder was kann verbessert werden? Das ist zukünftig und kann als Herausforderung verstanden werden. Den Fragen nach Schuld, Verantwortung, dem irgendwie schlechten Gefühl, Wechselwirkungen und möglicherweise nicht sachlichen oder rationalen Ursachen braucht man dann nicht weiter nachzugehen. Dieses Spannungsfeld wird im Arbeitsalltag häufig gemieden.

Kundenreklamationen oder Terminverzögerungen sind konkret und haben direkten Aufforderungscharakter. Verbesserungen werden schnell vorgenommen, denn die wirtschaftliche Existenz kann bedroht sein. Ursachenbezogen werden selektiv Veränderungen eingeleitet. Bei angenommenen Fehlerbehebungskosten von 20-30% des Umsatzes (Kaminske et al. 1992) ist das Interesse, Fehler in den Griff zu bekommen, nachvollziehbar groß. Der Weg, der in der Praxis gegangen wird, um unerwünschte fehlerhafte Handlungen bzw. Ereignisse kontrollierbar zu machen, sieht so aus, dass entweder Qualitätsmanagement-Systeme (QM) in den Betrieben etabliert werden und/oder die Mitarbeiter sich bemühen, (mit und) durch erhöhte Anstrengung die sich ergebenden Konsequenzen aus Fehlern zu bewältigen. Dabei werden Konsequenzen reduziert, nicht aber zwangsläufig Fehler.

Es steht außer Frage, dass es Fehler gibt, die zukünftig vielleicht vermeidbar sein könnten, dass Kosten, die durch Fehler- oder durch Mängelbeseitigung entstehen, reduziert werden könnten, dass es Verbesserungspotential gibt. Das ist das alltägliche Geschäft von Qualitätsmanagement und Controlling. Dieses Tun ist auf bestimmte Auswirkungen gerichtet, der Fehler selbst -mit all seinen Konsequenzen und Wechselwirkungen- bleibt gegenwärtig. Als ob dieses Vorgehen nicht ausreichend wäre, scheinen sich Unfälle, Katastrophen, Fehler und Belastungen mit ihren für Menschen, Umwelt und Wirtschaft unerwünschten Folgen nicht so einfach reduzieren zu lassen. Warum nicht, woran kann es liegen? Werden denn wirklich Fehler erhoben und analysiert oder geht es nicht vielmehr um Auswirkungen und damit möglicherweise um verkürzte Kausalzusammenhänge? Angesichts dessen bleibt das Bekannte „aus Fehlern kann man lernen" fremd. Bei genauerer Betrachtung ist festzustellen, dass die Fehlerfolge im Mittelpunkt des Interesses steht, und nicht der Fehler selbst. Unerwünschte Konsequenzen sollen durch Lernen zukünftig vermieden werden.

*

Um ein noch tieferes Verständnis für das Fehlerphänomen zu entwickeln, sollen hier noch weitere Vorüberlegungen angestellt werden. Jedes Fehlerereignis hat eine Vorgeschichte. Ihm liegt etwas zugrunde, das in diesem Ereignis mündet, welches als Folge Unerwünschtes mit sich bringt. Ich benutze das Wort Ereignis im Sinne des „Sichzeigen", der Ereignung. Im Ereignis wird Erfolg oder Misserfolg sichtbar. Spontan sprechen wir von einem Fehler, wenn sich zeigt, dass etwas anders ausgeht als wir es haben wollten, erwartet oder geplant hatten, und wir diesem Ereignis ablehnend gegenüber stehen. Also wenn Menschen oder technische Geräte nicht wie erwartet „funktionieren" oder nicht die Leistung erbringen, die erwartet wurde. Ein Fehler zeigt sich dadurch, dass ein unerwünschtes Ereignis, ein Fehlerereignis wahrgenommen wurde. Ereignisse werden also immer rückwirkend als Fehler bewertet. Erst wenn etwas geschehen ist, lässt sich ein Soll-Ist-Wert Vergleich durchführen. Wann und wie eine Differenz wiederum wahrgenommen wird, kann sehr unterschiedlich sein. Und so unterschiedlich fallen dann auch Berichte über Fehlerereignisse aus. Voraussetzungen dafür, dass über ein Fehlerereignis berichtet werden kann, sind demnach:

(a) ein Soll-Wert

(b) die Erreichbarkeit des Soll-Werts

(c) eine Differenz zwischen Soll-Wert und Ist-Wert

(d) eine Bewertung dieser Differenz

Ein konkretes Beispiel aus dem Arbeitsalltag kann sein: Auf einer Baustelle liegt am Morgen Werkzeug herum und die Container sind nicht verschlossen. Dies ist ein unerwünschter Zustand und gibt Anlass für eine eingehendere Analyse. Zunächst einmal gilt es zu prüfen, in welche Richtung nach einem Fehler gesucht werden müsste, der diesem Zustand zugrunde liegt. Ist z.B. eingebrochen worden oder hat vorher jemand die Baustelle nicht ordnungsgemäß verlassen? Lässt sich Einbruch ausschließen, kann mit der internen Fehlersuche begonnen werden. Aus Sicht desjenigen, der für das mögliche Versäumnis verantwortlich ist, und aus Sicht desjenigen, der den unerwünschten Zustand entdeckt hat, können sich unterschiedliche Perspektiven ergeben. Daher ist es sinnvoll, von „Ereignisknoten" zu sprechen, die zeitlich aufeinander folgen und in unterschiedlicher Weise als unerwünschte Differenz zum jeweils aktuellen Soll-Wert bewertet werden könnten (hier z.B. das Versäumnis eines Gesellen und die Aufdeckung durch einen Polier).

Betrachten wir den zweiten Ereignisknoten, das Entdecken des Versäumnis. Der Polier könnte vom Ärger berichten, dessen Ursache er in der unaufgeräumten Baustelle sieht, möglicherweise mit der Konsequenz, dass der Polier seine Mitarbeiter zur Rede stellt. Der vorangegangene, erste Ereignisknoten, der zur Folge hatte, dass die Baustelle unaufgeräumt ist, würde noch einer genaueren Betrachtung bedürfen, um die Ursachen dafür aufzudecken. In der Zeit fortschreitend kann das Unwohlsein des Poliers aber bereits wieder zur Ursache für weitere Fehlerereignisse (z.B. eine Unaufmerksamkeit bei der Entgegennahme einer Lieferung) sein. Anhand dieses Beispiels soll nun unter zu Hilfenahme der Voraussetzungen für Berichte über Fehlerereignisse aufgezeigt werden, wie ein Fehler gefunden werden kann und wie vielschichtig sich dieses Vorgehen darstellt.

(a) Das Vorhandensein einer Zielvorstellung (Soll-Wert).

Ein Ereignis wird nur dann genauer analysiert und gegebenenfalls als Fehler bewertet, wenn es einen Anlass dafür gibt. Kein Mensch bewertet ständig alles, was um ihn herum geschieht. Alles was sich im tolerierbaren Soll-Bereich abspielt, passiert ohne weitere Bewertung unsere Wahrnehmung. Wie bei Messgeräten der Alarmbereich, werden Aufmerksamkeit und Bewertung erst an den Grenzen des Toleranzbereichs benötigt und eingesetzt. Um eine Differenz (Abweichung) feststellen zu können, muss es etwas geben, wovon etwas abweichen kann. Ist eine Baustelle jeden Morgen unaufgeräumt, wird dies eher als normal denn als unerwünschter Zustand bewertet werden. Ist der Soll-Wert „Baustelle aufgeräumt" aber festgelegt, so kann ein übriggebliebenes Werkszeug vielleicht noch in den Toleranzbereich fallen, der beschriebene Zustand wird aber die Wahrnehmung des Poliers nicht unbewertet passieren.

(b) Die Erreichbarkeit des Soll-Werts
Von einem Fehler wird gesprochen, wenn jemand für die Einhaltung eines Soll-Werts zuständig ist. Es muss also jemanden geben, der die Baustelle aufräumen und die Container abschließen kann und soll. Der Soll-Wert muss also erreichbar gewesen sein. Zur Erreichbarkeit gehört auch ein Konsens über den Soll-Wert zwischen Handelndem und Bewertendem. Der Polier und seine Mitarbeiter müssen eine Einigung über den Soll-Wert (aufgeräumte Baustelle) haben. Die Präzisierung eines Soll-Wertes macht es möglich ein Ziel genauer zu definieren und somit eine kommunizierbare Differenz zwischen einem Ist- und einem Soll-Wert festzustellen.

(c) Es gibt eine Differenz zwischen Soll-Wert und Ist-Wert.
Ohne einen Unterschied zwischen einer Erwartung oder einer Zielsetzung und dem tatsächlichen Resultat würde niemand auf die Idee kommen, überhaupt etwas bewerten zu wollen.

(d) Die Differenz wird als fehlerhaft bewertet.
Wir haben einen Soll-Wert (aufgeräumte Baustelle), jemanden, der für die Einhaltung zuständig ist, eine Abweichung (die Baustelle ist unaufgeräumt) und jemanden, der es bemerkt hat (der Polier am nächsten Morgen). Ist diese Differenz wahrgenommen worden, wird sie bewertet. Ist die Abweichung größer als der Toleranzbereich, der aktuell gilt (mehr als ein Handwerkszeug liegt noch herum), dann wird das Ereignis als fehlerhaft bewertet werden und die Zuweisung zu einem Fehler vorgenommen. Wie weit der Toleranzbereich reicht, kann außerordentlich unterschiedlich sein. Im alltäglichen Handeln sind es die Mög-

lichkeiten, der in der Situation Handelnden, die Erwartungen der Beteiligten, die Vorbedingungen und die Situation selbst, die den Toleranzbereich festlegen. Vergleichbare Abweichungen, die in Ereignissen sichtbar werden, können in unterschiedliche Toleranzbereiche (Bewertungsmaßstäbe) fallen. In der einen Situation ergibt sich daraus ein fehlerhafter Zustand oder eine fehlerhafte Leistung, in einer anderen kann es als noch akzeptabel gelten. Das Versäumnis, die Baustelle aufgeräumt und abgeschlossen zu haben, kann mit einer guten „Ausrede" dem Vorwurf des Fehlverhaltens entgehen. Wenn plötzliche Krankheit den Verantwortlichen befallen hat, sich ein Arbeitsunfall ereignet hat oder unerwartete, dringende Arbeit angefallen ist, kann die Bewertung der Umstände, die dazu geführt haben, eine andere sein - aufgrund der Situation. Die Ursache für diesen unerwünschten Zustand ist dann ein ganz anderer Fehler als ein Fehlverhalten (Versäumnis). Dennoch wird die unangenehme Erinnerung an den fehlerhaften Zustand (chaotische Baustelle) für den Polier bleiben: Hier klingt die Frage nach Urteil, Schuld, Verantwortung, Absicht und Vermeidbarkeit an, und es wird eine wesentliche Schwierigkeit für die Definition von Fehler sichtbar.

Schauen wir uns die Fehlerwahrnehmung und Bewertung noch einmal genauer an. Die unaufgeräumte Baustelle wahrzunehmen, ist für einen sehenden Menschen kein Problem, aber nehmen wir beispielsweise einen Turmspringer: Neben gewissen akrobatischen Anteilen besteht die Perfektion eines Sprungs auch darin, ohne Spritzer in das Wasser zu tauchen. Ohne einen außenstehenden Beobachter oder eine Kamera wird es dem Springer nicht möglich sein, etwas über das Spritzen beim eigenen Eintauchen zu erfahren. Es ist nicht irgendein Ereignis, das plötzlich da ist, sondern ein definierter Vorgang (Turmspringen) wird von einem vorwissenden Beobachter (er weiß, dass er aufmerksam sein soll und worauf er achten soll) gezielt und aufmerksam beobachtet. Dies ist vergleichbar mit technischen Systemen, in denen Messgeräte für die Überwachung relevanter Werte und deren Rückmeldung eingesetzt werden. Die Beobachtungen sind gewissermaßen voreingestellt, und die Toleranzgrenzen sind definiert.

Im Falle des Messgerätes können wir davon ausgehen, dass es auf die relevanten Werte hin programmiert und mit entsprechenden Fühlern ausgestattet ist. Bei der Beobachtung eines Turmsprungs hat der Trainer eine innere „Meßlatte", an der das Ergebnis bewertet wird. So wie der Trainer seine „Meßlatte" an einer Erwartung kalibriert, haben alle Menschen Erwartungen und einen Toleranzbereich gegenüber Ereignissen, Handlungsverläufen und Handlungsergebnissen, an denen die Bewertung stattfindet und an denen analysiert wird, ob eine nicht mehr tolerierbare Abweichung vorliegt.

Die meisten Ereignisse, die wir als Fehler bewerten, finden aber in Situationen statt, in denen kein Gerät programmiert ist, um Messungen vorzunehmen, und niemand aufgefordert ist, etwas zu beobachten. Das Auftreten einer Differenz selbst fordert zur Bewertung auf, weil ein Gleichgewicht gestört, eine Erwartung nicht erfüllt wurde. Wir erleben einen Zustand der Nichtpassung. Diese Nichtpassung veranlasst uns, aufmerksam wahrzunehmen, die Situation verstehen zu wollen und sie als richtig oder noch akzeptabel oder falsch (hier muss etwas korrigiert werden) zu bewerten.

Nichtpassung beschreibt das alltägliche Erleben bei den vielen kleinen Missgeschicken wie dem Verlegen einer Brille, der falsche Schlüssel in der Hand, die Butter, die wir vergessen haben einzukaufen oder die Hose, die einen Fleck hat. Dazu gehören aber auch das Entdecken einer Differenz in der Handwerkerrechnung, das Unwohlsein auf einer Party oder das Gefühl des Ärgers während der Arbeit. Das Erleben einer Nichtpassung veranlasst uns, einen Vorgang zu rekonstruieren und ihn zu bewerten.

*

Diese ersten Überlegungen werden jetzt an einem weiteren konkreten Beispiel aus dem Arbeitsalltag fortgeführt, um zu verdeutlichen wie wichtig es ist Ursache und Wirkung klar herauszuarbeiten. Nehmen wir folgende Situation: Auf einer Baustelle rutscht einem Gesellen beim Einschlagen eines Nagels der Hammer aus der Hand. Dieser fliegt so unglücklich, dass er einen Arbeitskollegen, der etwas weiter unten arbeitet, am Kopf streift. Der Kollege hat eine kleine Platzwunde am Kopf und blutet. Das ist schon fast eine kleine Geschichte, so wie jede Situation, die unsere Aufmerksamkeit bekommt. Ein Ereignis zu erfassen, bedeutet einen Sinnzusammenhang zu erkennen oder herzustellen, meistens also Entstehung, Entwicklung und Ausgang einer Situation zu erfassen. Diese stellen sich je nach Blickwinkel verschieden dar.

Genaugenommen haben wir es auch in dieser Geschichte mit zwei Knotenpunkten auf der Ereigniskette zu tun, in denen jeweils eine andere Differenz sichtbar wird. Beide sind miteinander verwoben, das erste Ereignis bedingt das zweite und die Verletzung (der Schaden) macht das erste Ereignis erst dramatisch und beide (E1: Der Hammer rutscht aus der Hand, E2: Der Kopf wird verletzt) würden wohl zumindest von den arbeitenden Menschen übereinstimmend als fehlerhaft bewertet und berichtet werden.

Die beiden Menschen haben zunächst einmal das naheliegende Interesse, dass so etwas nicht wieder geschieht. Ohne den Schaden (Kollege verletzt) hätte sich der Geselle möglicherweise nicht weiter mit dem entglittenen Hammer beschäftigt, er hätte ihn wieder aufgenommen und die kurze Verzögerung schnell kompensiert. So jedoch wird er wohl genauer darüber nachdenken, wie es eigentlich dazu kommen konnte. Der Verletzte wird vermutlich ebenfalls darüber nachdenken, ob er sich gegebenenfalls besser hätte schützen können. Beide können aus der Analyse ihrer Handlungen (oder Unterlassungen) und des unerwünschten Ergebnisses unmittelbar lernen. Einer der Gesellen ermittelt möglicherweise „Schweißhände" als eine Ursache dafür, den Hammer nicht präzise geführt zu haben, und trägt in Zukunft Handschuhe, und der Verletzte trägt in Zukunft vielleicht ständig einen Helm, weil er es als Fehlverhalten erkennt, die eigene Sicherheit vernachlässigt zu haben.

Es gibt noch weitere Interessen, aus deren Perspektiven es sinnvoll scheint, sich mit solch einer Situation genauer zu beschäftigen. Der Arbeitgeber, dessen Schaden vor allem die Verzögerung und evtl. der Ausfall eines Mitarbeiters ist, wird ebenfalls daran interessiert sein, solche Mehrkosten in Zukunft zu vermeiden. Daraus kann -nach genauerer Analyse- resultieren, dass andere Hammer gekauft werden oder die Kontrollen, ob Schutzhelme getragen werden, verschärft werden. Das Qualitätsmanagement wäre interessiert an diesem Ereignis, wenn dadurch das Endprodukt gefährdet wurde. Die Berufsgenossenschaft ist an einer genauen Aufklärung interessiert, um die Kostenübernahme für den Verletzten zu klären, denn liegt eine Verletzung der Sicherheitsvorschriften vor, dann muss sie nicht für die Kosten aufkommen. Ergonomen würden sich eher für die Schnittstellen Hand/Hammer und Hammer/Kopf interessieren. Es würde untersucht werden, ob rein menschliches Versagen (Unachtsamkeit, Helm nicht getragen) vorliegt oder eine unausgereifte Mensch-Technik-Schnittstelle sichtbar wird, an der etwas verbessert werden kann. Beispielsweise könnten ein rutschfester Hammergriff oder ein anders geformter Helm, der umfassenderen Schutz (und/oder mehr Tragekomfort) bietet, entwickelt werden. Eine andere Blickweise hat der Katastrophenforscher. Dieses Ereignis würde erst in den Fokus genommen werden, wenn das gesamte Bauwerk einstürzt und sich in der nachträglichen Analyse herausstellt, dass ein entscheidender Nagel fehlte, der aufgrund vorangegangener Ereignisse nicht mehr eingeschlagen wurde. Die Informationen, die in einem Fehlerereignis stecken, aus den verschiedenen Perspektiven heraus zu betrachten, kann also durchaus nutzbringend sein und die Basis für eine Fehleranalyse verbreitern. Damit der Zugang zum Nutzen über das sachliche Lernen hinaus möglichst breit angelegt werden kann, sollten Fehlersituationen zunächst einmal frei von persönlichen oder organisationellen Interessen erhoben werden. Darauf wird in der vorliegenden Arbeit großer Wert gelegt.

*

Zusammenfassend kann gesagt werden: Viele Methoden zur Erhebung und Analyse von Fehlern haben das Ziel, Fehler zu verhindern oder zu reduzieren: „Diese Konzepte zeichnen sich u.a. durch eine sehr unterschiedliche Akzentuierung menschlicher Aspekte und Bedürfnisse bis hin zu deren völligen Ignorierung aus – im Sinne der altbekannten Unterscheidung ´der Mensch im Mittelpunkt´ vs. ´der Mensch ist Mittel.´" (Strohm 2001, S.49).

Ziel dieser Arbeit ist es, auf dem Hintergrund interdisziplinärer Überlegungen, Methoden und Beobachtungen und einer hypothesengenerierenden empirischen Untersuchung einen Zugang zum nutzbringenden Potential von Fehlerereignissen zu finden. Die Analyse erhobener Fehlerereignisse soll der Erstellung von (inhaltlichen und grafischen) Profilen über zugrundeliegende Fehler und dem damit verbundenen Verbesserungspotential dienen. Die Ergebnisse sollen Grundlage sein, um Entscheidungen darüber zu treffen, welche Anpassungen und Einflussnahmen notwendig und tatsächlich möglich sind. Daran sollte sich durchaus die Frage anschließen, mit welchen Fehlerereignissen und mit Fehlern verbundenen Aus- und Wechselwirkungen eine Organisation glaubt, auch zukünftig leben zu können. Aus diesen Analysen sollen dann in weiteren Schritten realistische und geeignete Interventionen für einen fehlernutzenden und fehlerfreundlichen Umgang mit unerwünschten Abweichungen entwickelt werden.

*

Im einzelnen sollen im Rahmen dieser Arbeit folgende Fragen beantwortet werden:

- Welche Kernaussagen zur Fehlerdefinition lassen sich auf dem Hintergrund der Fehlerforschung, anderer theoretischer Überlegungen und praktischer Ansätze zum Umgang mit Fehlern aufstellen (Teil A,6)?
- Ist es notwendig, ergänzende Parameter zu bestimmen? (Teil A,6.2)
- Inwieweit ist es möglich, Fehlerereignisse durch eine unvoreingenommene Befragung der Betroffenen zu erfassen und zu bewerten? (Teil D, 1)

- Welche nutzbringenden Informationen lassen sich von den erhobenen Daten über das Bedingungsgefüge von Fehlerereignisse ableiten und gewinnbringend für die Praxis anwenden? (Teil D, 2)
  o Welche Informationen können durch die Analyse der Fehlerereignisse über das sachlich Falsche hinaus gewonnen werden?
  o Welcher theoretische und/oder praktische Weg lässt sich aufzeigen, Fehler trotz oder gerade wegen ihrer negativen Bewertung für die Fehlertheorie und den praktischen Umgang mit Fehlern nutzbar zu machen?

Ich schließe mich der Annahme Theo Wehners an: „Das Auftreten der Fehlhandlungen ist weder diffus noch regellos. Kognitive als auch motorische Handlungsfehler sind keine Zufallserscheinungen, sondern gesetzmäßig bedingt, und zwar durch falsches Zusammenwirken determinierender und reproduzierender Tendenzen. Fehlhandlungen gruppieren sich -entgegen der statistischen Zufallsannahme- um das richtige Resultat. Neben der Tendenz zum Richtigen muss die Fehlhandlung als Teil eines Ganzen interpretiert werden. Dabei steht der Fehler in Koexistenz zu vorangegangenen oder nachfolgenden Handlungssequenzen und erklärt sich nicht aus sich heraus.... Im Schatten des Fehlers lassen sich Gesetzmäßigkeiten des analysierten Betrachtungsgebietes erkennen" (Wehner 1984, S. 39-40) und ergänze sie um die Annahme, dass in diesem „Schatten" der Nutzen des Fehlers zu finden ist.

Teil A
Beobachtungen, methodische Ansätze und theoretische Überlegungen zu Fehlern im Arbeitsalltag

Diese allgemeinen Vorüberlegungen sollen das Spektrum des Phänomens Fehler darstellen. Im weiteren werden Beobachtungen, methodische Ansätze und theoretische Überlegungen herangezogen, um eine möglichst breite Basis für eine Arbeitsdefinition „Fehlerereignis" zu schaffen, die für eine praktische Untersuchung im Arbeitsalltag geeignet ist. Die gewählte Reihenfolge folgt einer eher intuitiven Logik, vom Offensichtlichen (Katastrophe) hin zum „Zu Entdeckenden" (der Feldkraft des Fehlers). Darauf aufbauend sollen im Untersuchungsfeld Fehlerereignisse erhoben und analysiert werden, um damit zugrundeliegende Fehler zu ermitteln. Die Ergebnisse sollen die Grundlage für eine weiterführende Diskussion zum Phänomen Fehler liefern.

Als Ausgangsdefinition wird eine Definition von G. Thau benutzt: „Durch traditionelle Erziehung und historisch-kulturell bedingte Einstellungen wird eine Gruppe von heterogenen Ereignissen unter dem Sammelbegriff „menschliche Fehler" oder „menschliches Versagen" zusammengefasst. Damit verknüpft jeder von uns eine sich negativ steigernde Erlebniskette: Fehler zu begehen bedeutet, bestimmte Regeln nicht einzuhalten, Verbote zu überschreiten, Erwartungen nicht zu erfüllen, materiellen oder ideellen Schaden zu verursachen" (Thau 1974).

Auf wissenschaftlichem Gebiet wurden verschiedene Ansätze, Beschreibungen, Erklärung und Bewertung von Fehlern oder Fehlhandlungen entwickelt. Die Intentionen, Fehler zum Gegenstand zu machen, überschneiden sich. Aus einigen dieser Arbeiten lassen sich Kriterien für eine gemeinsame Fehlerdefinition ableiten, in anderen wurden völlig eigenständige Fehlerdefinitionen entwickelt. Je nach Zielsetzung stehen eher die Fehlerursachen (fokussiert in der Unfallforschung), die Fehlerproduktion (fokussiert in der Aufmerksamkeitsforschung) oder die Fehlerkonsequenzen (fokussiert in der menschlichen Zuverlässigkeitstechnik) im Mittelpunkt. Daraus ergibt sich, dass je nach Anwendungsgebiet und Interesse andere Ereignisse in eine Fehleranalyse eingehen und daraus abgeleitetes Fehlermanagement unterschiedliche Schwerpunkte hat. Für den betriebswirtschaftlichen Anwendungsbereich sind es eher Produktionsfehler oder Produktmängel, die untersucht werden, wohingegen in der Ergonomie schädigende oder ineffiziente Mensch-Technik Schnittstellen Gegenstand sind. In handlungstheoretischen Überlegungen ist es die Handlung an sich bzw. deren Abweichung vom antizipierten Verlauf, die analysiert wird.

Um eine möglichst umfassende Fehlererhebung durchführen zu können, sollen die in der Literatur vorliegenden Erkenntnisse auf ihre Brauchbarkeit im Rahmen dieser empirische Untersuchung geprüft werden. Im folgenden werden dafür bewährte theoretische Ansätze und praktische Arbeiten vorgestellt. Aus der Basis der sich darin zeigenden unterschiedlichen Betrachtungsweisen soll eine sinnvolle und breitangelegte Arbeitsdefinition für das Phänomen Fehler im Arbeitszusammenhang abgeleitet werden. Dazu werden Ansätze aus Katastrophenanalysen und Forschungen zu fehlerkritischen Arbeitsaufgaben (1), ergonomischen Forschungsansätze aus der Praxeologie zu Leistungsbedingungen und ergonomischen Standards (2), Versuchen der Kontrolle eines Restrisikos im „Systemelement Mensch" (3), Überlegungen zu den Grenzen kontrollierbaren Handelns (4) und feldtheoretische Ansätze zum Verstehen von Fehlerereignissen (5) herangezogen. Jeder beschriebene Ansatz wird dabei einer Überprüfung der theoretischen und praktischen Brauchbarkeit unterzogen. Die daraus abgeleiteten „Kernaussagen" werden am Schluss von Teil A zusammenfassend in Hinblick auf eine Arbeitsdefinition „Fehlerereignis" (6) diskutiert.

1. Katastrophenanalysen und Forschungen über fehlerkritische Arbeitsaufgaben

Fehlerforschung ist vor allen Dingen durch Katastrophen mit ihren verheerenden Folgen in das Blickfeld des öffentlichen Interesses gelangt. Experten unterschiedlichster Disziplinen versuchten weltweit das Wissen und die Erkenntnisse über Fehler und Fehlerentstehung zusammenzutragen. Hier sollen nun die Ergebnisse aus dem Bereich Systemsicherheit und den Forschungen über fehlerkritische Arbeitsaufgaben betrachtet werden.

Als Ursache für Katastrophen bzw. Unfälle wird oft „menschliches Versagen" angeführt. Solange es sich nicht um eine Naturkatastrophe handelt, muss man davon ausgehen, dass jedes System, in dem Arbeitshandeln stattfindet, von Menschen geschaffen ist und somit letztendlich jede Art von Systemversagen auf den Menschen zurückzuführen ist. Auch wenn „nur" eine technische Komponente unmittelbarer Auslöser war, ist auch diese von Menschen konstruiert, zugelassen, eingesetzt oder gewartet worden. Die 2001 veröffentlichte gerichtliche Klärung der Schuldfrage des Eisenbahnunfalls von Eschede am 3. Juni 1998 beispielsweise beschreibt dieses Dilemma. Angeklagt wurden letztendlich auch diejenigen, die für die Festlegung des Betriebsgrenzmaßes des gebrochenen Radreifens verantwortlich waren. Oft ist eine Technik anders geplant als sie nachher in der Praxis tatsächlich bedient oder gewartet wird und das Bedürfnis nach Schuldzuweisung oder der Benennung eines Verantwortlichen für eingetretenes Unheil ist nachvollziehbar groß.

Detaillierte Analysen von Unfallhergängen und Risikowahrscheinlichkeiten gibt es, seitdem Menschen in Unternehmen investieren, auch schon zu Columbus' Zeiten. Mit der Entstehung eines umfassenden Versicherungswesens gingen immer auch strukturierte Analysen der Risiken in den zu versichernden Bereichen einher. Die Häufung von Katastrophen in der zweiten Hälfte des 20. Jahrhunderts (Three Miles Island, Tschernobyl, Tanker- und Fährunfälle, Unfälle in der petrochemischen Industrie) ließ es immer dringlicher erscheinen, Zusammenhänge sichtbar zu machen und durch ihr Verstehen Einfluss nehmen zu können, damit die verheerenden Folgen und die damit verbundenen Kosten reduziert werden können. Ihre Vermeidung, Kontrolle und Vorhersagbarkeit stehen im Mittelpunkt der Forschung. Die Untersuchungen beginnen, wie im Falle der „Herold of Free Enterprise", wenn eine Katastrophe eingetreten ist. Die Katastrophe wird zum Eingangsereignis für eine Analyse. Ein typisches Ablaufschema, das nach der Analyse eines Unfalls aufgestellt wurde, um den Untergang der „Herald of Free Enterprise" am 6.3.1987 zu rekonstruieren, macht sichtbar, dass es viele einzelne Abweichungen oder Hindernisse und ihre Wechselwirkungen sind, die zu einer Katastrophe führen können:

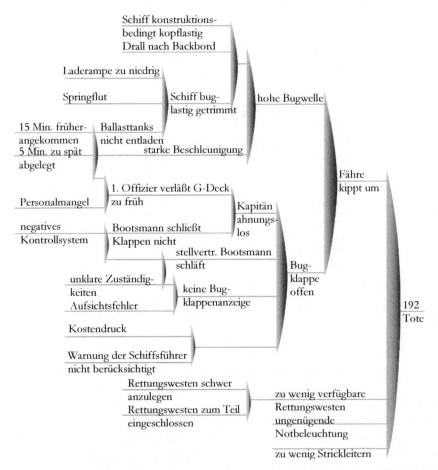

Abb. 1: Schema des Untergangs der "Herold of Free Enterprise" (vgl. Geo 2/1996, S.19)

Störfälle, Beinahestörfälle und Unfälle, die ein hohes Risiko für die Gesundheit, das Leben von Menschen und die Umwelt darstellen, sind immer wieder Gegenstand von Untersuchungen und Analysen. Mit dem dringenden Anliegen, sie zukünftig verhindern, vorhersehen oder zumindest in ihren Auswirkungen kontrollieren zu können, sind unterschiedliche Analyseverfahren entstanden. Auf der Basis dieser Ergebnisse werden immer wieder aufs neue technische Standards, Verordnungen oder Sicherheitsvorschriften, Notfallpläne und Zuständigkeiten abgeleitet.

1.1.   Katastrophenanalysen nach Charles Perrow

Charles Perrow hat eine Vielzahl an Katastrophen genauer untersucht und nach Gemeinsamkeiten in ihrer Entstehung gesucht. Sein Interesse lag darin, Bedingungen zu ermitteln, die in Systemen vorliegen, in denen sich Unfälle oder Beinaheunfälle ereignet haben.

Gegenstand dieser Forschungen sind Unfälle und Fehler in Hochrisikoanlagen. Er stellte die Eigenschaften der Systeme und nicht Handlungs- oder Entscheidungsfehler einzelner Personen in das Zentrum seiner Analysen. An der Überprüfung seiner Hauptthese, dass Systeme, die komplex und eng gekoppelt sind, undurchschaubare und unvorhersehbare Interaktionen mit sich brächten (Perrow 1987), wird deutlich, dass auch noch so „triviale" Ereignisse zu Katastrophen führen können. Er stellt fest, dass es keine geeignete Organisationsstruktur gibt und dass das Vorkommen von Systemunfällen in der Natur solcher Systeme läge (ebenda). Mit trivialen Ereignissen sind jene vielen kleinen Abweichungen und Fehler gemeint, die für sich alleine genommen keine gravierenden Konsequenzen haben, in ihren Kombinationen und Wechselwirkungen jedoch Katastrophen auslösen können. Wenn Katastrophen vermieden werden sollen, legen diese Überlegungen nahe, dass es das System ist, das sich diesen Tatsachen anpassen muss.

Der Spielraum, in dem Abweichungen stattfinden können, ohne dass sie als „triviales Ereignis" ein Glied in einer Kette werden, die zu einer Katastrophe führen kann, hängt in diesen Überlegungen von den jeweiligen Systemeigenschaften ab. Ein genauerer Blick auf die aufgefundenen Zusammenhänge zwischen Risiko und Systemeigenschaften sensibilisiert sowohl für die Erhebung von Abweichungen und die Analyse von Fehlern, als auch für das Hinterfragen existierender Strukturen in Hinblick auf die Anfälligkeit ihrer Funktionsweise bei auftretenden Abweichungen.

1.1.1.   Systemeigenschaften und Risiken

Um vorhandenes Risiko abzuschätzen, werden in diesem Ansatz Produktionsprozesse innerhalb eines Systems untersucht. Die Höhe des Risikos hängt dabei letztlich davon ab, wie eng bzw. lose die Prozesse in der Produktion gekoppelt sind. Weist das System Elastizität auf, können Ausfälle aufgefangen, Abweichungen korrigiert oder Unfallfolgen behoben werden, bevor unberechenbare

Wechselwirkungen zu Katastrophen führen. Innerhalb von Systemen wird zwischen zwei Arten von Interaktionen unterschieden (linearen und komplexen), die zu unterschiedlichen Auswirkungen nach einer Störung führen.

Treten in lineare Interaktionen Störungen auf, sind die Folgen vorhersehbar. Es handelt sich um einen sogenannten Komponentenunfall, der im Sinne der Systemsicherheit keine weiteren Wechselwirkungen aufweist. Wenn keine zu enge Kopplung vorliegt, treten bei diesen Interaktionen also lediglich Unterbrechungen oder Veränderungen in den Abläufen auf (anstelle von unkontrollierbaren Wechselwirkungen). Treten in komplexen Interaktionen Störungen auf, sind die Folgen für die Sicherheit des Systems nicht vorhersehbar. Der Ausfall einer oder mehrerer Komponenten führt zu nicht vorhersehbaren, komplexen Wechselwirkungen. Je enger die Kopplung der Abläufe desto dramatischer können die Konsequenzen der Wechselwirkungen sein. Komplexe Interaktionen in einem eng gekoppelten System bedeuten also das höchste Risiko, weil sie nicht mehr kontrollierbar sind. Perrow warnt davor, den Risiken, die solchen Systemen innewohnen, mit erhöhter Komplexität zu begegnen, und schlägt vor, auf hochriskante Systeme komplett zu verzichten. Sie sollten stattdessen durch Systeme mit mehr Elastizität ersetzt werden. Zur Verhinderung unkontrollierbarer Kettenreaktionen, wie sie sich in komplexen und engen Systemen ereignen, kommt nach Perrow nur eine Anpassung des Systems in Richtung von mehr Elastizität in Frage.

1.1.2. Lineare und komplexe Systeme

Fehler können in unterschiedlich strukturierten Systemen unterschiedliche Auswirkungen haben. Um Wechselwirkungen von Fehlerereignissen (trivialen Ereignissen) und Risiken durch Fehlerereignisse einschätzen zu können, werden komplexe und lineare Systeme wie folgt charakterisiert:

Lineare Systeme	Komplexe Systeme
Verstreute Anordnung der Komponenten	Dichte Anordnung der Komponenten
Einteilung des Betriebsablaufs in einzelne, getrennte Schritte	Kontinuierlicher Betriebsablauf
Mehrfachfunktionsverknüpfungen, beschränkt auf Stromversorgung und Systemumwelt	Viele Mehrfachfunktionsverknüpfungen zwischen Komponenten, die im Betriebsablauf nicht aufeinanderfolgen
Einfacher Austausch schadhafter Komponenten	Schwieriger Austausch schadhafter Komponenten

Lineare Systeme	Komplexe Systeme
Allgemeinere Qualifikation erleichtert das Erkennen von auftretenden Interdependenzen	Spezialisierung von Mitarbeitern erschwert das Erkennen von Auftretenden Interdependenzen
Weitgehende Substituierbarkeit von Material und Zubehör	Begrenzte Substituierbarkeit von Material und Zubehör
Kaum neuartige oder unbeabsichtigte Rückkopplungsschleifen	Neuartige oder unbeabsichtigte Rückkopplungsschleifen
Wenige, unverbundene und direkte Kontrollinstrumente	Viele Kontrollinstrumente mit potentiellen Interaktionen
Direkte Informationen	Indirekte oder abgeleitete Informationen
Weitgehende Bekanntheit aller Prozesse (in der Regel Fertigungs- und Montageprozesse)	Eingeschränkte Kenntnisse über bestimmte Prozesse (bei Transformationsprozessen)

Zusammenfassend:

Räumliche Trennung	Enge Nachbarschaft
Festgelegte Verknüpfungen	Common-Mode- Verknüpfungen
Getrennte Subsysteme	Verknüpfte Subsysteme
Kaum eingeschränkte Substitutionsmöglichkeiten	Eingeschränkte Substitutionsmöglichkeiten
Wenig Rückkopplungsschleifen	Rückkopplungsschleifen
Unabhängige Kontrollinstrumente mit nur einer Funktion	Interagierende Kontrollinstrumente mit Mehrfachfunktion
Direkte Informationen	Indirekte Informationen
Umfassende Kenntnis	Beschränkte Kenntnis

Tab. 1: Eigenschaften und Kopplungen in Systemen (vgl. Perrow 1992, S.128)

Anhand dieser Kriterien wird versucht, Systeme gemäß ihrer Produktions- und Organisationsbedingungen zu beschreiben. Die Charakteristika „eng/lose gekoppelt" und „lineare/komplexe Abläufe" lassen sich innerhalb von Organisationen auch auf Subsysteme, einzelne Projekte oder Arbeitsaufgaben übertragen. Die Beschreibung der Abhängigkeiten kann helfen, die Entstehung und Wechselwirkungen von Fehlern im Arbeitsalltag zu verstehen und deren Konsequenzen besser abzuschätzen. Eine solche Zuordnung kann Grundlage sein, um risikominimierende Anpassungen für eine ganze Organisation oder eines der Subsysteme vorzunehmen. Eine Anwendung der Kriterien auf Subsysteme eines Krankenhausbetriebs könnte beispielsweise ergeben, dass die Intensivstation eher als enggekoppelt und komplex zu bewerten ist, da Fehler in diesem Bereich (z.B. eine falsche Medikation) sofort Aus- und Wechselwirkungen zeigen, während die pathologische Abteilung oder die Verwaltung eher als ein lineares und lose gekoppeltes Subsystem betrachtet werden kann. Fehlerhafte (triviale) Ereignisse könnten hier korrigiert werden, bevor sie sich negativ auswirken. Perrow bietet einen schematischen Überblick (Abb.2) über untersuchte Systeme an, in den vergleichbare Institutionen, Organisationen und Unternehmen eingeordnet werden können. Die Auswirkung von Fehlerereignissen und generelle Einflussmöglichkeiten können mit diesem Schema auch für Subsysteme nachvollzogen werden.

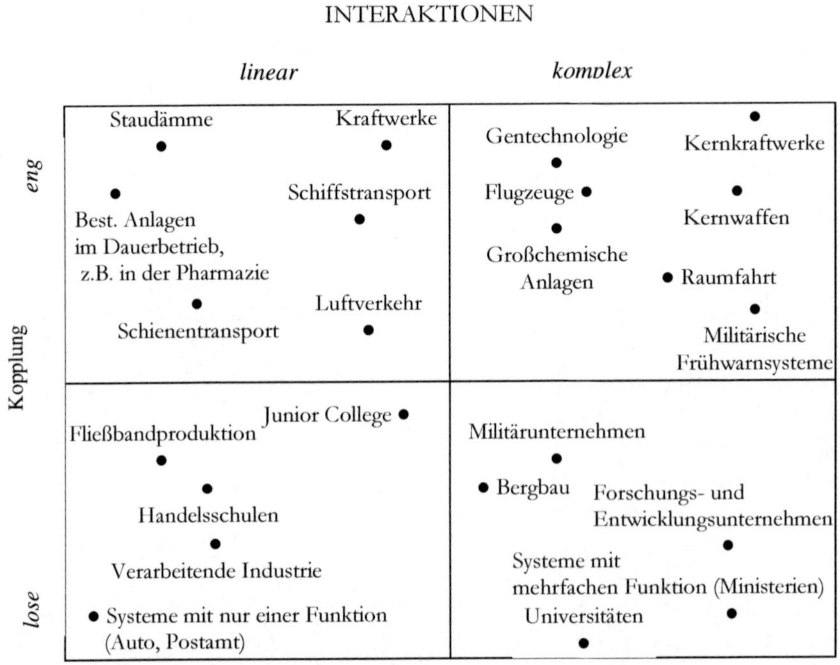

INTERAKTIONEN

	linear	*komplex*
eng	Staudämme • Kraftwerke • • Best. Anlagen Schiffstransport • im Dauerbetrieb, z.B. in der Pharmazie • Luftverkehr • Schienentransport	Gentechnologie • Kernkraftwerke • Flugzeuge • • Kernwaffen Großchemische Anlagen • Raumfahrt • Militärische Frühwarnsysteme
lose	Junior College • Fließbandproduktion • • Handelsschulen Verarbeitende Industrie • Systeme mit nur einer Funktion (Auto, Postamt)	Militärunternehmen • • Bergbau Forschungs- und Entwicklungsunternehmen • Systeme mit mehrfachen Funktion (Ministerien) Universitäten •

(Kopplung)

Abb. 2: Interaktionen und Kopplungen unterschiedlicher Institutionen, Organisationen und Unternehmen (vgl. Perrow 1992, S. 138)

Es wird deutlich, in welchen Bereichen Fehler -ganz gleich wie trivial sie im einzelnen scheinen- besonderer Aufmerksamkeit bedürfen, wenn Risiken minimiert werden sollen. Grundsätzlich lässt sich wohl jedes System oder Subsystem mittels Reduktion in dieses Schema einordnen.

Trotz dieses nachvollziehbaren Zusammenhangs zwischen Systemeigenschaften und Risiko zeigt die Wirklichkeit aber, dass immer mehr Unternehmen mit dem

Anliegen der Effizienzerhöhung und Kostenreduktion in größere Komplexität streben. Just- In- Time Produktion, optimierter Personaleinsatz und maximale Maschinenauslastungen sind Beispiele, die nach den angestellten Überlegungen mit Risikoerhöhung einhergehen. Enger werdende und sich ständig verändernde Kopplungen und Vernetzungen erhöhen das Gesamtrisiko und haben im günstigsten Fall nur materielle Schäden zur Folge. Wirtschaftliche Interessen und Risikominimierung scheinen sich -zumindest in gewissen Bereichen- auszuschließen, so dass auch bisher „risikoarme" Bereiche für die Anwendung der Erkenntnisse aus der Katastrophenforschung interessant werden können.

1.2. Forschungen über fehlerkritische Arbeitsaufgaben

In Systemen, ganz gleich welche Eigenschaften sie kennzeichnen, gibt es bestimmte Aufgaben und Aufgabenbereiche, die in ihrer Struktur riskanter sind als andere. Bei Berufsgruppen, deren Arbeitsaufgaben an sich oder in Teilen keine Abweichungen erlauben, also wenig „fehlerverzeihend" und somit hoch risikobehaftet sind, wurden intensive Beobachtungen und Fehleranalysen durchgeführt. So zeigte die Untersuchung von John Senders (1980), dass trotz deutlicher ergonomischer Verbesserungen auf einem von der NASA simulierten Flug von London nach New York weiterhin durchschnittlich 11,4 Pilotenfehler gemacht werden. Daraus folgerte Theo Wehner „dass das konsequente Befolgen ergonomischer Regeln und Vorschriften -wie dies bei der Instrumentenanordnung in Flugkanzeln absolut der Fall ist- keine optimale Fehlerverhütung gewährleistet" (Wehner 1984, S.26). Die Schlussfolgerung daraus war: Es kommt wesentlich auf das Verhalten der Menschen an, die diese Aufgaben erfüllen, wenn das Risiko minimiert oder zumindest kalkulierbar werden soll.

In der Tradition von Fitts & Jones (1945), die sich mit der Analyse von Pilotenfehlern nach militärischen Fehlschlägen beschäftigt haben, und Flanagan (1954), der die Critical Incident Methode (CIT) entwickelte, führt Robert Helmreich diese Forschung fort. Er untersucht noch heute neben dem Verhalten von Piloten und Astronauten auch das von Chirurgen. Diese Berufe bzw. Arbeitszusammenhänge sind dadurch gekennzeichnet, dass sie in ihrer praktischen Ausübung wenig Raum für Fehler lassen. Als Ergebnis umfangreicher Beobachtungsstudien (in der Zusammenarbeit mit der NASA wurden über Jahre mehr als 30.000 Personen beobachtet) liegt eine Typisierung von Fehlern dieser Berufsgruppen vor

(Helmreich 2001). Grundlage der Typisierung sind Abweichungen vom antizipierten Handlungsverlauf, sowohl durch den arbeitenden Menschen selbst als auch in der Zusammenarbeit mit anderen Kollegen.

Das Eingangsereignis für eine Fehleranalyse ist hier eine Abweichung vom erwarteten Verhalten, das ein Risiko für das Ergebnis erhöht, unabhängig davon, ob es eine beobachtbare negative Auswirkung gibt. Helmreich legt fünf grundlegende Fehlerkategorien vor (Helmreich 1997, 1998, 2000, 2001):

(1) *Ablauffehler (procedural errors)*: Das Richtige wird versucht, aber es wird falsch entschieden.

(2) *Kommunikationsfehler (communicational errors)*: Informationen werden missverstanden oder falsch übermittelt

(3) *Kompetenzmängel (proficiency errors)*: Teams fehlt das Wissen oder die Fähigkeit

(4) *Entscheidungsfehler (decisions errors)*: Es werden bewusst Handlungen gewählt, die Risiken mit sich bringen

(5) *Absichtliche Regelverletzungen (intentional non-compliance errors)*: Vorschriften oder Pläne werden wissendlich nicht eingehalten

Beobachtete Ereignisse wurden in den jeweiligen Systemzusammenhang gestellt und kategorisiert. Ziel war es, ursachenbezogen aus den ermittelten Kategorien Maßnahmen für ein wirksames Fehlermanagement abzuleiten. Auf der Basis der Beobachtung im Feld und einer anschließenden Kategorisierung werden Rückschlüsse auf Ursachenbedingungen gezogen. Es wird davon ausgegangen, dass die Bekämpfung jedes dieser Fehler ein eigenes Management verlangt. „Kompetenzmängel zum Beispiel signalisieren, dass Ausbildungs- oder Trainingsanforderungen zu niedrig sind oder von Arbeitspersonen nicht erreicht wurden. Während Ablauffehler auf mangelhafte Dienstpläne zurückgehen -oder auf Grenzen menschlichen Tun verweisen-, zeigen Kommunikationsmängel, dass Teamwork oder kommunikatives Verhalten gefördert werden sollten" (Helmreich 2001, S.68). Aus dieser Art der Qualifizierung beobachteter Fehler werden also kategorienbezogen situationsunabhängige Fehlermanagementstrategien entwickelt. Helmreich begrenzt das Fehlermanagement auf die arbeitenden Menschen und jene die Arbeitsaufgabe direkt betreffenden Organisationselemente. Wenn also eine Systemanpassung nicht möglich scheint, können auf dieser Grundlage, bezogen auf die spezifischen Berufsgruppen oder Arbeitsaufgaben, risikoerhöhende Verhaltensweisen und risikomindernder Qualifikationsbedarf ermittelt werden.

1.3. Ableitbare Kernaussagen für die geplante Untersuchung: "Triviale" Ereignisse und Fehlermanagement

Katastrophen entstehen aus vielen kleinen Fehlern (triviale Ereignisse, vgl. Abb.1). Abweichungen akkumulieren und treten in Wechselwirkung, was in folgenschweren und katastrophalen Auswirkungen mündet. Abhängig davon, welche Struktur ein System aufweist, können Katastrophen sozusagen vorprogrammiert sein. Systemunfälle liegen somit bereits in der Natur von eng gekoppelten komplexen Systemen, da Abweichungen an sich unvermeidbar sind. Systeme oder Subsysteme sollten daher so angepasst werden, dass sie zumindest fehlerverzeihend funktionieren.

Diese Überlegungen beinhalten eine doppelte Fehlerdefinition. Zum Einen ein triviales Ereignis, dass eine Abweichung darstellt, dessen Konsequenzen jedoch zunächst kaum oder gar nicht bemerkt werden müssen, also eine Latenz in der Auswirkung hat oder haben kann. Zum Anderen die Katastrophe als Ereignis, das aus nicht vorhersagbaren Wechselwirkungen und auch aus eben diesen, latenten Auswirkungen von Fehlern resultiert. Es wurden Systemeigenschaften klassifiziert, die mit einem erhöhten Risiko für das Zustandekommen von Katastrophen verbunden sind.

Wird das Augenmerk auf das Arbeitsverhalten bei fehlerkritischen Aufgaben gerichtet, ergibt sich eine weitere Fehlerdefinition. Ein Verhalten, das zu einer Erhöhung des Risikos führt, gegen Regeln bzw. Vorschriften verstößt oder einen Schaden verursacht, wird hier bereits als Fehler definiert. Auf dieser Grundlage wurden Fehlerkategorien ermittelt und abgeleitet, dass jede Fehlerart, bezogen auf das menschliche Arbeitsverhalten, ein eigenes Fehlermanagement erfordert. Unter Fehlermanagement wird hier eine den Ursachen entsprechende Anpassung (z.B. Qualifizierung) des arbeitenden Menschen oder der Arbeitsorganisation verstanden.

Für unsere Untersuchung lässt sich daraus ableiten, dass Fehlerereignisse oder Abweichungen gleichwertig und unabhängig von einer beobachtbaren oder direkten Auswirkung erhoben werden sollten. Denn sowohl Wechselwirkungen von Fehlerereignissen, als auch ihre Latenz in den Auswirkungen können dann mitgedacht werden. Auswirkungen von Fehlern auf andere Bereiche innerhalb einer Organisation machen Vernetzungen (Kopplungen) sichtbar, die möglicherweise bisher unberücksichtigt geblieben sind. Der Vorschlag, auf hochriskante Systeme komplett zu verzichten, ist konsequent. Er wird und kann jedoch aus unterschiedlichsten Gründen nicht durchgängig umgesetzt werden. Dennoch müssen die Eigenschaften des Systems berücksichtigt werden und in ein Verhältnis zu auftretenden Abweichungen gesetzt werden. Die in den Organisationen tätigen Menschen und ihr Verhalten beim Erfüllen von Aufgaben, besonders von fehlerkritischen Aufgaben, bilden ein eigenes Subsystem. In einem zu untersuchenden Feld gilt es, enge Kopplungen in der Teamarbeit oder komplexe Zusammenhänge, z.B. in der Chirurgie, zu berücksichtigen und gegebenenfalls durch eine Analyse erhobener Fehlerereignissen zu identifizieren.

In dieser Arbeit rückt der Mensch in den Mittelpunkt des Systems. Darum ist es notwendig, das Arbeitsverhalten von Menschen unter den gegebenen Systembedingungen zu untersuchen. Dabei können neben risikoerhöhenden Systembedingungen risikoerhöhende Verhaltensweisen ermittelt werden. In Hinblick auf eine Risikominimierung kann dann ein ausführungsorientiertes Fehlerverständnis erworben und über ein angemessenes Fehlermanagement nachgedacht werden.

Erfolgreiches Handeln ist in allen Arbeitszusammenhängen wünschenswert. Den Schwerpunkt auf das Risiko legend, wurden Überlegungen zu Systemen (Charles Perrow), zu Risikoberufen und dem Verhalten von arbeitenden Menschen bei der Erfüllung von fehlerkritischen Aufgaben (Robert Helmreich) angestellt.

2. Ergonomische Forschungsansätze

Eine weniger dramatisch anmutende Sichtweise auf unerwünschte Ereignisse haben einige ergonomische Forschungsansätze. Mit dem Fokus unwirksame Handlungen aufzudecken rückt der Mensch, als „Human Ressource" für die Bewältigung von unerwünschten Ereignissen, bereits stärker in den Mittelpunkt. Seine zentrale Rolle für meine eigene Forschungsweise wird in einem späteren Kapitel (Teil A, 6.2) dargelegt.

Ergonomie ist als Oberbegriff für die angewandte Anatomie, die Arbeitsphysiologie und die Arbeitspsychologie zu verstehen. Sie ist eine „Zusammenfassende Bezeichnung für ein interdisziplinäres Forschungsgebiet, das sich sowohl mit den funktionellen Grenzen und Möglichkeiten des Menschen im Bereich spezifischer Arbeitsplätze und Arbeitsabläufe als auch mit den Bedingungen und Methoden der Arbeitsplatzgestaltung und Arbeitsorganisation befasst, die als Voraussetzung für die Aufrechterhaltung der Arbeitsfähigkeit, Gesundheit und Sicherheit gelten." (Schmidtke 1973 zitiert nach Wörterbuch Psychologie 2002, S. 163). Ihr Forschungsgegenstand sind alle Interaktionen zwischen Mensch und technischen Systemen (Schmidtke 1973) mit dem erklärten Ziel, zu vermeiden, dass durch unzureichende Berücksichtigung des Systemglied „Mensch" akute oder längerfristige gesundheitliche Schädigungen eintreten. Daraus leitet sich die Aufgabe ab, Daten für eine menschengerechte und effiziente Gestaltung der Arbeit(sbedingungen) bereitzustellen. Im Laufe der Zeit hat sich das Ziel erweitert. Die optimale Bedienbarkeit für optimale Leistung (also Minimierung von Einschränkung bzw. Fehlermöglichkeiten) unter Beibehaltung des höchstmöglichen Grades an Schädigungsfreiheit für den Menschen ist zu einem wichtigen Bestandteil ergonomischer Betrachtungsweise geworden.

In Hinblick auf den vorbeugenden Umgang mit Fehlern im Arbeitshandeln sollen zunächst drei Forschungsschwerpunkte aus der Ergonomie besprochen werden: die Praxeologie, die Faktoren untersucht, die gute und wirksame Arbeit stören können (1), die Ermittlung von Leistungsvoraussetzungen (2) und die Bereitstellung von ergonomischen Standards (3).

2.1. Erste praxeologische Überlegungen zum Fehler

In der Vergangenheit setzten sich die Praxeologen mit Fragen auseinander wie: Was ist es, was in der Handlung „falsch" läuft? Was beeinflusst den geplanten Handlungsverlauf des Menschen in der Weise, dass ein unerwünschtes Ergebnis produziert wird? und umgekehrt, mit der Frage nach dem wirksamen Handeln.

In den 60er Jahren ist eine erste genetische Fehlerklassifikation entwickelt worden, die versucht, den Einfluss zu beschreiben, der aus einer Handlung einen Fehler werden lässt. Diese frühe Praxeologie „betrachtet den Fehler als Vereitelung des effektiven Handelns" (Gliszczynska 1966, S. 107). Ein „Vater" dieser Disziplin, Tadeusz Kotarbinski beschreibt die Notwendigkeit so: „...hat es der homo loquens vermocht, die deskriptive Grammatik des richtigen Sprechens aufzustellen, so gelang es dem homo faber bislang nicht, eine deskriptive Grammatik des richtigen, wirksamen Handelns zustande zu bringen. Solch eine Grammatik der guten, wirksamen Arbeit zu sein, stellt sich eben die Praxeologie zur Aufgabe" (Kotarbinski 1961, S.19). Um dieser Aufgabe gerecht werden zu können, werden Faktoren untersucht, die wirksame und gute Arbeit stören können. Kurd Alsleben stellt über die Praxeologie fest: „Also erschafft diese neue Disziplin eine Klammer zwischen Wissenschaft und den Nöten des Lebens" (Alsleben 1966, S.9). Und Luczak (1998) sieht bis heute die Umsetzung von geordneten Erkenntnissen in konkrete Gestaltungslösungen als Kern dieser Forschung an.

Um geordnete Erkenntnisse über wirksames und unwirksames Handeln zu erhalten, schlägt Kotarbinski eine Unterscheidung zwischen theoretischen (falscher Denklauf) und praktischen (unkorrekter Bewegungsaspekt) Fehlern vor. Den praktischen Fehler vor Augen, erarbeitete Xymena Gliszczynska darauf aufbauend eine genetische Klassifikation. Grundlage dieser Klassifikation sind die von Kotarbinski (1961) vorgeschlagenen Unterscheidungen des praktischen Fehlers in:

(a) Quid pro quo: die Verwechslung

(b) Automatismus der Gewohnheiten: Perseverationen und Bewegungsgewohnheiten

(c) Verlegen, Verlieren: unbewusste Passivität angesichts bestimmter Ereignisse

(d) Sich-Verspäten

(e) Versäumnis: des Ergreifens oder Intervenierens

(f) Hitzige Reaktion

zusätzlich wurden folgende Postulate formuliert:

1. Es sei „irgendetwas Gemeinsames in der Genese aller Arten des praktischen Fehlers" zu finden.

2. Es sei eine Klassifikation zu erstellen, „die für jede unterschiedene Variante ein spezifisches Vorbeugungsmittel zu geben erlaube". (Kotarbinski 1961, S. 82).

Damit sind Handlungsfehler gemeint, denen etwas Gemeinsames zugrunde liegt, die der Beobachtung zugänglich sind und im Experiment wiederholt werden können. Durch vorbeugende Maßnahmen, so die Annahme, könne dieser allen gemeinsame Mangel ausgeglichen werden und die Handlung wirksam werden. Jegerow (1945) und Weimar (1942) schlugen den Begriff der „Bewusstseinsrichtung", die zum Fehler führt, als das allem unwirksamen Handeln Gemeinsame vor. Diesen Begriff ersetzt Gliszczynska durch „Information" und gelangt zu folgender erweiterten Fehlerdefinition: „Fehler werden wir also letzt-lich diejenigen Handlungen (oder die Bewegungen bzw. Bewegungsunter-lassungen) nennen, die folgende Merkmale aufweisen: Sie sind unzweckmäßig (vergeblich und unwirksam), (2) die Unzweckmäßigkeit des Handelns ist nicht bewusst (es mangelt an Informationen über die Unzweckmäßigkeit des Han-delns), (3) es geht ihnen voraus bzw. begleitet sie ein Mangel an Informationen, die in einem bestimmten Augenblick für ein bestimmtes wirksames Handeln unentbehrlich sind" (Gliszczynska 1966, S.109). Die Art der fehlenden Infor-mation, die für bestimmtes wirksames Handeln nötig wäre, wird kategorisiert.

Der Autor setzt den Informationsmangel in Beziehung zu den Phasen des Hand-lungsvollzugs. Aus dieser Beziehung entwickelt er das Schema der genetischen Klassifikation des praktischen Fehlers. Mit diesem Entwurf identifiziert er drei Fehlertypen: Fehler in der Reaktion, in der Entscheidung und in der Wahr-nehmung. Eine schwierige äußere und/oder eine schwierige innere Situation (siehe Tab. 2) definiert sich über einen Mangel (a-f). Dieser bewirkt eine Unver-einbarkeit zwischen den angeborenen Fähigkeiten oder des erworbenen Könnens und den Anforderungen, wodurch die Anpassung durch die handelnde Person erschwert oder verhindert wird, so dass das wirksame Handeln in einer Phase des Handlungsvollzugs (1-3) zum Fehler, zum unwirksamen Handeln wird.

Schwierige äußere Situation				Schwierige innere Situation	
Unvereinbarkeit mit erworbenen Können		Unvereinbarkeit mit angeborenen Fähigkeiten			
a. Fehlen eines bestimmten Verhaltens-mechanismus (Lernen)	b. Vorhandensein eines unangepassten Verhaltens-mechanismus (Umlernen)	c. Begrenztheit von Bau und Funktionen des Organismus	d. Konflikt mit Bedürf-nissen und Trieben	e. Funktionelle Störungen	f. Orga-nische Störungen
Fehler in der: 1.Reaktion 2. Entscheidung 3. Wahrnehmung					
Lösungsansätze den entstandenen Informationsmangel auszugleichen oder Grenzen zu ermitteln, können z.B. in der Lernforschung, der Ausarbeitung von Fertigkeiten, der Psychophysiologie, der Erforschung von Einstellungen und Handlungsmotiven sowie Ermüdungsforschung gefunden werden.					

Tab. 2: Genetische Fehlerklassifikation (vgl. Gliszczynska 1966)

Diese genetische Klassifikation des praktischen Fehlers weist auf den komplexen Zusammenhang zwischen Handlung, Handlungsbedingungen und Handelndem hin. Es wird deutlich, dass eines oder mehrere der dargestellten Defizite in einer oder mehreren Phasen der Handlung die Informationsaufnahme oder Informationsverarbeitung derart begrenzen können, dass ein Fehler möglich wird. Die Klassifikation gibt darüber hinaus Hinweise darauf, in welchen Forschungsgebieten Antworten für praktische Empfehlungen zu finden sein könnten. So werden beispielsweise die Handlungsphasen drei psychologischen und physiologischen Forschungsbereichen zugeordnet: denen über die Wahrnehmung, über das Denken und über die Motorik. Erkenntnisse dieser Forschungsrichtungen sind heute fester Bestandteil der Ergonomie. Leider gilt festzustellen, dass diese Ansätze in ihrer Breite und Komplexität nicht weiter verfolgt wurden.

Diese grundlegenden Überlegungen zu wirksamer Handlung leiten ein weites Spektrum, von Überlegungen über Handlungsfehler und Fehlerereignisse ein. Sie sollen nun mit einem Ansatz fortgeführt werden, der sich mit den Voraussetzungen und Bedingungen für menschliche Leistung im jeweiligen Arbeitskontext beschäftigt.

2.2. Bedingungen für Leistung oder fehlerhafte Leistung

Konkret auf Arbeitssituationen bezogen untersuchte Hugo Schmale u.a. Arbeitsunfälle und ermittelte an dem Beispiel „Sicherheit" die Bedingungen, die notwendig sind für die Leistung „Sicherheit" (Abwesenheit von Unfällen). „Jedes Unfallgeschehen ist Teil eines komplexeren Systems -wie jeder Arbeitsprozess - und lässt sich in seiner Verursachung nur daran erkennen und vermeiden, wenn alle Vorgänge des Arbeitsprozesses im Zusammenhang gesehen werden- auch mit solchen Prozessen, die scheinbar nicht miteinander zusammenhängen" (Schmale 1995, S.62). Jedes Unternehmen, jede Organisation hat andere Rahmenbedingungen und somit spezielle Zusammenhänge innerhalb derer Leistung vollbracht wird. Ob menschliche Leistung in der erwünschten Weise erbracht werden kann, hängt wesentlich von den gegebene Voraussetzungen ab.

Wenn beispielsweise das Leistungsziel - bezogen auf unser Untersuchungsfeld - ist, eine Grube in einer bestimmten Zeit auszuheben, dann ist die Umsetzung davon abhängig, ob und welches Werkzeug zur Verfügung steht. Ist kein Werkzeug oder mangelhaftes Werkzeug vorhanden, kann die Leistung aufgrund fehlender sachlicher Voraussetzungen möglicherweise nicht erbracht werden. Handelt es sich bei dem Mitarbeiter um einen Jugendlichen in der Ausbildung, kann die Leistung möglicherweise aufgrund fehlender menschlicher Voraussetzungen nicht erbracht werden.

Über die spezielle Arbeitssituation hinaus zielt die „Bedingungsanalyse menschlicher Leistung" nach Schmale (1995) auf die Erfassung von Rahmenbedingungen und Voraussetzungen für menschliche Leistung. Sie kann genutzt werden, um die Voraussetzungen für eine Leistung bzw. für ein Handlungsergebnis den vorhandenen Bedingungen eines Leistungsprozesses zuzuordnen. Ursachen für Abweichungen vom geplanten Handlungsweg oder erwünschten Handlungsergebnis, z.b. ein Unfall, eine Zeitverzögerung oder Produktmängel, können so ermittelt werden. Gewissermaßen wird auf diese Weise der Ansatz der genetischen Fehlertaxonomie aus der Praxeologie fortgeführt.

Wird die Bedingungsanalyse auf Arbeitssicherheit angewendet, sollen konkrete Voraussetzungen für die Leistung „Sicherheit am Arbeitsplatz" sehr präzise ermittelt werden können. Aufgrund der Vielfalt an Aufgaben, Teilaufgaben und der sich ständig wandelnden Komplexität in der Arbeitswelt ist es allerdings unmöglich, eine vollständige und präzise Aufstellung aller vorhandenen und notwendigen sachlichen Leistungsvoraussetzungen zu erstellen. Ein Chirurg benötigt für seine Leistung selbstverständlich andere Voraussetzungen als ein Bauarbeiter. Die sachlichen Leistungsvoraussetzungen ergeben sich aus dem Kontext der Arbeitsaufgabe bzw. des Produktionszweiges und sind zumeist standardisiert vorgegeben. Sinnvollerweise müssten sie jedoch auch als Gegenstand einer sich der Umwelt anpassenden Organisationsentwicklung gesehen werden. Die spezifischen Inhalte sind abhängig von der technologischen Wirklichkeit und der jeweiligen Organisation, und damit Bestandteil kontinuierlicher Veränderung.

Jede fehlerhafte Leistung müsste demnach auch immer dahingehend untersucht werden, ob eine notwendige sachliche Leistungsvoraussetzung fehlte. Liegt ein Fehler vor, kann auf Situation, Aufgabe und Organisation bezogen die Ursache ermittelt und gegebenenfalls eine Anpassung vorgenommen werden. Die menschlichen Leistungsvoraussetzungen sind eng an das Individuum, sowie seine Fähigkeiten und Fertigkeiten gebunden. Wie oben bereits beschrieben, müssen bestimmte Bereiche trainiert werden, damit sie nicht verkümmern und dadurch

Ursache für verringerte Leistung oder Fehler sein können. Auch hier liegt die Annahme nahe, dass in Fehlerprozessen Hinweise auf beschränkte oder fehlende menschliche Leistungsvoraussetzungen stecken.

Das entwickelte Schema, das in seinen Grundzügen auf Graf (1960) zurückgeht, unterscheidet sachliche und menschliche Leistungsvoraussetzungen. Die sachlichen Leistungsvoraussetzungen werden in technische und organisatorische Vorbedingungen unterschieden, die den aktuellen Arbeitsprozess beeinflussen. Darunter fallen die Beschaffenheit des Materials, der Werkzeuge und anderer technologische Mittel einerseits, sowie bestehende organisatorische Produktionsverhältnisse -etwa räumliche und zeitliche Arrangements- andererseits. Gewachsene Strukturen einer Gesellschaft oder Organisationselemente eines Unternehmens kann man beispielsweise ebenfalls dazu zählen. Die menschlichen Leistungsvoraussetzungen werden unterschieden in Leistungsfähigkeit und Leistungsbereitschaft. Nach Schmale ist die Leistungsbereitschaft „...nicht auf einen individuellen Faktor zu reduzieren - etwa auf den Willensprozess, wie man vorwissenschaftlich leicht anzunehmen geneigt ist; sie besteht vielmehr aus einem engen Geflecht psychologischer und physiologischer Bestimmungsgrößen" (Schmale, 1995, S.60). Aus diesem Geflecht kann sich durchaus ergeben, dass jemand zu einer Leistung fähig sein kann, jedoch nicht bereit ist (sein kann), diese Fähigkeit auch einzusetzen oder umgekehrt. Die Einflussfaktoren für menschliche Leistung werden in dem Konzept der „Bedingungsanalyse menschlicher Leistung" (Abb.3) näher bestimmt. Unter diesen Größen finden sich die Konstitution der arbeitenden Menschen, der aktuelle Gesundheitszustand, der Grad der Ermüdung, das aktuelle Aktivierungsniveau, der vegetative Status des Menschen u.a.. Unter den psychologischen Größen der Leistungsbereitschaft werden „die allgemeine Motivationslage, insbesondere die Leistungsmotivation, das subjektive Anspruchsniveau und Prozesse der individuellen Auseinandersetzung (coping) zwischen dem Grad der objektiven Beanspruchung des Leistungspotentials und den Möglichkeiten ihrer subjektiven Beeinflussung (Moderation)" (Schmale, 1995, S.60) zusammengefasst.

Das Geflecht aus physischen und psychischen Faktoren drückt sich in der Emotionslage und der tatsächlichen Leistung des Menschen aus. Die Faktoren beeinflussen sich wechselseitig. Darüber hinaus wird der Frage nachgegangen, welche Verhaltensmerkmale des Menschen in den Arbeitsprozess eingehen und wie beides miteinander verknüpft ist.

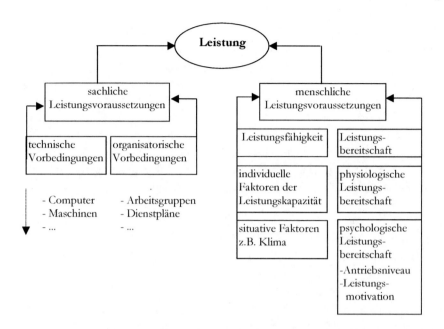

Abb. 3: Bedingungsanalyse menschlicher Leistung (vgl. Schmale 1995)

Die im Arbeitskontext zu betrachtenden Fehler stehen in engem Zusammenhang mit Leistung und fehlerhafter Leistung. Aus diesem Grund sollen die Begriffe der Arbeit und der menschlichen Leistung für diese Überlegungen genauer geklärt und damit auch der Rahmen der geplanten Untersuchung skizziert werden.

Menschliche Leistung wird in diesem Konzept definiert als „das Ereignis der Auseinandersetzung zwischen Mensch und „Natur", in dem der Mensch vergegenständlicht und die Natur vermenschlicht wird" (Schmale 1995, S.58). Der Mensch wird in dem Plan, die Natur umzuwandeln, zum Instrument. Durch die Umwandlung der Natur soll diese dem Menschen in seiner Lebens- und Arbeitswelt dienlich werden, also vermenschlicht werden. Der Mensch als Instrument ist jedoch nur schwer berechenbar. Jeder hat eigene vielfältige Handlungsmöglichkeiten (Wege ein Ziel zu erreichen) und die Fähigkeiten eines jeden einzelnen unterliegen einer Vielzahl von Einflüssen, die in sich selbst wieder außerordentlich komplex sind (Qualifikation, Motivation, physische und psychische Voraussetzungen, usw.). „Dementsprechend gehen in diese Auseinandersetzung (die Arbeit) sachliche und menschliche Leistungsvoraussetzungen ein. Beide durchdringen sich wechselseitig in einem dialektischen Prozess, und ihr Produkt, die Leistung, ist immer wieder die sachliche Voraussetzung für weitere Leistungen" (Schmale, 1995, S.58). Jeder gegenwärtige Arbeitsprozess muss in seinem Resultat also nicht nur auf die momentane Leistung hin bewertet werden, sondern auch in Hinblick auf seine Qualität als Leistungsvoraussetzung für zukünftige oder direkt anschließende Arbeitsprozesse. Dies macht noch einmal deutlich, dass aktuelle Leistung eingebunden ist in ein komplexes Ganzes, bestehend aus gesellschaftlich jemals erbrachter und zukünftig zu erwartender Leistung. In diesem Zusammenhag ist auch die „Bedingungsanalyse menschlicher Leistung" zu lesen und zu verstehen.

Das Bindeglied oder „Instrument" zwischen den Bedingungen für Leistung und der erbrachten Leistung selbst ist das Verhalten der direkt oder indirekt am Geschehen beteiligten Menschen. Zur Beantwortung der Frage: „Welche Verhaltensmerkmale des Menschen gehen in den Arbeitsprozess ein und wie sind diese miteinander verknüpft?", zieht Schmale ein Konzept aus der Umweltpsychologie heran. Nach Proshansky, Ittelson und Rivilin (1970) verfolgt jeder Mensch in der Auseinandersetzung mit der Natur (und somit in der Arbeit) drei Ziele, deren Erreichen in Wechselwirkung miteinander stehen:

1. Der Mensch will sich in seiner Umwelt orientieren.
2. Der Mensch will das Wahrgenommene bewerten.
3. Der Mensch will entsprechend dieser Bewertung zwischen Alternativen wählen und über sein Handeln, das daraus folgt, selbst entscheiden können.

Wird der Mensch durch Arbeitsbedingungen in diesem Streben behindert, verändert sich die Fertigkeitsstruktur des Menschen und somit sein Verhalten. Solche arbeitsbedingten Einengungen im Handlungsspielraum (Ulich 1974, 1998) führen zu Reduktionen eines oder mehrerer Funktionsbereiche des menschlichen Leistungsvermögens. Notwendige Funktionen wie Wahrnehmung, Reflexion, Informationsverarbeitung von Rückmeldungen und Entscheidungsfindungsprozesse auf perzeptiver ebenso wie auf kognitiver Ebene bleiben untrainiert. Eine solche „Verkümmerung" führt nach Schmale nicht nur „zu akuten psychosomatischen Störungen, sondern auch zu chronischen Veränderungen des psychischen Status" (Schmale 1995, S.71), und somit zu einer Reduktion des Leistungsvermögens, des Wohlbefindens und auch der Gesundheit (erhöhtes Fehlerrisiko). Je nach Aufgabe, Situation und Individuum gibt es also Bedingungen, die als Leistungsvoraussetzungen betrachtet und bewertet werden können.

Es wurden acht Funktionsbereiche bzw. Fähigkeitsbereiche ermittelt, die für menschliche Leistung, bzw. analog für die Leistung „Sicherheit" notwendig sind:

1. Reize aus der Außenwelt durch Sinnesorgane aufnehmen zu können
2. Das äußere Reizangebot auf diejenigen Reize reduzieren zu können, die zur Erfassung und Lösung von Aufgaben wichtig oder interessant sind.
3. Kognitive Strukturierung der aufgenommenen und gefilterten Informationen mit Hilfe früherer und schon gespeicherter Informationen, um sie für Strategien und Handlungspläne nutzen zu können.
4. Form- und raumbezogene Anschaulichkeit, um aus den vorhandenen Informationen innere Abbilder, Strategien und Pläne entwerfen zu können.
5. Sprachliche Objektbenennung, sprachliches Ausdrucksvermögen, begriffliche Klarheit und ein adäquater Wortschatz. Jedem einzelnen kommt in Tätigkeiten, die Kommunikation erfordern, großer Bedeutung zu.
6. Formalisierende Abstraktion, mit der Beziehungsstrukturen zwischen Wahrnehmungs- und Denkinhalten auf abstrakte Weise formuliert und kommunizierbar werden.
7. Aufgenommene Informationen hinsichtlich einer Aufgabenstellung bewerten zu können, um gedanklich Probe zu handeln.
8. Handlungsregulation.

Einschränkungen dieser Funktionsbereiche stellen ein weites Spektrum von Unfall- und damit von Ursachen für fehlerhafte Leistung dar. Das Verhalten des Menschen hängt wesentlich von dem Maß der Trainiertheit dieser unterschiedlichen Fähigkeiten ab. Sie fließen also unmittelbar in die menschlichen Leistungsvoraussetzungen und somit in den gesamten Arbeitsprozess ein. Arbeitsbedingungen, die diese Fähigkeiten verkümmern lassen, reduzieren Sicherheit, mindern Leistung und erhöhen die Wahrscheinlichkeit für einen Fehler.

Die unterschiedlichen Leistungsvoraussetzungen beeinflussen sich wechselseitig. Dabei ist zu berücksichtigen, dass Leistung nicht allein durch Ansprache an die Rationalität zu erzielen ist, denn das Verhalten des Menschen ist nicht nur vom Verstand geleitet. „Es ist damit zu rechnen, dass einem Menschen im Wettstreit verschiedener Motive (Produktivität, Rentabilität, Gehaltsaufbesserung, Bequemlichkeit) ein Verhalten im Augenblick durchaus als rational erscheint, das sich dann bei zeitlichem Abstand als falsch oder gefährlich erweist" (Schmale 1995, S.63). Leistungsvoraussetzungen sollten also auch immer im Zusammenhang mit den motivationalen Voraussetzungen betrachtet werden.

Aus den Forschungen zu den Schnittstellen zwischen Mensch und Arbeitsumwelt wurden Standards entwickelt, die im Arbeitsalltag Anwendung finden. Heute stehen viele Erfahrungen, Messungen und Untersuchungen zur Verfügung, die Richtlinien für Umgebungsbedingungen, die Gestaltung von Werkzeug, Arbeitsplätzen, Arbeitsbelastung und Sicherheit am Arbeitsplatz möglich gemacht haben. Die Ergonomie steht sowohl für die Entwicklung von Methoden als auch für die Bereitstellung von Richtwerten.

2.3. Ergonomische Standards zur Fehlerreduktion und Leistungsverbesserung

Ergonomische Standards zur Humanisierung von Arbeitsplätzen und zur Fehlerverhütung sind westliche Standards für „optimale" Produktionsbedingungen. Der Konsens über die Einhaltung dieser Richtlinien und die große Bedeutung von Fehler- und Unfallverhütung wird in den jeweiligen gesetzliche Grundlagen und Richtlinien deutlich.[1]

Um Arbeitsplätze und -bedingungen in Hinblick auf den Grad ihrer Beeinträchtigungsfreiheit für den Menschen einzuschätzen, werden unterschiedlichste Kriterien wie physische Leistungsfähigkeit, körperliche Belastung und Beanspruchung, Klima, Strahlung, Arbeitsstoffe wie: Stäube, Gase, Rauche, Nebel, Lärm, mechanische Schwingung (Vibration), Arbeitsgestaltung, Arbeitszeit und Pausen, Arbeitszufriedenheit u.s.w. in Abhängigkeit von der ausführenden Person berücksichtigt und zugrundegelegt. Für Frauen gelten beispielsweise andere Grenzwerte als für Männer, Jugendliche oder Menschen mit Behinderungen.

Gefährdungen (Fehlerquellen) werden erhoben und analysiert, um die Bedingungen (oder Arbeitsmittel) dahingehend zu verändern, dass Arbeitsbedingungen menschengerechter werden. Dafür fließen empirisch erhobene Daten unter Berücksichtigung medizinischen und psychologischen Wissens in Richt- und Grenzwerte für die speziellen Bereiche wie Bauwesen oder industrielle Fertigung

---

1 Für die Bundesrepublik sind es:
- das Grundgesetz (Recht auf Unversehrtheit und Persönlichkeitsentfaltung)
- das Arbeitsschutzgesetzt ArbSchG (Schutz und Gesundheitsförderung)
- die Arbeitsstättenverordnung
- Bildschirmarbeitsplatzverordnung.

ein. Mit daraus entstandenen ergonomischen Checklisten kann der Anpassungsbedarf bzw. die Tauglichkeit des jeweiligen Arbeitsplatzes in Bezug auf ergonomische Standards hin ermittelt werden. Hier werden (zwar statistisch normiert,
aber immerhin) die für den arbeitenden Menschen spezifischen Grenzwerte zur
Fehlerverhütung festgelegt.

Da die Arbeitswelt ständigen Veränderungen unterliegt, erweitern und verändern
sich auch die ergonomischen Vorgaben. Als Beispiel sei die Einführung von
Bildschirmarbeitsplätzen genannt, die es notwendig machte, neue Richtlinien zu
erarbeiten (Bildschirmarbeitsplatzverordnung). Die Vielfalt an Arbeitsplätzen,
Arbeitsmaterialien, Arbeitsmitteln und Produktionsmethoden macht es darüber
hinaus erforderlich, spezifische Vorgaben zu entwickeln, die sich in den entsprechenden branchenspezifischen Verordnungen und Vorschriften wiederfinden. Die Gestaltung und Umgestaltung von Arbeitsplätzen nach Humankriterien ist notwendig, wenn gleichzeitig Fehler, die sich im Arbeitsalltag
ereignen, und das Fehlerrisiko, das aus der Beeinträchtigung des arbeitenden
Menschen resultiert, reduziert werden sollen, und die Arbeitskraft des Menschen
dauerhaft erhalten bleiben soll.

Um an vorhandenen ergonomischen Maßstäben und Richtlinien ermessen zu
können, ob ein Arbeitsplatz, Arbeitsbedingungen oder bestimmte Arbeitsauf-
gaben den Anforderungen an einen humanen Arbeitsplatz entsprechen, werden
Checklisten, Screening- und unterschiedlichste Analyseverfahren eingesetzt (z.B.
Fragebogen zur Sicherheitsdiagnose:FSD (Hoyos&Ruppert 1999), Leitfaden zur
Gefährdungsbeurteilung (Gruber & Mierdel 2000), Verfahren zur Ermittlung
von Regulationserfordernissen: VERA (Krogel & Resch, Volpert, Oesterreich,
Gablenz-Kolakovic, 1987), Arbeitswissenschaftliches Erhebungsverfahren zur
Tätigkeitsanalyse: AET (Rohmert & Landau 1979), Tätigkeitsanalyseinventar:
TAI (Frieling 1993)). Einen umfassenden Überblick bietet Gabriele Richter
(2001). Je nach Organisation, Arbeitsaufgabe und Fokus werden andere
Verfahren eingesetzt. Im Prinzip folgen sie alle einem hierarchisches System zur
ergonomischen Bewertung von Arbeitsaufgaben und Arbeitsgestaltungs-
maßnahmen, das unter anderem von Hacker (1986) vorgeschlagen wurde und
leitend für Analyseverfahren dieser Art ist. Das folgende Schema (Abb.4) stellt
die wesentlichen Merkmale dar, um vorhandene Arbeitsaufgaben und Arbeitsplätze auf ihre „Humantauglichkeit" hin zu überprüfen oder von vornherein

Arbeitsplätze und damit verbundenen Aufgaben entsprechend zu gestalten oder umzugestalten.

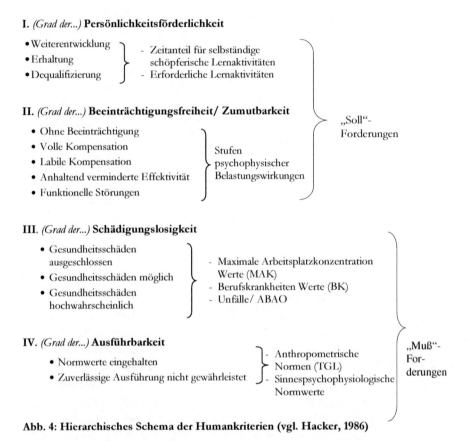

I. *(Grad der...)* **Persönlichkeitsförderlichkeit**

- Weiterentwicklung
- Erhaltung
- Dequalifizierung

- Zeitanteil für selbständige schöpferische Lernaktivitäten
- Erforderliche Lernaktivitäten

II. *(Grad der...)* **Beeinträchtigungsfreiheit/ Zumutbarkeit**

- Ohne Beeinträchtigung
- Volle Kompensation
- Labile Kompensation
- Anhaltend verminderte Effektivität
- Funktionelle Störungen

Stufen psychophysischer Belastungswirkungen

„Soll"-Forderungen

III. *(Grad der...)* **Schädigungslosigkeit**

- Gesundheitsschäden ausgeschlossen
- Gesundheitsschäden möglich
- Gesundheitsschäden hochwahrscheinlich

- Maximale Arbeitsplatzkonzentration Werte (MAK)
- Berufskrankheiten Werte (BK)
- Unfälle/ ABAO

IV. *(Grad der...)* **Ausführbarkeit**

- Normwerte eingehalten
- Zuverlässige Ausführung nicht gewährleistet

- Anthropometrische Normen (TGL)
- Sinnespsychophysiologische Normwerte

„Muß"-For-derungen

Abb. 4: Hierarchisches Schema der Humankriterien (vgl. Hacker, 1986)

Demnach sollen Arbeitsaufgaben, die humanen Anforderungen entsprechen, ausführbar (z.b. Arbeitsmittel in Reichweite), schädigungslos (z.b. genug Frischluft), beeinträchtigungsfrei (auch auf Dauer) und persönlichkeitsfördernd (z.b. Qualifizierungszuwachs) sein. Ausführbarkeit und Schädigungsfreiheit sind hierbei als Muss-Forderung anzusehen. Beeinträchtigungsfreiheit und Persönlichkeitsförderlichkeit bleiben Soll-Forderungen. Diese Grundlagen finden sich in den meisten Arbeitsanalyseverfahren wieder. Die Konkretisierung der einzelnen Kriterien leitet sich aus den tatsächlichen Arbeitsanforderungen ab. Hierbei bleibt zu berücksichtigen, wer die tatsächliche Konkretisierung (Soll-Werte für Humankriterien) und die Bewertung vornimmt. Es ist nicht eindeutig nachvollziehbar, wann es um Humanisierung der Arbeitswelt für den arbeitenden Menschen geht und wann es um Optimierung geht, wann erfreuliche Synergieeffekte auftreten und an welchen Stellen, da Humanisierung der Arbeitswelt mit Kosten verbunden ist, wirtschaftliche Interessen die Richtung vorgeben.

2.4. Ableitbare Kernaussagen für die geplante Untersuchung: Voraussetzungen für Leistung

Die frühe Praxeologie hat in ihrem Ansatz die Entstehung von unwirksamem Handeln auf einen Mangel an Informationen, die in einem bestimmten Augenblick für ein bestimmtes wirksames Handeln unentbehrlich sind, reduziert. Für erfolgreiche Handlungssteuerung und Handlungsregulation muss der Handelnde sich orientieren, Informationen sammeln, aufnehmen und verarbeiten können. Ist eine Person beispielsweise taub oder trägt sie einen Gehörschutz, ist akustische Information nur schwer oder gar nicht zugänglich. Fehlende Verfügbarkeit von oder fehlender Zugang zu handlungsrelevanten Informationen sind von Bedeutung, wenn unwirksames Handeln oder Fehlerereignisse erhoben werden sollen. Sie liefern wichtige Hinweise über Ursachenzusammenhänge. Zusätzlich ist zu beachten, dass ein Mangel an Informationen selbst, unabhängig von einer aktuellen unwirksamen Handlung, ein Hinweis auf eine erhöhte Wahrscheinlichkeit für unwirksames Handeln sein kann. Fehlerereignisse sollten nach diesen Überlegungen immer auch in Hinblick auf einen möglichen Informationsmangel hin analysiert werden. Und dies sowohl mit Blick auf ihre Ursachen als auch mit Blick auf den Prozess und die Auswirkungen.

Ergebnisse von Arbeitshandlungen in ökonomischen Zusammenhängen werden als Leistung bezeichnet und haben als solche sachliche und menschliche Leistungsvoraussetzungen. Einer fehlerhaften Leistung liegt ein Fehler zugrunde, der als Abwesenheit notwendiger sachlicher oder menschlicher Leistungsvoraussetzungen definiert werden kann (vgl. Abb.3). Das Resultat sind unerwünschte Ereignisse mit schädigenden Folgen für die Leistung oder die arbeitenden Menschen. Fehlerhafte Leistung wiederum stellt selbst häufig eine Leistungsvoraussetzung dar, und kann im Ereignisfluss wieder Fehler, Mangel in den Voraussetzungen sein, und in einem weiteren Fehlerereignis sichtbar werden. Um Ursachenzusammenhänge sorgfältig zu verstehen, muss immer auch berücksichtigt werden, dass menschliches Verhalten, Leistung und somit auch zugrundeliegende Fehler, zusätzlich von sinnlichen, emotionalen und motivationalen Faktoren beeinflusst werden. Die Bedingungsanalyse für Leistung ermöglicht es, Fehler abwesenden Leistungsvoraussetzungen zuzuordnen und Auswirkungen von Fehlerereignissen aktuellen Leistungsvoraussetzungen zuzuordnen. Damit wird ein strukturiertes Verständnis von Entstehungs- und Wirkungszusammenhängen bei Fehlerereignissen zugänglich. Sowohl während einer Erhebung als auch bei einer Analyse ist es daher sinnvoll, aufmerksam für Zusammenhänge innerhalb des Leistungsbedingungsgefüges zu sein, die auf den ersten Blick möglicherweise nicht im direkten Zusammenhang mit einem Bericht über Fehlerereignisse stehen.

Ergonomische Standards sind Vorgaben, die aus der Forschung für optimale und zugleich menschgerechte Leistungsvoraussetzungen zur Erfüllung von Arbeitsaufgaben entstanden sind. Deren Missachtung stellt ein Fehlerereignis dar, weil wider besseren Wissens die Schädigung, Ineffektivität oder ein erhöhtes Fehlerrisiko in Kauf genommen wird. Kriterien für die Einhaltung ergonomischer Standards finden sich in unterschiedlichen Check-Listen und Analyseverfahren. Die Arbeitsumgebung und die Struktur einer Arbeitsaufgabe sollten im höchsten Maße die Humankriterien erfüllen. Die psychische oder physische Schädigung eines arbeitenden Menschen aufgrund der Arbeits- oder Umgebungsbedingungen oder durch Arbeitsmittel stellt aus ergonomischer Sicht ebenso ein Fehlerereignis dar. Daraus folgt notwendigerweise die Ermittlung der Quelle der Schädigung und deren Modifizierung unter ergonomischen Gesichtspunkten.

Für unser Untersuchungsfeld ist es deshalb sinnvoll, bereits während der Erhebung aufmerksam dafür zu sein, wie Ergonomie theoretisch (in Form von Richtlinien und Vorschriften) und praktisch (im Arbeitsalltag) angewandt wird. Denn in Fehlerereignissen können Hinweise auf fehlende ergonomische Standards stecken, und vorhandene aber nicht eingehaltene ergonomische Richtlinien deuten auf Voraussetzungen hin, die es ermöglichen (oder notwendig machen) diese nicht einzuhalten.

3. Versuche der Kontrolle eines Restrisikos im „Systemelement Mensch"

Aus den verschiedenen ergonomischen Zielsetzungen hat sich der „Mensch als Systemelement" zu einem besonderen Forschungsschwerpunkt entwickelt. Man könnte ironischerweise annehmen, dass der Ausschluss von Menschen Fehler ausschließen würde, aber zum einen sind Organisationen oder Unternehmen ohne Menschen schwer vorstellbar und als Konstrukteure, Bediener und Kontrolleure von Technik, Maschinen und Produktion allgegenwärtig. Neben Materialien, Werkzeugen, Technik, Produktionsstandards usw. gibt es also immer auch den Menschen, der in diesen Systemen handelt. Damit ein System möglichst zuverlässig funktionieren kann, muss für seine Gestaltung neben dem Verständnis für technische Systemkomponenten immer auch ein grundlegendes Verständnis für menschliches Handeln und seine Bedingungen eingebracht werden.

In vielen Arbeiten, von den Anfängen der Psychotechnik über Schwarz (1933), Mehl (1983), Zapf und Frese (1991) bis heute, wurden menschliche Handlungsfehler studiert und analysiert. Mit wachsender Komplexität der Systeme wird der Mensch immer mehr auf ein Systemelement reduziert, auch „human resources" genannt. Dafür wurden Verfahren zur Messung und Verbesserung der Zuverlässigkeit des Systemelements „Mensch" entwickelt. Diese Ansätze messen die Zuverlässigkeit des Systemelements und nicht die individuelle Zuverlässigkeit einer bestimmten Person. Die menschliche Handlung wird gleichgesetzt mit der Funktionsweise eines technischen Systemelements, das bestimmbaren Einflüssen und Wechselwirkungen ausgesetzt ist und innerhalb definierbarer Grenzen zuverlässig arbeitet und austauschbar ist. Inzwischen gibt es Ansätze, die deutlich über die Messung der Zuverlässigkeit des Systemelements „Mensch" hinausgehen und die Modellierung menschlichen Verhaltens in komplexen Arbeitssystemen zum Gegenstand haben (Straeter, 2005). Es geht dabei immer wieder darum, Fehler zu reduzieren und Prozesse zu kontrollieren. Stellvertretend für diese Ansätze sollen die handlungstheoretische Fehlertaxonomie, die Human- Fehlermöglichkeits- Einflussanalyse: H-FMEA und ein Beispiel zur menschlichen Zuverlässigkeitstechnik kritisch vorgestellt und genutzt werden.

3.1. Handlungstheoretischer Ansatz zur Fehlerkontrolle

Dieter Zapf und Manfred Frese (1991) haben „Fehler bei der Arbeit mit dem Computer" untersucht. Anhand beobachteter Fehler wurde eine handlungstheoretische Fehlertaxonomie erstellt und validiert.

Es wurden Fehler beobachtet, gruppiert und so klassifiziert, dass Fehlergruppen (Taxone) gebildet werden konnten. Ziel der Arbeit war es, den Umgang mit Fehlern zu verbessern. In der Untersuchung konnte gezeigt werden, dass Fehler etwa 10% der Arbeitszeit von geübten Computernutzern ausmachen. „Wenn sich dieser Prozentsatz, aufgrund von durch Fehleranalysen angestoßenen Veränderungen von Systemen und Qualifikationen, auch nur halbieren ließe, ergäbe sich ein hoher ökonomischer Nutzen" (Zapf & Frese 1991, S.15). Dieser Nutzen entsteht nach Zapf & Frese nicht notwendigerweise durch eine Reduktion von Fehlern, sondern würde schon durch eine Reduktion der Zeit für die Bewältigung von Fehlern erreicht werden. Ein solcher Ansatz verbindet also sowohl praktische als auch theoretische Interessen. Das Besondere hierbei ist, dass ein Augenmerk auf die Bewältigung, also den Umgang mit dem Fehler gerichtet wird.

Handlungsfehler sind aus handlungstheoretischer Sicht das Ergebnis einer Regulationsstörung. Insofern ist es notwendig den „Aspekt unerlässlicher handlungsregulierender Informationen zur Vermeidung von Handlungsfehlern" (Hacker 1973, S.398) zu analysieren. Damit führt auch die Handlungsregulationstheorie nach Hacker Überlegungen der Praxeologie aus den 60er Jahre weiter.

3.1.1. Theoretische Grundlagen
Ausgegangen wird von einer Theorie der Handlung (Frese & Sabini, 1985; Hacker, 1986; Miller, Galanter & Pribram, 1960; Volpert, 1974), wonach Handlungen kognitiv auf vier Ebenen reguliert werden.
1. *Auf der sensumotorischen Ebene* werden „relativ gleichbleibende, stereotype Bewegungen ...", die hochautomatisiert und ohne Beteiligung des Bewußtseins ablaufen" (Zapf &Frese 1991, S.19) reguliert. Diese Ebene basiert auf Fertigkeiten und entspricht dem von Rasmussen (1987) geprägten Ausdruck „skill-based".
2. *Auf der Ebene der flexiblen Handlungsmuster* werden Handlungen reguliert für die nur eine geringe bewusste Zuwendung gegenüber der auszuführenden Handlung

notwendig ist. Die Verarbeitung von Feedback-Informationen aus der Umgebung sorgt hier nur für die Exaktheit der Handlung, die als Fertigkeit grundsätzlich vorhanden ist. Das Autofahren um eine Kurve bei einem geübten Fahrer kann hierfür ein Beispiel sein. Diese Ebene wird dem Begriff „rule-based", auf Regeln basierend, von Rasmussen (1987) gleichgesetzt.

3. *Auf der intellektuellen Regulationsebene* werden „komplexe Analysen der Situation und neue Handlungspläne gesteuert" (Zapf & Frese 1991, S.20). Es ist die Ebene des konkreten Denkens, das spezifisch für spezifische Situationen ist. Auf dieser Ebene wird die Handlung komplexeren Gegebenheiten angepasst bzw. diese werden antizipiert. Es können der Situation angemessene, neue oder veränderte Handlungspläne entworfen oder gesteuert werden.

4. *Auf der Ebene des abstrakten Denkens*, der „obersten" Regulationsebene, werden heuristische Regeln generiert, die steuern, in welcher „üblichen" Weise Ziele gesetzt, Handlungen geplant und Rückmeldungen verarbeitet werden. Diese Metakognitionen bzw. kognitiven Stile, die zwischen verschiedenen Menschen sehr unterschiedlich sein können, werden hier reguliert. Sie bestimmen wesentlich, wie der Mensch alltäglich handelt. Neben diesen vier Regulationsebenen werden für die Taxonomie noch die Schritte im Handlungsprozess herangezogen. Hier werden die Zielfindungsphase und die Entscheidungsphase nach Heckhausen & Kuhl (1985), die Explorationsphase nach Genter & Stevens (1983), die Phase der Selbstreflexion, die Phase der Informationsnutzung und die der Rückmeldungsaufnahme und -verarbeitung unterschieden. Jede dieser Phasen ist nach Zapf und Frese notwendig für die Zielerreichung.

Um eine Handlung durchzuführen, bedeutet dies: Ein Ziel muss entwickelt werden und gegebenenfalls muss zwischen unterschiedlichen Zielen entschieden werden. Anschließend muss mit der Umwelt ein Abgleich darüber stattfinden, ob und wie das Ziel verwirklicht werden kann. Aus diesem Abgleich kann eine Prognose über die Erreichbarkeit des Ziels erstellt werden. In der anschließenden Phase der Selbstreflexion wird der notwendige Handlungsplan an den Möglichkeiten, das Ziel zu erreichen, relativiert und gegebenenfalls korrigiert. Unter zusätzlicher Nutzbarmachung der gesammelten Informationen aus dem Gedächtnis wird die Handlung vollzogen und die Annäherung an das erwartete Ziel mit Hilfe von Feedback-Informationen aus der Umwelt kontrolliert. Je nach Aufgabe (Zielsetzung) kann dieser Ablauf bis zur endgültigen Zielerreichung ein Kreislauf sein, der immer wieder durchlaufen wird.

3.1.2. Definition des Handlungsfehlers für eine handlungstheoretische Fehlertaxonomie

Der Definition des Handlungsfehlers legten Zapf und Frese drei Annahmen zugrunde:

1. Fehler treten nur bei zielorientiertem Verhalten auf. Zielorientiertes Verhalten setzt Willen voraus, somit können Fehler, nach Zapf und Frese, nur auftreten, wenn bewusstes, willentliches Handeln vorliegt. Maschinen können demnach keine Fehler machen, weil sie keinen eigenen Willen besitzen. Das fehlerhafte Funktionieren einer Maschine wird nicht als Fehler bewertet, sondern würde -in diesem Ansatz- als Ursache für mögliche Handlungsfehler gelten. Diese Einschränkung in der Definition stellt die Handlung des Menschen in den Mittelpunkt des Fehlerprozess. Phänomene, die aufgrund von äußeren Bedingungen zu einer Belastung oder zu Erschwernissen führen, bleiben in der Fehlererhebung selbst unberücksichtigt.

2. Fehler beinhalten das Nichterreichen eines Ziels oder Teilziels. Dies setzt ein inneres Abbild des erwarteten Ziels voraus. Es muss eine Zielvorstellung, ein Soll- Wert vorhanden sein, damit ein Nichterreichen überhaupt wahrgenommen werden kann. Wenn also ein Ziel oder Teilziel nicht durch die geplante Handlung erreicht wird, liegt ein Fehler vor. Dieser Soll-Ist-Vergleich des Zwischenstandes oder Ergebnisses einer Handlungssequenz, sagt jedoch nichts über den Verlauf der Handlung aus. Dieses Kriterium ist als weitgespannte Definition für Fehler sehr hilfreich, denn sie erlaubt, zwischen Leistung und fehlerhafter Leistung zu unterscheiden. Zapf und Frese weisen selbst darauf hin, dass diese Definition eines Ereignisses als Fehler einen große Überlappung zwischen der Bewertung „Fehler" und der Bewertung „Ineffizienz" aufweist. Unklar bleibt, wann ein wenig optimaler Handlungspfad fehlerhaft wird, und wann Ineffizienz zu Inkompetenz wird.

3. Man spricht nur dann von einem Fehler, wenn er potentiell vermeidbar gewesen wäre. Also: „...wenn die Situation und das eigene Können eine andere Handlungsweise erlaubt hätten" (Zapf & Frese 1991, S.15).

Diese drei Annahmen bilden eine Entscheidungsmatrix, an der Ereignisse grundsätzlich in Fehler oder Nichtfehler unterschieden werden. Wenn sich in beobachteten Ereignissen ein Miss-Match feststellen lässt, wird dies als Fehler gewertet. Aus diesem wiederum lässt sich in einem späteren Schritt ein Veränderungsvorschlag ableiten. Systemveränderungen sollten vorgenommen werden, wenn es bei verschiedenen Personen zu gleichartigen Miss-Match-Ereignissen kommt.

Wenn hingegen ein Miss-Match-Ereignis an eine bestimmte Person gebunden zu sein scheint, sollten eher Qualifizierungsmaßnahmen ein- oder abgeleitet werden. Treffen die Annahmen auf ein beobachtetes Ereignis zu, wird dieses als Handlungsfehler bewertet und kann dann in die folgende handlungstheoretische Fehlertaxonomie (Abb.5) eingeordnet werden.

3.1.3. Handlungstheoretische Fehler- und Ursachentaxonomie

Zapf und Frese entwickelten nachfolgendes Schema :

Regulationsgrundlage					Wissensfehler	
Schritte im Handlungsprozess →						
Regulations-ebenen ↓	Zielent-wicklung und -entscheidung	Informa-tionsauf-nahme und Integration	Prognose	Planent-wicklung und -ent-scheidung	Monitoring (Gedächtnis)	Feedback
Ebene des abstrakten Denkens	Ziel-orientierungs-heuristiken	Kognitive Stile, Rigidität, Heuristiken der Reflexion, Ambiguitätstoleranz, kognitive Komplexität		Planorien-tierungs-heuristiken	Monitoring-stile, Heuristiken	Feedback-verarbeitungs-heuristiken
Intellektuelle Regulations-ebene	Zielsetzungs-fehler	Zuord-nungsfehler	Prognose-fehler	Denkfehler	Merk- und Vergessens-fehler	Urteilsfehler
Ebene der flexiblen Handlungs-muster	Gewohnheitsfehler				Unter-lassensfehler	Erkennens-fehler
Sensu-motorische Regulations-ebene	Bewegungsfehler					

Abb. 5:
Handlungstheoretische Fehler- und Ursachentaxonomie (vgl. Zapf&Frese 1991)

Aus den jeweiligen Koordinaten, von Regulationsebene (von oben nach unten) und Schritten im Handlungsprozess (von links nach rechts), ergibt sich die Position der Zelle (des Taxons). Es kann abgelesen werden, welchem Schritt im Handlungsprozess und welcher Regulationsebene ein Fehler zugeordnet werden kann. Darüber hinaus wird die Taxonomie um Ursachenzuschreibungen für die jeweiligen Taxonen ergänzt. Somit wird ein Fehler einem bestimmten Moment im Handlungsprozess und einer bestimmten Grenze kognitiver, intellektueller oder automatisierter Verarbeitungsvorgänge zugeordnet werden. Die einzelnen Kästchen sind eine Art Sichtfenster, das durch die Analyse eines Fehlers, durch das Auftreten einer Soll-Ist-Differenz, geöffnet und interpretiert werden kann. In Miss-Match-Situationen werden Hindernisse sichtbar, die einen Rückschluss auf Ursachen erlauben. Eben diese Möglichkeit haben Kognitionspsychologen genutzt, um Rückschlüsse auf das kognitive Verarbeitungssystem des Menschen zu ziehen. Die Autoren verbinden Erkenntnisse aus dieser Forschung mit handlungstheoretischen Grundlagen.

Beispielsweise können von der „höchsten" Regulationsebene zur „niedrigsten" folgende Ursachen abgeleitet werden:
1. *Auf der Ebene des abstrakten Denkens* werden unangemessene Handlungsstile, kognitive Stile oder fehlende Selbstreflexion aufgeführt, die unangemessene Handlungsschritte verursachen. Diese sind der Beobachtung nicht zugänglich.
2. *Auf der intellektuellen Regulationsebene* machen Hinweise auf die begrenzte Informationsverarbeitungskapazität des Menschen deutlich, dass nicht immer alle Variablen, die für die Handlung und für das Erreichen eines Ziels relevant sind, gleichzeitig verarbeitet werden können. „Die Rationalität ist begrenzt, weil nur ein Aspekt des Gesamtproblems im Arbeitsgedächtnis repräsentiert werden kann" (Zapf & Frese 1991, S.25). Je komplexer die Situation und die Rückmeldungen werden, um so wahrscheinlicher ist das Auftreten eines Fehlers auf dieser Ebene. Auftretende Fehler, die dieser Ebene zugeordnet werden können, beschreibt Dörner (1987) als: „Mangelnde Zielkonkretisierung, Reduktion eines Ereignisses auf eine Ursache und Dogmatismus, Nichtbeachtung der Fern- und Nebenwirkungen einer Handlung, Nichtbeachtung möglicher Friktionen (die dann wiederum zu nichtlinearen Abläufen führen können), Methodismus, d.h. Methoden werden unabhängig vom Kontext eingesetzt, „Status Quo" Entscheidungen, d.h. die jeweiligen bestehenden Bedingungen werden fälschlicherweise mit zukünftigen Entwicklungen gleichgesetzt, „ballistische" Entscheidungen, in denen die Rückmeldungen nicht mehr beachtet

werden, „thematisches Vagabundieren", bei dem kein bestimmtes Thema im Vordergrund des Problemlöseprozesses steht bzw. das Gegenteil davon -die Einkapselung auf ein bestimmtes kleines Problem unter Mißachtung aller anderen und schließlich „Ad-hocismus", d.h. Entscheidungen ohne langfristigen Plan" (Zapf & Frese 1991, S.25).

3. *Auf der Ebene der flexiblen Handlungsmuster* werden für die Situation unangemessene Gewohnheiten sichtbar. Vertraute Handlungsmuster, die den Gegebenheiten flexibel angepasst werden müssten, z.b.: bei einem neuen Platz für Werkzeuge, werden nicht ausreichend modifiziert und produzieren so eine Miss-Match-Situation. Hier spielen nach Reason (1990) fehlerhafte Aktivations- und Deaktivationsprozesse eine Rolle.

4. *Auf der sensumotorischen Ebene* sind unerwünschte Bewegungen, wie z.b. das Stolpern auf einer Treppe, typische Miss-Match-Ereignisse.

Jede dieser Handlungsebenen kann gleichermaßen relevant für die Einordnung von Fehlerereignissen sein. „Denn eine bestimmte falsche Handlung kann aufgrund von falschen Auslösegedanken auf der intellektuellen Regulationsebene genauso gut zustande gekommen sein wie aufgrund von Fehlspezifikationen auf den niedrigen Regulationsebenen" (Zapf & Frese 1991, S.27). Dennoch beschreiben sie eine Hierarchie, nach der die höheren Regulationsebenen gegenüber den niedrigeren Regulationsebenen eine Auslösefunktion („Trigger"-Funktion) haben. Das bedeutet, dass ein Gedanke eine auslösende Funktion für eine erfolgreiche oder eine fehlerhafte automatisierte Operation haben kann.

Diese Erkenntnisse wurden auch für eine Methode genutzt, die in größeren Unternehmen Anwendung findet, und die auf der Basis bereits beschrieben Ansätze entwickelt wurde. Die Human Fehlermöglichkeits- und Einflussanalyse soll helfen, neben einem Qualitäts- und Gesundheitsmanagement die „kostenoptimale Schwachstellenbeseitigung" zu ermöglichen.

3.2. H-FMEA: „Human- Fehlermöglichkeits- und Einflußanalyse"

Die Human Fehlermöglichkeiten- und Einflußanalyse (H-FMEA) ist eine Erweiterung der im Qualitätsmanagement vorgesehenen Fehler- Möglichkeits- und Einfluß- Analyse (FMEA). Durch den Einsatz soll erreicht werden, dass in Unternehmen mit Hilfe präventiver Maßnahmen eine „kostenoptimale Schwachstellenbeseitigung" möglich wird. Grundregel der FMEA ist, dass alle möglichen Fehlerursachen, die für einen potentiellen Fehler verantwortlich sein können, berücksichtigt werden sollen (Brunner & Wagner 1997, S.114). Die H-FMEA beschränkt sich hingegen auf die Fehlerursache „Handlungsfehler". In diesem Ansatz werden betriebswirtschaftliche und produktionsspezifische Kenntnisse mit arbeitswissenschaftlichen und somit auch arbeitspsychologischen Erkenntnissen zusammengeführt. Sowohl in der Bestimmung der Ursachen als auch in deren Bewertung werden Bedingungen der menschlichen Arbeitsumwelt berücksichtigt. Anlass und Beginn der Analysekette ist ein Produktfehler.

3.2.1. Das Prinzip der H-FMEA

Die Methode wurde im Rahmen des Projektes „Arbeit und Technik" mit der Unterstützung des Bundesministeriums für Bildung, Wissenschaft, Forschung und Technologie (BMBF) entwickelt. Die „Human Fehlermöglichkeits- und Einflußanalyse" (H-FMEA) geht vom Produktfehler aus. Das Instrument versucht unter Berücksichtigung der Prozess-FMEA (QM), vorhandene Defizite in die Vorgehensweise zur (Produkt-)Fehlerbeseitigung zu verbessern. Dafür werden unter Beteiligung der betroffenen Mitarbeiter, Produktfehler systematisch analysiert, klassifiziert und dokumentiert. Es werden Wege vorgeschlagen, wie Fehlerursachen durch gezielte ergonomische, organisatorische und personelle Maßnahmen zu beseitigen sind (Methodenhandbuch H-FMEA 2001). Um Fehlerursachen besser zu beseitigen, wird eine Fehleranalyse und -bewertung durchgeführt, und anschließend werden aus der Arbeitswissenschaft abgeleitete Vermeidungsmaßnahmen implementiert. Ableitungsroutinen und Maßnahmen liegen schematisch vor. Darüber hinaus heißt es: „Die Ableitung von gezielten Maßnahmen unter systematischer Einbeziehung der betroffenen Mitarbeiter soll unterstützt werden" (Methodenhandbuch H-FMEA 2001, S.3). Die Mitarbeiter, als Experten für ihren Arbeitsplatz, werden in die Ableitung von konkreten Vermeidungsmaßnahmen mit einbezogen. Abweichungen, die sich nicht als Produktfehler auswirken, werden nicht erfasst und somit auch nicht analysiert. Systemveränderungen finden in erster Linie in Hinblick auf die Verbesserung der Produktqualität statt.

Die H-FMEA setzt voraus, dass es einen direkten Zusammenhang zwischen Produktfehlern, Handlungsfehlern und den fehlerauslösenden Bedingungen gibt. „Die im Zusammenhang mit der Tätigkeit stehenden ergonomischen und organisatorischen Fehlgestaltungen eines Arbeitssystems und/oder personellen Fehlvoraussetzungen führen auf Seiten der Beschäftigten zu Beanspruchungen, deren Wirkungen sich in (individuell variierenden) Beanspruchungen zeigen. Diese Effekte bilden die Ursache für menschliche Handlungsfehler" (Algedri& Frieling 2000, S.161), was sich schematisch wie folgt darstellt:

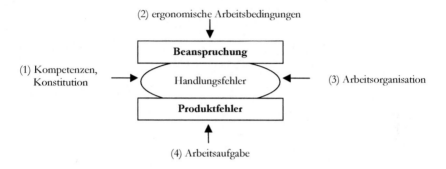

Abb. 6: Fehlerursachen in der H-FMEA (vgl. Algedri&Frieling 2000)

Die Einflussnahme (Kontrolle) auf den Handlungsfehler soll von vier Seiten her erfolgen: (1) Auf der personellen Ebene soll eine Erweiterung des Handlungsspielraums, auf der (2) ergonomischen Ebene eine Verbesserung der Arbeitsbedingungen und auf der (3,4) organisatorischen Ebene eine prozessorientierte Produkt- und Prozessplanung bewirkt werden (Methodenhandbuch H-FMEA 2001, S.3). Theoretisch wird dies aus dem soziotechnischen Systemansatz (Trist & Bamforth 1951; Rice 1958; Emery 1959) abgeleitet, wonach Produktfehler aufgrund von Systemfehlern entstehen. Daraus ergibt sich die Notwendigkeit „einer simultanen Betrachtung der Systembestandteile Produkt, Technik, Personal, Organisation und deren Wechselwirkungen" (Methodenhandbuch H-FMEA 2001, S.3) bei einer Fehleranalyse.

Die Durchführung der H-FMEA ist als Analysekette zu verstehen. Ausgangspunkt der Analysekette sind Produktfehler. Über die den Produktfehlern zugrundeliegenden Handlungsfehler wird eine Verbindung zu den Fehlerursachen (1-4) hergestellt. Hierbei wird dem standardisierten Produktionsweg gefolgt. Am Ende der Analysekette steht die Zuordnung des Fehlers zu den jeweiligen fehlerauslösenden Bedingungen. Schematisch betrachtet sieht der Analyseweg folgendermaßen aus:

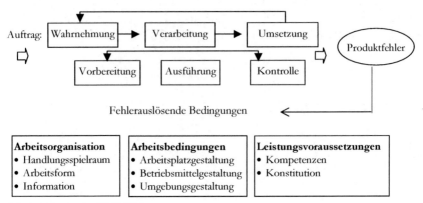

Abb. 7: Prinzip der H-FMEA

Die fehlerauslösenden Bedingungen wurden theoriegeleitet in die vier Bereiche Arbeitsorganisation, ergonomische Arbeitsbedingungen, Kompetenzen und eigentliche Arbeitsaufgabe differenziert (siehe Abb.7).

(1) Personelle Leistungsvoraussetzungen: Kompetenz und Konstitution, welche die „Gesamtheit der leistungsbezogenen Merkmale einer Person zur erfolgreichen Bewältigung der Anforderungen von Aufgaben und Aufträgen" darstellen (Methodenhandbuch H-FMEA 2001, S.9).

(2) Ergonomischen Arbeitsbedingungen: Umstände, „die mit der Arbeitsaufgabe im Zusammenhang stehen und ihre Aufnahme sowie Ausführung beeinflussen" (Methodenhandbuch H-FMEA, 2001, S.8).

(3) Arbeitsorganisation: umfasst nach Lukzak und Volpert (1997) „vor allem die zweckmäßige zeitliche und logische Gliederung der Arbeitsaufgabe und deren Aufteilung zwischen Mensch und Betriebsmittel, die Gestaltung von Informations- und Kommunikationsabläufen, sowie die Regelung von Befugnissen und Arbeitszeiten".

(4) Arbeitsaufgabe: die „als Transformation von einem gegebenen Ausgangszustand in ein erwartetes Ergebnis oder Ziel durch Mittel und einer Anzahl von Operationen oder Arbeitsschritten" verstanden wird (Methodenhandbuch H-FMEA 2001, S.8).

In die H-FMEA gehen also zwei unterschiedliche Qualitäten von Fehler ein. Der Produktfehler (a) gibt Anlass, zugrundeliegende Handlungsfehler (b), die als Ursache angenommen werden, zu untersuchen. Als generelle Ursache für einen Handlungsfehler wird in der H-FMEA die Beanspruchung des arbeitenden Menschen angenommen. Damit Produktfehler reduziert werden können, werden die Art der Handlungsfehler und ihre Entstehungsbedingungen genauer analysiert, um sie anschließend präzise einordnen und adäquate Maßnahmen zur Vermeidung ableiten zu können.

3.2.2. Das Verständnis von Handlungsfehlern in der H-FMEA

Der Definition des Handlungsfehlers liegt die Tätigkeits- und Handlungsregulationstheorie zugrunde (siehe auch Teil A, 3.1.). Aus ihr wird abgeleitet, dass im Rahmen der Handlungsregulation, sowie bei der Klassifikation menschlicher Handlungen und Handlungsfehler, untergeordnete Ebenen einer Tätigkeit analysiert werden müssen. Als Tätigkeit wird ein Gesamtprozess verstanden, der „die Gesamtheit innerer (geistig-mentaler) und äußerer (praktisch, gegenstandsbezogener) Prozesse" umfasst, „die einem definierten Motiv zu- oder untergeordnet sind" (Methodenhandbuch H⁻FMEA 2001, S.5). In Anlehnung an die Handlungsregulationstheorie nach Hacker (1986) wird für die Analyse von Handlungsfehlern angenommen, dass jede Handlung einen einer Tätigkeit untergeordneten Prozess darstellt. Von besonderer Relevanz für die H-FMEA ist, „...dass der Mensch das Ziel seiner Handlungen gedanklich antizipiert und seine Handlungen auf die Erreichung des von ihm gesetzten Ziels strukturiert" (Methodenhandbuch H-FMEA 2001, S.6).

Handlungsfehler können also nur aus der Gesamtsituation einer Aufgabe heraus beschrieben werden. Sie werden anhand der Handlungsregulationsebenen und der wirkenden Belastungs- und Beanspruchungsfaktoren beschrieben. Die Belastungs- und Beanspruchungsfaktoren werden auf der Basis des Belastungs-Beanspruchungskonzept ermittelt. Dieses definiert Belastung „als die Gesamtheit der erfassbaren Einflüsse, die von außen auf den Menschen zukommen und psychisch auf ihn einwirken" (DIN 1987 in Frieling & Sonntag 1999, S. 193). Beanspruchung wird verstanden als „die individuellen, zeitlichen und unmittelbaren Auswirkungen der Belastungen im Menschen in Abhängigkeit von seinen individuellen Voraussetzungen und seinem Zustand" (Methodenhandbuch H-FMEA 2001, S. 8). Es wird davon ausgegangen, dass Beanspruchungsfolgen wie z.B. Stress, Erschöpfung oder Sättigung die Ursache für menschliche Handlungsfehler bilden bzw. diese verstärken" (ebenda, S. 9).

Die Annahmen, die dem Prozess, der zum Handlungsfehler führt, zu Grunde gelegt werden, sind:

(a) Handlungsfehler gehen auf Fehler im Informationsverarbeitungsprozess zurück. Dieser findet „in" der Person statt (Hacker 1986).

(b) Der Mensch ist als Organismus zu betrachten, der Reize aus seiner Umwelt aufnimmt, verarbeitet und darauf reagiert. Hier wird die Person-Umwelt Schnittstelle hervorgehoben (Swain & Guttmann 1983).

(c) Handlungsfehler werden durch das Zusammenspiel einer Vielzahl von Einflussgrößen verursacht (Rasmussen 1987).

Die Auswahl der Handlungsfehler, die einer weiteren Analyse zugeführt werden, orientiert sich an der Klassifikation von Rigby (1976). Diese deutet die „Ausführungsunterschiede menschlichen Handelns primär als Folge der natür-lichen Variabilität menschlichen Verhaltens" (Methodenhandbuch H-FMEA 2001, S.10) und unterscheidet entsprechend ihres Auftretens in sporadische, systematische und zufällige Fehler. Sporadische Fehler treten selten auf und wer-den als „Ausreißer" bezeichnet. Systematische Fehler weisen hinsichtlich ihres zeitlichen und örtlichen Vorkommens eine klare Tendenz auf. „In der Regel liegen die Ursachen in der Technik." (ebenda, S.18). Der für die H-FMEA rele-vante Bereich sind die zufälligen Fehler. Sie kommen ohne klare Tendenz häufig vor und unterliegen Schwankungen; die Ursachen für diese Fehler werden in der Wechselwirkung zwischen den Mitarbeitern und den übrigen Systemelementen gesehen. Darüber hinaus wird eine Unterscheidung nach Meister (1977) vor-genommen, die zwischen der fehlerhaften Ausführung einer Handlung und dem nicht Ausführen einer erforderliche Handlung (Unterlassung) trennt. Beides impliziert, dass die Qualifikation für und das Wissen um die Notwendigkeit der korrekten Handlung bei dem arbeitenden Menschen vorhanden sind.

Diese Methode führt theoretische Grundlagen über Handlungsfehler und die Struktur industrieller Tätigkeit in einer handlungsorientierten Fehlerklassifikation zusammen. Die entstandene Klassifikation wird als Instrument für eine Zuord-nung, Analyse und Bewältigung von Handlungsfehlern genutzt.

3.2.3. Die handlungsorientierte Fehlerklassifikation in der H-FMEA

Die Fehlerklassifikation orientiert sich daran, wo Menschen im Produktions-prozess handeln und sich menschliche Handlungsfehler ereignen können. Die einzelnen Produktionsschritte geben den schematischen Rahmen vor. In den

Produktionsschritten wird zwischen Vorbereitung, Ausführung und Kontrolle unterschieden. Das Modell soll auf mehreren Ebenen gelesen werden. Jede einzelne Produktionsphase enthält auch selbst wieder die aufgeführten Handlungsschritte. Jeder Schritt innerhalb dieser Ebene ebenso, usw.. Der Detaillierungsgrad, mit dem analysiert wird, wird von der Bedeutung der jeweiligen Fehlerfolge (Produktfehler) abhängig gemacht.

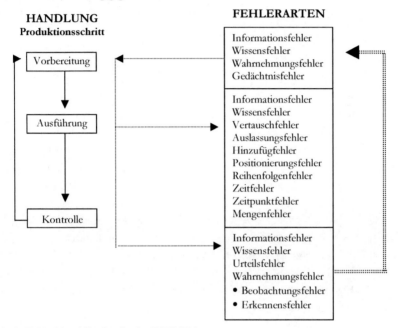

Abb. 8: Fehlerklassifikation in der H-FMEA

Die Anwendung der Methode beinhaltet eine Produktfehleranalyse, eine Handlungsfehleranalyse, eine Ursachenanalyse und eine Ableitung von Gestaltungsanforderungen. Die Zuordnung zu den fehlerauslösenden Bedingungen wird anhand von Erfassungsbogen, die für den jeweiligen Produktionsprozess entwickelt worden sind, detailliert vorgenommen. Gestaltungsanforderungen können so schematisch abgeleitet werden. Die Methode ist für hochstrukturierte Arbeitszusammenhängen geeignet, in denen eine Prozess- und Produktstandardisierung gegeben ist (z.B. in der Serien- oder Quasiserienfertigung). Die H-FMEA hat das Ziel, Produktfehler zu reduzieren. Systeme, in denen vor allem der Prozess reibungslos funktionieren soll, wie beispielsweise in Kernkraftwerken oder in der chemischen Industrie, sind wesentlich auf die menschliche Zuverlässigkeit angewiesen und benötigen andere Methoden zur Kontrolle des Restrisikos im „Systemelement Mensch". In solchen Arbeitszusammenhängen wird fast ausschließlich die quantitative Zuverlässigkeit ermittelt, mit dem Ziel, dass das System und als Systemelement der Mensch darin zuverlässig funktionieren. Wenden wir uns nun Verfahren zu, bei denen die für die jeweiligen Aufgaben benötigten und ermittelten Kennzahlen für Zuverlässigkeitswahrscheinlichkeiten in eine Analyse einfließen.

3.3. Techniken zur Messung menschlicher Unzuverlässigkeit

Der Verein Deutscher Ingenieure (VDI) hat eine Richtlinie (VDI 4006) zu Verfahren herausgebracht, die die quantitative Bewertung menschlicher Zuverlässigkeit ermöglichen sollen. Die Anforderungen sehen vor, dass zunächst einmal ein System (oder Subsystem), das untersucht werden soll, eindeutig definiert wird. Die Arbeitsaufgaben und ihre Handlungsabläufe im Produktionsprozess werden daraufhin abgegrenzt und in Tätigkeitselemente zerlegt (z.B. Ventil einstellen, Material prüfen usw.). Diese Elemente werden drei Handlungsbereichen zugeordnet: Vor-Auslöser, die zu latenten Fehlern führen können (1), Auslöser, die eine Störung initiieren können (2) und Nach-Auslöser, Handlungen die nach einer Störung ausgeführt werden können (3). Die einzelnen Teilschritte der Aufgaben werden dann hinsichtlich ihrer potentiellen menschlichen Fehlhandlungen ausgewertet.

Unter einer Fehlhandlung wird „jede menschliche Handlung, welche die gesetzten Akzeptanzgrenzen überschreitet" (VDI 4006, S.5) verstanden. Daraus folgt die Setzung:

Menschliche Fehlhandlung = Arbeitsfehler = Fehlhandlung = Fehler

Um eine Kennzahl für die Fehlhandlungswahrscheinlichkeit zu ermitteln, werden relevante System-Versagensereignisse definiert und deren Häufigkeit ermittelt. Diese werden dann ins Verhältnis zu erfolgreichen Handlungen der selben Art gesetzt. Wenn also beispielsweise in einer Abschlusskontrolle 1000 Produkte pro Tag kontrolliert werden und drei reklamiert werden, die einem arbeitenden Menschen in der Abschlusskontrolle hätten auffallen müssen, ergibt sich eine Fehl-handlungswahrscheinlichkeit (human error predictability):

$$HEP = \frac{3}{1000} = 0,003$$

Die Variablen, die den Raum zwischen Mensch und Leistung bzw. zwischen fehlerhafter Leistung und Mensch definieren, werden Performance Shaping Factors (leistungsbeeinflussende Faktoren, PSF) genannt. Die entwickelten Verfahren unterscheiden sich im wesentlichen danach, ob die Aufgabe oder ob die Zeit Gegenstand der Analyse sind (werden). Wenn eine Messung ergibt, dass die Kennwerte für Zuverlässigkeit nicht ausreichend sind, sollen die PSF-Faktoren, jeweils unter stärkerer Berücksichtigung von Zeit oder Aufgabe, in Richtung größere Zuverlässigkeit bzw. höhere Leistung des Systemelements „Mensch" beeinflusst werden. Insgesamt lassen sich die entwickelten und eingesetzten Verfahren in vorwiegend aufgabenbezogene, vorwiegend zeitbezogene und vorwiegend PSF-bezogene Techniken gruppieren, je nachdem, ob die Schwerpunkte auf psychologische Leistungsvoraussetzungen, organisatorische, ergonomische oder umweltbezogene Variablen gesetzt werden. Ein häufig angewandtes Verfahren ist THERP (Technique of human error rate prediction) oder in seiner Kurzform ASEP (Accident Sequence Evaluation Program), beide nach Swain (1983, 1989). Einen guten Überblick über weitere angewandte Techniken gibt die VDI Richtlinie 4006.

3.4. Ableitbare Kernaussagen für die geplante Untersuchung: Menschliche Unzuverlässigkeit

Es wird angenommen, dass sich die optimalen Leistungsbedingungen für das Systemelement „Mensch" definieren lassen. Handlungen, die die Akzeptanzgrenzen überschreiten, werden als Handlungsfehler bewertet und als Ursache für Produktfehler angesehen. Handelt es sich um einen Fehler, der zufällig und häufiger auftritt, wird er genauer analysiert. Anhand eines Schemas werden in der H-FMEA für den als ursächlich identifizierten Produktions- oder Aufgabenbereich Veränderungsmaßnahmen abgeleitet. Durch die Korrektur ergonomischer und organisatorischer Fehlgestaltungen und/oder personeller Fehlvoraussetzungen sollen Fehlerursachen reduziert und die Leistungsbedingungen optimiert werden. Die Messung menschlicher Unzuverlässigkeit ermittelt die

Parameter, innerhalb derer eine Handlung als zuverlässig gilt. Entsprechende Kennwerte für die geforderte und tatsächliche Fehlhandlungswahrscheinlichkeit (HEP) und menschliche Zuverlässigkeit (HRA) werden ermittelt und Grenzwerte werden festgelegt. In einer Pfadanalyse können dann mit Hilfe der Kennwerte für die relevanten Aufgaben und gegebenenfalls deren Teilschritte, die Zuverlässigkeitskenngrößen für ein komplexes technisches System ermittelt werden. Die Kennwerte sind als die wahrscheinliche Systemsicherheit (PSA) und das wahrscheinliche Risiko des Systems (PRA) zu verstehen. Sind die Grenzwerte (PRA, HEP) überschritten, werden die leistungsbeeinflussenden Variablen (PSF) so verändert, dass die Grenzwerte wieder eingehalten werden können. Der Fehler wird zum Gegenstand, wenn ein Produktfehler auftritt oder ein Soll-Wert in der Produktion nicht erfüllt wurde.

In diesen Betrachtungen gelten für den Handlungsfehler folgende Setzungen: (1) Fehler treten nur bei zielorientiertem Handeln auf und stellt die (2) Nichterreichung eines Ziels oder Teilziels dar, das (3) potentiell erreichbar war. Und die Definition als „Abweichungen von vorgegebenen Anforderungen des Arbeitssystems oder im engeren Sinne, bezogen auf das menschliche Arbeitsverhalten, die Abweichungen vom geforderten, genormten Verhalten" (Methodenhandbuch H-FMEA 2001, S.11).

Im industriellen Handeln stehen Effektivität und Qualität der Produkte im Mittelpunkt des Interesses. Dem Ziel der Gewinnmaximierung und Berechenbarkeit wird in den Methoden zur Kontrolle des Restrisikos im „Systemelement Mensch" in der Weise Rechnung getragen, dass neben handlungsorientierten Ansätzen zur Kontrolle von Fehlerereignissen Methoden entwickelt wurden, die Unzuverlässigkeit und Zuverlässigkeit der menschlichen Arbeitshandlung in Kennzahlen auszudrücken vermag. Durch ableitbare Veränderungsmaßnahmen soll ein vermeintlich kalkulierbares Fehlhandlungsrisiko kontrolliert werden können. Sowohl das betriebswirtschaftliche Denken als auch die damit verbundenen Organisationsstrukturen müssen in einer praktisch nutzbaren Erhebung und Analyse von Fehlerereignissen berücksichtigt werden. Das kann geschehen, indem vorhandene Produktionswege und vorhandene Arbeitsorganisation als Pfade genutzt werden, an denen entlang Fehlerereignisse erhoben und Analyseergebnisse rückgemeldet werden. Eine Ableitung von Veränderungspotential wiederum sollte deutlich darüber hinausgehen, und zusätzlich die vorhandenen Strukturen selbst reflektieren, um die sinnvolle Annahme, dass Handlungsfehler ein Ausdruck von Systemmängeln sind, in praxi zu nutzen. Für eine Untersuchung bedeutet dies, dass Handlungsfehler unanhängig davon, ob sie sich als Produktfehler auswirken oder nicht, erhoben werden (müssen) und über ihre quantitative Bedeutung und den konkreten Zusammenhang hinaus analysiert werden müssen.

Die im betriebswirtschaftlichen Denken entwickelten Umgehensweisen mit Fehlern weisen eine enge Verknüpfung zu Erfolg und Misserfolg auf. Das Streben nach wirtschaftlichem Erfolg führt dazu, dass Fehlermanagement auf der Managementebene ein zentrales Thema geworden ist. Eine Tendenz zum Misserfolg, Fehler oder „...the chain of mistakes that can destroy" (Mittelstaedt 2005, S.147) sollen vermieden werden. Der Fehler wird reduziert auf Abweichungen, die sich negativ auf den Erfolg auswirken, allerdings mit dem inhärenten Widerspruch: „If you do not make mistakes, you may not be taking enough risk" (Mittelstaedt 2005, S.284). Das Verständnis von Fehlern, Ansätze des Fehlermanagements und Veränderungsmaßnahmen (ebenso wie der Begriff selbst) orientieren sich in erster Linie an individuellen Defiziten, die als veränderbar eingeschätzt werden. Analysen aktueller Handlungssituationen treten in den Hintergrund und rezeptartige Handlungsempfehlungen erwecken den Eindruck, dass Fehler eine kontrollierbare Größe im Arbeitsalltag seien. Etabliertes Fehlermanagement auf Führungsebene hat sich entlang der betrieblichen Praxis entwickelt (Frese, 1998).

Für eine Untersuchung muss also berücksichtigt werden, dass auf Führungsebene die Zielsetzung eher auf der effektiven und gewinnmaximierenden Kontrolle von Fehlern liegt als auf einer tieferen Analyse und Reflexion von Fehlerereignissen und damit des Systems selbst. Diese Vorstellungen können die Erhebung von Fehlern im betrieblichen Alltag erheblich erschweren.

4. Überlegungen zu den Grenzen kontrollierbaren Handelns

Die nun folgenden Ansätze und Überlegungen stellen den Menschen in den Mittelpunkt und betrachten die Ergebnisse menschlicher Handlung, Leistung und Leistungsgrenzen ebenso wie intrapsychische Prozesse und Interaktionen zwischen dem Individuum und seiner Umwelt. Sie beschäftigen sich mit dem Verstehen von psychischen Grenzen kontrollierbaren Handelns und entwickeln Erklärungen für Fehlerereignisse im Handlungsprozess. Zunächst sollen Überlegungen aus den Kognitionswissenschaften vorgestellt werden und darauf folgend die von Sigmund Freud erarbeitete psychoanalytische Sichtweise auf Fehlleistungen.

4.1.   Kognitionspsychologischer Ansatz: „Human Error"

Die Kognitionspsychologie nutzt den Fehler als Fenster, um Prozesse der Informationsverarbeitung, Bewertungen und Erwartungen, Strukturen, in denen erworbenes Wissen gefasst und verfügbar gehalten wird, sowie Wegen der Handlungsplanung und -steuerung zu verstehen und zu erklären. Erkenntnisse aus den gesamten Kognitionswissenschaften fließen in die Gestaltung von Arbeit ein.

Zum Verständnis des Fehlers liegen viele Arbeiten aus der kognitiven Psychologie vor. Untersucht wurden individuelle fehlerhafte Leistungen, von einfachen Sortieraufgaben über das Lösen von Rechenaufgaben, das Problemlösen in Szenarien bis hin zu Fehlentscheidungen von Mitarbeitern in Kernkraftwerken. Begrenzte Kapazitäten des kognitiven menschlichen Systems legen die Annahme nahe, dass im Fehler diese Grenzen sichtbar werden. Angesichts vieler Katastrophen und dem dringenden Wunsch, diese zukünftig zu verhindern, beschäftigen sich Kognitionspsychologen intensiv mit dem Problem menschlicher Handlungsfehler. Denn „...wenn wir wissen wie es zum Fehler kommt, können wir ihn möglicherweise auch verhindern" (Norman 1980, S.66). Durch Anpassung der Umwelt an die Grenzen des kognitiven Systems ebenso wie durch Auswahl von Menschen mit bestimmten kognitiven Fähigkeiten, wird daran gearbeitet, das Auftreten von Fehlern zu minimieren.

Die Ergebnisse dieser Forschungen und die Weiterentwicklung durch James Reason in Hinblick auf das Phänomen Fehler werden in dem Buch „Human Error" zusammengefasst. Reason definiert Fehler so: "An error is a plannes action that fails to achieve its desired consequences, and this without the intervention of some chance or unforeseable agency" (Reason 1979, S.37). Aus der Sammlung von Einzelfällen und ihrer Schematisierung wurden unterschiedliche Taxonomien erstellt. Sie sind aus kognitionspsychologischer Sicht zur Grundlage für das Verständnis von Fehlern geworden. Stellvertretend und zusammenfassend soll ein Schema dargestellt werden, das James Reason vorstellt. Er verbindet seine Ergebnisse mit denen vieler vorangegangener Arbeiten u.a. von Jens

Rassmussen, Donald Norman und John Senders und stellt den Fehler in den Zusammenhang von Grenzen kognitiver Leistung.

Zunächst einmal formuliert James Reason die Dimensionen, die er für eine Analyse von Fehlern für relevant hält, und setzt sie in Beziehung zu Ausführungsebenen. Daraus entwickelt der Autor ein Schema in dem Fehlerereignisse (wenn auch recht allgemein) auf unterschiedlichen Dimensionen den Kategorien Fähigkeit, Regel und Wissen zugeordnet werden können:

Dimension	skill-based: Fähigkeit	rule-based: Regel	knowledge-based: Wissen
Art der Aktivität	Routinehandlung	Problemlöseaktivitäten	
Aufmerksamkeits-fokus	weg von der aktuellen Handlung	auf problembezogene Fragen gerichtet	
Art der Kontrolle	Automatisierte Kontrolle		begrenzte bewusste Prozesse
	Schemata	gespeicherte Regeln	
Vorhersagbarkeit	weitgehend vorhersagbar: „bewährt aber falsch"		unterschiedlich
	Handlung	Regeln	
Gelegenheit	viel mehr Gelegenheiten als tatsächlich auftretende Fehler		Hohe Fehlerquote gemessen an den Gelegenheiten
Einfluss von Situationsfaktoren	Intrinsische Faktoren üben eher einen dominanten Einfluss aus: gering bis mittel		Extrinsische Faktoren sind dominant: eher hoch
Erkennbarkeit	Gewöhnlich schnell und effektiv	Schwierig, oft nur durch fremde Hilfe	
Beziehung zu Veränderung	Verändertes Handeln zum aktuellen Zeitpunkt nicht verfügbar	Wann antizipierte Handlungsveränderung notwendig ist, ist unbekannt	Keine Erwartung von und Vorbereitung auf Veränderungen

Tab. 3: Unterschiede zwischen den Ausführungsebenen (vgl. Reason 2003, S. 62)

Die Art der Aktivität, die Richtung der Aufmerksamkeit und die Art der Kontrolle bestimmen, welche kognitiven Grenzen eine Handlungsanpassung erschweren. Die Ursache für einen Fehler liegt nach Reason in dem aktuellen Zustand des kognitiven Systems, der sich auf der jeweiligen Ausführungsebene auswirkt. Er nennt dies Fehlermodus (failure modes). Bei Routinehandlungen, wie dem Autofahren beispielsweise, ist die Aufmerksamkeit nicht permanent auf die aktuelle Handlung gerichtet. Dadurch kann ein Reiz leicht übersehen werden, der eine notwendige Anpassung signalisiert hätte, und ein Fehler kann sich ereignen. Jeder Zustand des kognitiven Systems kann demnach zugleich ein Fehlermodus sein. Diese „failure modes" sind Zustände, die nach Reason fehlerbegünstigend sind und somit ein Fehlerrisiko erhöhen. Je nach Aufgabenart können (auch während des Handlungsvollzugs) unterschiedliche Ausführungsebenen genutzt werden und damit einhergehend unterschiedliche Fehlerarten möglich werden. Die Fehlermodi und daraus resultierende Fehlertypen sind in Tabelle 4 dargestellt.

Auf der Ebene der

fähigkeitsbasierten (skill-based) Ausführung ist (slips):

<u>Unaufmerksamkeit</u> Ursache für:	<u>Überaufmerksamkeit</u> Ursache für:
• Gewohnheitsfehler	• Unterlassungen
• Handlungsunterlassung trotz Unterbrechung der aktuellen Handlung	• Wiederholungen
	• Verwechselungen
• Reduzierte Vorsätzlichkeit (bewusste Absicht)	
• Unklare, verwirrte Wahrnehmung	
• Störungsfehler	

regelbasierten (rule-based) Ausführung ist (lapses):

<u>Falsche Anwendung guter Regeln</u> das Ergebnis von:	<u>Anwendung schlechter Regeln</u> das Ergebnis von:
• Der Beibehaltung der jetzt unpassenden Regel	
• Signale ignorieren oder als Fehlsignale umdeuten	• Unzureichender Entschlüsselung und Auswertung von Signalen
• Informationsüberfluss	
• Der Auswahl der bewährtesten Regel	• Handlungsdefizit
• Dem Rückgriff auf generelle Regeln	- Falsche Regel
• Der Bereitschaft erwartete redundante Signale wahrzunehmen	- Ineffektive Regel
	- Anwendung unratsamer Regeln
• Rigider Einstellung, „es kann nicht sein, was nicht sein darf"	

wissenbasierten (knowledge-based) Ausführung entstehen Fehler (mistakes) durch:

- Selektivität in der Wahrnehmung der Problemkonstellation
- Die Repräsentation des Problems überschreitet die Kapazität des Arbeitsgedächtnisses
- Mangelnde Verfügbarkeit von Wissen (aus dem Auge aus dem Sinn)
- (Vor)schnelle Interpretation des Problems und fehlende Ambiguitätstoleranz
- Selbst- und Fremdüberschätzung
- Eingeschränkte Überprüfung des Handlungsplans
- Eingeschränktes Verständnis von Wechselwirkungen
- Eine Vorliebe für bestimmte Zustände (Halo-Effekt)
- Voraussagen auf der Basis vereinfachter Annahmen über Kausalzusammenhänge
- Die Schwierigkeit Komplexität zu bewältigen durch:
  - verzögerte Rückmeldung
  - mangelnde Rückschau auf die Entwicklung
  - Schwierigkeiten mit dem Verständnis exponentieller Entwicklungen
  - verharren in Kausalketten und nicht in kausalen Netzen
  - thematisches vagabundieren (keinen Gedanken zu Ende führen)
  - thematisches insistieren (die Gedanken an einem Thema festhalten)

Tab. 4: "failure modes" (vgl. Reason 2003, S.69)

Reason und seine Kollegen haben hier ein Schema entwickelt, mit dessen Hilfe ursachenbezogen Anpassungen der Umwelt abgeleitet werden können, oder eine Qualifizierung in Hinblick auf individuelle kognitive Grenzen erfolgen kann.

Der Frage, was allgemein als Grenzen des kognitiven Systems angesehen wird (also diese Zustände bedingen) und was die aktuellen und individuellen Grenzen sind (z.B. Müdigkeit), wird nach wie vor auch in den Kognitionswissenschaften nachgegangen. Kognitive Grenzen erklären plausibel, warum wir z.B. nur eine bestimmte Menge Information in einer bestimmten Zeit verarbeiten können, oder, dass nicht vernetztes Wissen schwerer abrufbar sein kann als vernetztes Wissen. Dennoch bleibt die Frage offen, warum wir etwas das wir normalerweise können oder wissen, scheinbar plötzlich nicht mehr verfügbar ist. Warum wir, obwohl wir einen Weg gehen wollen, uns auf einem anderen wiederfinden oder uns z.B. trotz aller Vornahmen und Hilfestellungen immer wieder verspäten.

Was neben kognitiver Überlastung einen fehlerbegünstigenden Zustand bedingen kann, dem ist Sigmund Freud nachgegangen. Er vermutet hinter Fehlern bestimmter Art eine Leistung und spricht deshalb auch von Fehlleistung. Durch genauere Betrachtung und Analyse alltäglicher Fehlleistungen öffnet er eine weitere Perspektive auf das Phänomen Fehler.

4.2. Der Einfluss des Unbewussten: Fehler und Fehlleistung nach Sigmund Freud

Sigmund Freud beschäftigt sich in seinem Buch „Die Psychopathologie des Alltagslebens" ausführlich mit alltäglichen Fehlleistungen. Er stellte überzufällige Zusammenhänge fest zwischen der Lebensgeschichte handelnder Personen und der Situation, in der sich Fehler ereigneten, und untersuchte die von ihm vermutete unbewusste Determiniertheit. Dabei geht Sigmund Freud im wesentlichen der Frage nach, welche Leistung bzw. welche Motivation einer Fehlleistung zugrunde liegt.

Freud unterscheidet zwischen Fehlleistung und Entgleisung. Beide werden sichtbar in einer Fehlhandlung wie beispielsweise dem Versprechen, Vergreifen oder Vergessen. Im Mittelpunkt seiner Arbeit stehen die Fragen: Wie kann es zu einer Fehlleistung kommen? Wo in der Fehlhandlung verbirgt sich die Leistung, die dadurch keine Entgleisung ist? Unter Entgleisung wird eine Fehlhandlung verstanden, wie sie etwa durch den Genuss von einigen Mengen Alkohol im Sprechen auftreten kann, wohingegen Freud in dem Versprechen unter aufmerksamen, konzentrierten und zugewandten Bedingungen eine zunächst „verborgene" Leistung vermutet und dies abgrenzend Fehlleistung nennt. Er schreibt: „Ich habe im Jahre 1900 in einem Aufsatz des Literaturhistorikers R.M. Meyer in der ′Zeit′ ausgeführt und erläutert gefunden, dass es unmöglich ist, absichtlich und willkürlich einen Unsinn zu komponieren. ... Untersucht man die scheinbar willkürlich gebildete, etwa mehrstellige, wie im Übermut oder Scherz ausgesprochene Zahl, so erweist sich deren strenge Determinierung, die man wirklich nicht für möglich gehalten hätte" (Freud 1904 zitiert nach 1973, S.202). Andere alltägliche Phänomene wie das Vergessen oder sich falsch Erinnern, mit dem Bewusstsein darüber, dass das Erinnerte nicht das Richtige ist, verstärkten die Vermutung, dass gesetzmäßige und berechenbare Bahnen dem Auftreten solcher Phänomenen zugrunde liegen. Sich beispielsweise an einen Namen nicht erinnern zu können und einen falschen Namen zu produzieren, interpretiert Freud wie folgt: „Der Vorgang, der zur Reproduktion des gesuchten Namens führen soll, hat sich gleichsam verschoben und so zu unrichtigem Ersatz geführt" (ebenda, S. 13). Eine Fehlleistung, die durch Verschiebung ermöglicht wird, entsteht aus Wechselwirkungen zwischen dem Individuum, dem Vergangenen, der Gegenwart und dem „Vergessenen". Die Wechselwirkungen bilden ein Gefüge, das die Fehlleistung produziert.

Der Begriff der Determiniertheit spielt dabei eine wichtige Rolle. Das Gefüge bietet einem unbewussten Motiv Raum, die aktuelle Handlung hin zu einer Fehlleistung zu determinieren. „Führt man die Unterscheidung der Motivierung aus dem Bewussten von der Motivierung aus dem Unbewussten ein, so berichtet uns das Überzeugungsgefühl, dass die bewusste Motivierung sich nicht auf alle motorischen Entscheidungen erstreckt. „Was aber so von der einen Seite freigegeben wird, das empfängt seine Motivierung von anderer Seite, aus dem Unbewussten, und so ist die Determinierung im Psychischen lückenlos durchgeführt" (ebenda, S. 213) In dieser Determiniertheit verortet Freud die verborgene Leistung.

Der Freud´sche Versprecher als stehender Begriff hat Einzug in die Alltagssprache gehalten, weil es eine Fehlleistung ist, die jeder von uns häufiger erlebt und nur allzu oft unsere geheimen Gedanken verrät, die wir eigentlich lieber für uns behalten hätten. Die Leistung der Psyche besteht nun aber genau darin, die geheimen Gedanken publik zu machen. Ein dem aktuellen Bewusstsein unbekanntes Motiv bricht sich Bahn und wird im „Versprochenen" sichtbar. Die scheinbar psychische Willkür bekommt einen Kontext und die Abhängigkeit des Willens von inneren und äußeren Ursachen wird sichtbar. Somit entsteht ein Sinnzusammenhang, aus dem die Fehlleistung resultiert. In dem Sinnzusammenhang wird das Richtige produziert, das aber zugleich im anderen Kontext, dem der aktuellen Situation als unangemessen, als Fehler bewertet wird. Die Erhellung dieses Sinnzusammenhangs, in den die Leistung gehört, macht spezifische Ursachen für die Verschiebung sichtbar und beispielsweise das Vergessene wieder zugänglich. An vielen Beispielen arbeitet Freud sorgfältig diesen überzufälligen Zusammenhang zwischen Ereignissen, die in den Sinnzusammenhang des Vergessenen gehören, und der Fehlleistung des Vergessens heraus.

Auch weitere Fehlleistungen, wie das Vergreifen, Irrtümer oder Versäumnisse „...erweisen sich, wenn man das Verfahren der psychoanalytischen Untersuchung auf sie anwendet, als wohlmotiviert und durch dem Bewusstsein unbekannte Motive determiniert" (ebenda, S.202). Über Assoziationsketten wird auch hier der Zusammenhang erschlossen, in dem die Fehlleistung mit der Vergangenheit und der Gegenwart steht. Auf diesem Weg kann eine Trennung zwischen der Situation, in der die Fehlleistung produziert wird, und ihrer Ursachen vorgenommen werden. Ursachen und Situation bleiben jedoch auf komplexe Weise kausal miteinander verknüpft. Diese einmalige Verknüpfung macht es aus, dass die Wiederholung ein und derselben Fehlleistung (aus dem selben Gebilde heraus) schwer möglich ist, denn ein und dieselbe Situation kann es nicht zweimal geben. Der innere Schauplatz (Gegenstand, Vergangenheit, Individuum und Gegenwart), der sichtbar wird, ist nach Freud die Produktionsstätte der Fehlleistungen und genauso einmalig wie die Situation selbst.

Das unbewusste und unbefriedigte Motiv aber bleibt und kann an anderer Stelle, auf einem anderen inneren Schauplatz, erneut die aktuelle Handlung in Form einer Fehlleistung stören. Damit wird die Fehlleistung zu einem Symptom, in dem sich die unbewusste Motivationslage ausdrückt. Allein bewusste Handlungsregulation erscheint nicht ausreichend, um die Symptomatik aufzuheben. „Jenes Unbekannte, das sich gegen diese Vorsätze sträubt, findet einen anderen Ausweg, nachdem ihm der erste Weg versperrt wird. Zur Überwindung des unbekannten Motivs ist nämlich noch etwas anderes als der bewusste Gegenvorsatz erforderlich; es brauchte eine psychische Arbeit, welche das Unbekannte dem Bewusstsein bekannt macht" (ebenda, S.201). Erst durch die psychische Arbeit könnten weitere mögliche Fehlleistungen, die symptomatisch für das bestimmbare unbewusste Motiv sind, vermieden werden.

Freud macht für seine Beobachtungen und Analysen eine Unterscheidung zwischen Vergessen, Symptom- und Zufallshandlungen, Irrtümern und kombinierten Fehlleistungen auch in Hinblick auf die jeweiligen Ursachen. Er findet Gemeinsames in den Ursachen für das Vergessen von Erlebnissen, von Eindrücken und von Vorsätzen. Für das Vergessen von Eindrücken, Erlebnissen und Vorsätzen (eine geplante Handlung unterlassen) nimmt Freud das Unlustmotiv als Ursache an. Das Unlustmotiv bezieht die Energie aus dem komplexen Zusammenhang der bereits erlebten und/oder zu erwartenden Interaktionen des Individuums und seines Kontextes, beispielsweise beim Übermitteln einer unerfreulichen Nachricht.

Freud zitiert zum Vergessen von Erlebnissen und Eindrücken Friedrich Nietzsche: „Das habe ich getan, sagt mein Gedächtnis. Das kann ich nicht getan haben, sagt mein Stolz und bleibt unerbittlich. Endlich - gibt das ´Gedächtnis´ nach" (Nietzsche, Jenseits von Gut und Böse, II. Hauptstück, 68 ebenda, S.127). Der Vorsatz selbst ist ein Impuls zur Handlung, der innerlich bereits beschlossene Sache ist, aber immer wieder auf den „geeigneten" Zeitpunkt verschoben wird. Während des Hinausschiebens kann eine Veränderung in den Motiven eintreten und der Handlungsimpuls zum Zuge kommen. Im Vergessen eines Vorsatzes findet der Gegenwillen seinen Ausdruck. Ernest Jones merkt hierzu an: „Often the resistance is of a general order. Thus a busy man forgets to post letters entrusted to him – to his slight annoyance – by his wife, just as he may "forget" to carry out her shopping orders" (ebenda, S. 135).

Eine weitere Ähnlichkeit in den Ursachen wird für das Vergreifen, Symptom- und Zufallshandlungen beschrieben. Das Vergreifen versteht Freud als „die Stimme der Selbstkritik, die sich durch das Fehlgreifen vernehmlich macht" (ebenda, S.139). Es kann erweitert werden auf Symptom- und Zufallshandlungen, bei denen die gesamte Handlung unzweckmäßig erscheint. Norman und Senders untersuchten Gewohnheitshandlungen, deren Muster aus kognitionspsychologischer Sicht aufgrund der Situation aktiviert werden, und die dazu führen können, dass beispielsweise ein Mann, der sich zum Ausgehen umziehen will, schließlich im Schlafzimmer im Bett landet. Freud geht mit seinem Ansatz der Frage nach, ob nicht ein Gegenwillen vorlag (z.B. Müdigkeit oder Unlust auf eine bevorstehende Gesellschaft), denn für eine so vollkommene Fehlhandlung scheint eine größere Leistung erforderlich zu sein, als lediglich einem, aus der Ähnlichkeit der Situation heraus aktivierten, automatisierten bzw. gewohnten Handlungsmuster bis zum Ende zu folgen. An den vielen Beispielen wird immer wieder deutlich, „wie eine hartnäckig festgehaltene ´Ungeschicklichkeit´ in sehr geschickter Weise uneingestandenen Absichten dient" (ebenda, S.144) und, „dass die einzelne ungeschickte Verrichtung keineswegs einen konstanten Sinn hat, sondern je nach Umständen sich dieser oder jener Absicht als Darstellungsmittel bietet" (ebenda, S.148).

Im Unterschied zum Fehlerinnern, bei dem wir wissen, dass die Erinnerung nicht korrekt ist, sind wir beim Irrtum überzeugt davon, das Richtige zu glauben. Der Irrtum wird also nur sichtbar, wenn etwas erinnert werden soll, was auch der Bestätigung oder Widerlegung anderer zugänglich ist. Freud unterscheidet hier genauer zwischen Gedächtnisirrtum (Fehlleistung) und Unwissenheit.

Der Widerstreit zwischen dem absichtlichen Verschweigen oder der Verdrängung und der Aufrichtigkeit wird innerpsychisch mit dem unbemerkten Irrtum entschieden.

Die Klasse der zu erklärenden Phänomene, die eine Fehlleistung darstellen, definiert Freud an folgenden Bedingungen:

(a) Sie gehen nicht über ein gewisses Maß hinaus, sind also innerhalb der Breite des Normalen.

(b) Sie haben den Charakter des Zeitweiligen und Momentanen, etwas was wir eigentlich können und richtig machend als richtig erkennen würden.

(c) Selbst sind wir versucht, wenn wir die Fehlleistung überhaupt wahrnehmen, sie als Unaufmerksamkeit oder Zufälligkeit zu erklären.

Eine Fehlleistung ist rückführbar auf unvollkommen unterdrücktes psychisches Material, das vom Bewusstsein abgedrängt, jedoch nicht jeder Fähigkeit, sich zu äußern, beraubt worden ist. Und somit im „Verborgenen" Leistung vollbringt.

4.3. Kernaussagen für die geplante Untersuchung: Die Sinnhaftigkeit menschlichen Versagens

Handlungskontrolle hat Grenzen. Das Erreichen dieser Grenzen kann sich in einem Fehler oder einer Fehlleistung ausdrücken. Das kognitive System des Menschen neigt unter nicht weiter spezifizierten Bedingungen dazu, dem Kontext entsprechende und häufig auftauchende Rückmeldungen wahrzunehmen und zu verarbeiten. Diese generelle Tendenz des kognitiven Systems vertraute Muster zu bevorzugen, begünstigt zusätzlich verspätete Handlungskorrektur und somit das Auftreten von Fehlern. Aus kognitiver Sicht werden Fehlertypen auf drei Ausführungsebenen der Handlung anhand relevanter Dimensionen genauer spezifiziert und es werden bestimmte „failure modes" (Zustände) unterschieden. Entsprechend erfolgten die Definitionen auf diesen Ebenen: (1) errors, (2) slips und lapses, (3) mistakes.

Error als allgemeiner Term, der alle Ereignisse umfasst, bei denen ein Ziel mit einer geplanten Handlungssequenz mentaler oder physischer Aktivitäten nicht erreicht wird, ohne dass andere zufällige, äußere Störungen auftraten. *Slips* und *lapses* werden Fehler genannt, die während der Ausführung und/oder in der

Überwachung der Handlungssequenz entstehen, unabhängig davon, ob der Plan an sich geeignet war, das geplante Ziel zu erreichen. *Mistakes* sind Mängel oder Fehler in dem Bewertungs- und/oder Schlussfolgerungsprozess bei der Auswahl und Beurteilung der jeweiligen Handlungsschritte. Diese Prozesse überwachen, ob die Handlung nach Plan verläuft.

Sowohl während einer Erhebung als auch für eine Analyse von Fehlern ist es wichtig, kognitive Grenzen als beteiligt an Fehlerereignissen zu berücksichtigen. Fehlerkonsequenzen drängen oft dazu vorschnell menschliches Versagen oder Systemelemente in einen einfachen Kausalzusammenhang zu setzen und zur Ursache zu erklären. Tatsächliche Ursachenvielfalt kann sichtbar werden, wenn eine genaue Betrachtung von Fehlerereignissen „failure modes" und ihre Ursachen im Zusammenhang mit sachlich Falschem berücksichtigt. Für sich genommen können „failure modes", in denen Menschen sich befinden (auch ohne Fehlerfolgen), Informationen über kognitive Bedingungen geben, die einerseits das Risiko für Fehler erhöhen und andererseits bestehende kognitive Leistungsgrenzen sichtbar machen.

Die Unterscheidung von Fehlhandlungen in psychische Fehlleistungen und Entgleisungen ermöglicht einen noch tieferen Einblick in die wirkenden Zusammenhänge. Der Fehlleistung liegt eine unbewusste Determiniertheit zugrunde, die sich aus der Wechselwirkung zwischen Individuum, Gegenwart, Vergangenheit und dem Inhalt der Fehlleistung erschließen läßt. Die jeweiligen Wechselwirkungen haben einen individuellen psychischen Sinnzusammenhang. Dieser Schauplatz kann durch Assoziationen erschlossen werden. Freud hat deutlich gemacht, dass hinter Fehlleistungen ein psychischer und sinnvoller Zusammenhang steckt. Dessen Entdeckung kann Aufschluss geben über verdrängtes psychisches Material, das in der Gegenwart wirkt. Gerade weil die handelnde Person diese eher als zufällig oder als durch Unaufmerksamkeit entstanden ansieht, gelangen sie im Arbeitskontext selten in das Blickfeld einer Fehlererhebung und Analyse. Unbewusste Motive können sich aber durchaus auch auf den Arbeitskontext beziehen und sich dort in Form von Fehlleistungen ausdrücken. Diese Möglichkeit mitdenkend können an Fehlleistungen verdeckte arbeitsbezogene Motive sichtbar werden, die für sich genommen beispielsweise einen Mangel im Arbeitszusammenhang zu beheben versuchen.

Sowohl die Sichtbarwerdung kognitiver Grenzen als auch die Produktion von Fehlleistungen sind für arbeitende Menschen sinnvoll. Diese Überlegungen fordern bei einer Analyse von Fehlerereignissen dazu auf, die Frage nach dem Sinn zuzulassen und Zusammenhänge zu berücksichtigen.

5. Feldtheoretische Ansätze zum Verstehen von Fehlerereignissen

Ursachen für die Entstehung von Handlungsstörungen oder Fehlleistungen werden aus kognitiver und analytischer Sicht unterschiedlich bzw. sich ergänzend erklärt. Unabhängig davon, welche Ursache einer produzierten Störung zugrunde liegt, muss sich das Individuum mit der Störung auseinandersetzen. Sie hat eine Auswirkung auf das Individuum und damit auf den weiteren Handlungsverlauf. Den Einflüssen auf das Steuerungsvermögen bzw. die Richtungswahl für die weitere Handlung wird in feldtheoretischen Überlegungen nachgegangen. Die von dem Individuum im Feld wahrgenommenen Sinnzusammenhänge (Gestalten) werden dabei als zusätzliche Einflussvariablen, die auf das Verhalten einwirken, bewertet.

Im Sinne Herbert A. Simon´s These: „Ein Mensch, betrachtet als System mit bestimmtem Verhalten, ist recht einfach. Die scheinbare Komplexität seines Verhaltens in der Zeit spiegelt weitgehend die Komplexität der Umgebung wider, in der er sich befindet" (Simon 1994, S.71) sollen ökopsychologische, gestalttheoretische und organisationstheoretische Betrachtungsweisen helfen, das Verhalten des Menschen in der Wechselwirkung mit seiner Umgebung und besonders im Zusammenhang mit Handlungsstörungen besser zu verstehen und die Maßstäbe, an denen Handlungsergebnisse als Fehler bewertet werden, weiter zu durchdringen.

5.1. Ökopsychologische Betrachtung der Handlungsstörung

Der Umweltpsychologe Ernst Boesch hat sich ausführlich mit der Wahrnehmung und den Auswirkungen von Handlungsstörungen auf das psychische System sowie mit der Handlungsfähigkeit des Menschen nach einer Handlungsstörung beschäftigt. Er beschreibt es als das alltägliche psychische Leiden des Menschen, das durch die Bedrohung des Gleichgewichts entsteht und macht es zum Gegenstand seiner Ausführungen in der „Die Psychopathologie des Alltags" (1976). Darin werden die Gleichgewichte des Alltags, die bedrohenden Faktoren und die regulierenden Prozesse herausgearbeitet. Als einen wesentlichen das menschliche Gleichgewicht bedrohenden Faktor nennt Ernst Boesch die Handlungsstörung. Der Alltag wird als das Handlungsbiotop des Menschen beschrieben, in dem das Handlungsfeld als ein Teil davon liegt, in dem wiederum alle Prozesse des Handelns und der Handlungssteuerung ablaufen.

Das Handlungsbiotop teilen Menschen miteinander, wohingegen das Handlungsfeld für jedes Individuum unterschiedlich ist. Das Handlungsfeld ist durch die „Wirklichkeit" (der Realität und der Wirklichkeit der anderen) und durch die subjektive Wirklichkeit definiert. Die subjektive Wirklichkeit besteht aus Verarbeitungsfiltern (Boesch nennt diese Fantasmen), die zwischen das Individuum und seine Umwelt treten. Es sind Konstrukte darüber, wie jeder einzelne von uns die Welt interpretiert, ordnet und versteht.

Im psychischen Aufeinandertreffen der „Wirklichkeit" und der subjektiven Realität kommt es zwangsläufig zu Diskrepanzen. Spätestens wenn wir die vertraute Umgebung verlassen, aber auch schon im Aufeinandertreffen zweier Fantasmen, die unterschiedliche Bewertungsmaßstäbe mit sich bringen (einer findet das Werkzeug ist zu teuer, ein anderer eine Maschine zu laut, dem einen regnete es zuviel, um zu arbeiten usw.). Diskrepanzen, die das Wohlfühlen im Handlungsbiotop massiv unterbrechen, sind unvermeidbar und damit alltäglich. Dieses Pathos, das Leiden, das subjektive Gefühl des erschwerten, mühsamen Handelns und der bedrohten oder gestörten funktionalen Potentialität untersucht Boesch genauer. Diskrepanzen zwischen Fantasmen lösen beim Individuum Stress aus, weil eine Nicht-Passung zwischen Individuum und Umwelt (Handlungsbiotop) wahrgenommen wird, und dadurch eine Anpassung bedroht sein kann. Boesch bewertet Stress als den wesentlichen bestimmenden Faktor für Handlungsstörung in der Wechselbeziehung zwischen Mensch und Umwelt (die wesentliche ökologische Determinante). Er definiert Stress operational durch die Gefühle der lust- oder unlustbetonten Anstrengung, die damit verbunden auftreten.

Wenn Diskrepanzen zwischen Fantasmen zu einer Handlungsstörung führen, kommt es neben der Stressreaktion zusätzlich zu einer Affektreaktion des Individuums auf die Störung. Wenn wir eine Handlungsstörung erleben, empfinden wir z.b. Ärger, Enttäuschung oder Trauer, bevor eine Reflexion oder kognitive Analyse einer Situation und ihrer Ursachen erfolgen kann.

Handlung im Handlungsfeld wird definiert als „...ein bestimmtes, thematisch umschreibbares und zumindest in Teilen absichtliches, intendiertes Tun des Menschen" (Boesch 1976, S.18). Sie hat Struktur (einen Verlauf und unterscheidbare Handlungsphasen), weist Komplexität auf (durch die Anzahl der einzelnen Operationen, die in der Handlung kombiniert werden) und findet in einer Situation statt (ist eine auf bestimmte Umweltaspekte oder eine auf die Person selbst gerichtete Aktivität). Darüber hinaus streben Handlungen Ziele an. Auf diesem Weg sind psychische Distanzen (Fortschrittsüberprüfungen der Soll-Werte) zu überwinden. Damit das möglich ist, existiert ein mehr oder weniger präziser Handlungsplan mit entsprechenden Teilzielen. Dabei gilt:

(a) Wenn die Erreichung des Ziels unsicher wird, kann während des Handlungsverlaufs eine Regulationen in Richtung Ziel vorgenommen werden.

(b) Wenn eine als unangenehm empfundene Abweichung vom Soll-Wert wahrgenommen wird und handlungshemmende Impulse neutralisiert werden können, erfolgt eine situative Umstellung. Es wird eine instrumentelle Korrektur (z.B. ein effektiveres Werkzeug einsetzen), ein Zielverzicht oder eine Einstellung auf den Ist-Wert (Soll-Wert wird umdefiniert) vorgenommen. Affekte begleiten die Handlung und sind in diesem Sinne die Regulatoren der Handlung.

Daraus folgt, dass unterschiedliche Handlungsverläufe durch unterschiedliche Arten von Affekten gekennzeichnet sein müssen.

Für das Empfinden und die Bewertung von Handlungen gibt es physiologische und psychologische Toleranzgrenzen. Gelingt eine Handlung mühelos, unbeschwert und flüssig, befindet sich der Mensch neben dem sachlichen auch im affektiven Soll-Wert des Handlungsprozesses. Die Steigerung wäre das Triumphgefühl, wie wir es empfinden, wenn wir nach bedrohter Zielerreichung Widerstände überwunden und ein Ziel erreicht haben. Abhängig vom Handlungsverlauf stellen sich unterschiedliche Affekte ein. Boesch schematisiert Toleranzgrenzen für den Handlungsverlauf folgendermaßen: Ausgehend vom antizipierten Handlungsverlauf beschreibt die Toleranz Hierarchie (Abb.9) Reaktionen auf Abweichungen. Abweichungen in Richtung „untere Befriedigungsgrenzen" sind begleitet von Langeweile und dem Erleben von Monotonie. Abweichungen in Richtung „mehr als der Soll-Wert" sind begleitet von wachsender Spannung und

Ermüdung bis hin zu körperlichen Abwehrreaktionen. Die während des Handlungsprozesses auftretenden Affekte regulieren nicht nur, sondern sie signalisieren, bewerten und charakterisieren die Handlung zugleich.

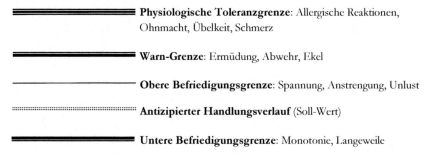

Physiologische Toleranzgrenze: Allergische Reaktionen, Ohnmacht, Übelkeit, Schmerz

Warn-Grenze: Ermüdung, Abwehr, Ekel

Obere Befriedigungsgrenze: Spannung, Anstrengung, Unlust

Antizipierter Handlungsverlauf (Soll-Wert)

Untere Befriedigungsgrenze: Monotonie, Langeweile

Abb. 9 : Schematische Darstellung der „Toleranz Hierarchie" (vgl. Boesch 1976, S.305)

Das wird auch deutlich daran, dass Erinnerungen an vergangene Handlungen oder Erlebnisse eher davon gekennzeichnet sind, ob wir sie gerne gemacht haben oder sie sogar Freude gemacht haben, oder umgekehrt, sie unangenehm oder ungeheuer anstrengend gewesen sind leicht zugänglich sind, während der Zugang zu Erinnerungen darüber, wie die Handlung auf der sachlichen Ebene stattgefunden hat (wie habe ich es eigentlich genau gemacht?), weniger leicht ist.

Handlungsstörungen lösen also zunächst einmal Affekte aus, die je nach Situation, persönlicher Befindlichkeit, Zielwertigkeit und den jeweiligen Vorerfahrungen unterschiedlich sind und den weiteren Handlungsverlauf bestimmen. So können sie zusätzliche Behinderungen sein, eine Erschwerung darstellen oder sogar für einen Handlungsabbruch sorgen. Die im Zusammenhang mit Handlungsstörungen auftretenden Affekte stellen sich wie folgt dar:

Handlungsstörung ⟶	Affekt
Handlungserschwerung	Ärger
Handlungsbehinderung	Bedrückung
Handlungsabbruch	Ermüdung
=	Trauer/ Bedauern
mühsame Funktionsverläufe	Angst/ Schuld
oder äußere, materielle oder soziale Widerstände	

Abb. 10: Handlungsstörungen und Affekte (vgl. Boesch1976)

Die auftretenden Affekte wirken sich direkt auf zwei Ebenen aus:

(1) Der Handelnde erlebt eine *spezifische Zielfrustration*: Es ist nicht mehr sicher, ob das Ziel, dass wir uns zu erreichen vorgenommen haben auch wirklich noch erreichbar ist. Der Erfolg und die „Belohnung" sind gefährdet.

(2) Der Handelnde erlebt sich selbst als *eingeschränkt in seinem Handlungspotential*: Die Handlung kann aufgrund der Störung nicht einfach weiter geführt werden.

Die Wechselwirkungen, die zwischen diesen Auswirkungen auftreten, bestimmen die Neigung des Individuums für den weiteren Handlungsverlauf. Je nach Affektqualität erfolgt eine unterschiedliche Wahrnehmung über die Möglichkeiten der weiteren Zielerreichung und eine Wahrnehmung über die eigene Fähigkeit das anvisierte Ziel noch erreichen zu können. Die folgende Tabelle (Tab.5) stellt die unterschiedlichen Affekte auf Handlungsstörungen und ihren Einfluss auf den weiteren Handlungsverlauf im Überblick dar:

Affekt ➡	Ziel-Wahrnehmung+	Ich Wahrnehmung=	Neigung
Ärger	ist bedroht	Funktionsvermögen eingeschränkt	die Einschränkung durch Handlungsintensivierung auszugleichen
Bedrückung	ist bedroht	Funktionsvermögen unwirksam	zum Rückzug
Ermüdung	scheint unerreichbar	Handlungspotential reicht nicht aus	Minderung der Handlungsintensität
Angst	unerreichbar	Bedrohung des Handlungspotentials	Flucht, Abwehr, Verdrängung
Trauer/Bedauern	unwiderruflich unerreichbar	Eigene Unwirksamkeit	Resignation
Schuld	unwiderruflich verfehlt	Selbstzweifel	Selbstbestrafung

Tab. 5: Wechselwirkungen bei Handlungsstörungen (vgl. Boesch 1976)

Ärger ist eine Reaktion auf eine nicht selbstgewollte Handlungsbremsung und wohl jedem bekannt. Lewin (1963) spricht von einer Reaktion auf eine Handlungsbarriere. Er entsteht, wenn wir eine Konfrontation mit dem eigenen funktionalen Unvermögen erleben, nicht durch die Hemmung der Handlung an sich. Eine rote Ampel beispielsweise, die uns zwingt anzuhalten, wird dann Ärger auslösen, wenn sie uns in dem Handlungsschritt oder -ziel „rechtzeitig zum Bahnhof kommen" stört, und wir dem funktional nichts entgegenzusetzen haben. Mit dem Ärger verbunden ist die Neigung, die Einschränkung durch Handlungsintensivierung (nach der Ampel schneller zu fahren) auszugleichen. Diese Intensivierung ist eine Aggression, die persönliche Überlegenheit wahren soll. Neben dem motivationalen (energetischen) Aspekt, ist Ärger aber zugleich auch ein Signal an unsere Kognition zur Umorientierung und um mit Handlungserschwerung umzugehen (z.b. einen anderen Weg zum Bahnhof fahren, den Termin verschieben). Ärger kann also als aktiver Affekt bezeichnet werden, der die Intensivierung des Handelns nach einer Handlungsstörung beinhaltet. Es bedeutet, dass der Handelnde die Weiterführung der Handlung (Zielerreichung) als wünschenswert und möglich bewertet. Zum Ärger gehört demnach auch das (instinktiv antizipierte) Gefühl einer grundsätzlich anderen Alternative, mit der das Ziel hätte erreicht werden können und/oder noch erreichbar ist.

Individuell und sicher auch situativ unterschiedlich ist die Frustrationstoleranz. Also die Grenze, ab welchem Grad der Handlungserschwerung diese als Frustration wahrgenommen wird, und ab welchem Grad der Frustration wir beispielsweise Ärger empfinden. Je fähiger wir sind und je möglicher es ist, Handlung und Situation zu strukturieren, desto höher wird die Frustrationstoleranz sein und desto besser können wir den Affekt des Ärgers ausregulieren. Je mehr unser Selbstwert (Ich-Symbolische Bedeutung) mit dem Erreichen des Zieles verbunden ist, desto größer wird der Ärger sein, den wir bei Zielbarrieren empfinden, denn mit dem Misserfolg unseres Handelns stellen wir dann auch unser Selbst in Frage. Für Ärger und Bedrückung gilt, dass der Auslöser etwas ist, was unseren Vorstellungen und Plänen zuwider läuft. Dadurch werden Bedrohtheitsphantasien aktiviert, weil subjektiv funktionale Soll-Wert Schemata (was kann ich mir zutrauen, was ist möglich) verletzt werden.

„Ermüdung ist im Grund nichts anderes, als das Handeln des Menschen, der sich ausruht, und das Gefühl der Müdigkeit ist nichts anderes, als der Wunsch nach diesem Handeln" (Janet 1928 II, S.36-37). Müdigkeit ist demnach als Reaktion zu verstehen, die Handlungsbremsung reguliert. Ernst Boesch unterscheidet zwischen Ermüdung als aktive Reaktion des Organismus, die physiologisch messbar ist, und Müdigkeit als antizipierte Erschöpfung (ich werde schon müde, wenn ich nur daran denke). Ermüdung oder Müdigkeit entstehen als Reaktionen auf mühsame Handlungen (gegenwärtig oder antizipiert). Die „Ermüdungszeichen können sowohl innerliche als auch äußere Zeichen der Handlung sein, die uns signalisieren, dass unsere funktionale Potenz nicht ausreicht, um das Ziel ohne Veränderung der Handlung zu erreichen. Wir glauben ihrer Fortführung nicht mehr gewachsen zu sein. Diese Veränderungen können darin bestehen, dass die Tätigkeit aufgegeben oder aufgeschoben wird, wie auch dass man sich neuer Handlungsmittel bedient" (Boesch 1976, S.432). Die Ermüdung drückt also aus, dass der Kraftaufwand, um das Ziel noch zu erreichen, - wenigstens im Moment – droht, zu groß zu werden. Je nachdem, welche Bedeutung der Müdigkeit beigemessen wird, werden wir (a) überhaupt nicht handeln (Apathie), (b) schwierige Handlungen unterlassen, (c) die aktuelle Handlung verlangsamen (Viskosität) oder (d) begonnene Handlungen abbrechen. Dieser Affekt ermöglicht die Wahrnehmung der funktionalen Grenzen unseres Handelns in einer bestimmten Situation und einem gegeben Moment. Trauer und Bedauern sind affektive Reaktionen auf den Verlust hochvalenter Handlungsziele. Beide sind Ausdruck der Unmöglichkeit, wichtige Handlungen weiter zu verfolgen. Der Handelnde erlebt Ohnmacht ohne alternative Handlungswege. Durch äußere Einflüsse entsteht die Handlungsstörung und das bedeutsame Ziel wird unerreichbar. Äußere Einflüsse begrenzen unsere Handlung (Tod eines Freundes, Schließung der Firma) und sorgen für die situative Begrenzung, ohne dass wir etwas dagegen tun könnten. Angst, als affektive Reaktion auf eine Handlungsstörung, antizipiert eine nicht leicht zu vermeidende Bedrohung des Handlungsvermögens und beinhaltet eine ängstliche Wahrnehmung der eigenen Handlungsschwäche. Wir reagieren damit auf eine direkte oder symbolische Bedrohung unserer grundsätzlichen Handlungsbereitschaft (z.B. die Bedrohung des Arbeitsplatzes durch Einsparungsankündigungen, Terrorwarnungen durch eine Regierung). Daraus folgen Flucht, Abwehr oder Verdrängung als direkte Bewältigungsmechanismen der Angst. Diese Bewältigungsmechanismen erschweren zugleich eine angemessenen Handlungsregulation. Erst eine Wandlung in Furcht, „ist die konditionale Aufhebung der Angst, sie bedeutet den gekonnten Umgang mit dem gefährlichen Objekt" (ebenda, S.448) und ermöglicht den Zugang zu einer angemessenen Handlungsregulation, setzt aber eine reflexive Phase voraus. Boesch unterscheidet zwischen Umweltangst (auf äußere Bedrohung gerichtet), Bewährungsangst (Möglichkeit des eigenen Versagens) und Grundangst, die objektfrei ist. Im Arbeitsalltag ist die Bewährungsangst, also die Angst davor, eine Aufgabe nicht bewältigen zu können, häufig. Unter Schuld versteht Boesch die trauernde Selbstabwertung. Das Schuldgefühl, als Reaktion auf das Versagen in Bezug auf einen wesentlichen Soll-Wert, sorgt für ein Unbehagen, das über die spezifische einzelne Handlung hinausgeht. Wir empfinden ein situatives Bedauern, antizipieren ängstlich die Konsequenzen und haben einen funktionalen Zweifel an uns selbst. In einem solchen Zustand neigen wir zu Selbstbestrafungstendenzen (z.B. unbezahlte Überstunden zu leisten, bis spät in die Nacht hinein arbeiten). Auf diese Weise können Schuldgefühle andere Ziele oder Zielbildungen für weitere Handlungen beeinträchtigen. Das besondere an dem Schuldgefühl ist, dass wir glauben, wir hätten anders handeln müssen und können. Durch die Missbilligung der eigenen Handlungsintention, entgleitet sich die Person gleichsam selbst. „Die Unfähigkeit das Positive anzustreben, und das Negative zu meiden, bedeutet eine viel einschneidendere und irgendwie auch unfasslichere Einschränkung des Handlungsvermögens als andere Arten des Misserfolgs" (ebenda, S.487). In diesem Zustand können wir uns der Kontrolle über unser Handeln, so wie wir es uns wünschen, nicht mehr sicher sein. Die Schwierigkeit, das Handeln Ich-konform zu gestalten, manifestiert sich, wir erleben die finale Ambivalenz unseres Steuerungsvermögens.

5.2. Gestaltpsychologische Überlegungen zur Feldkraft von Fehlern

Die vielen Aspekte, die an das Phänomen Fehler geknüpft zu sein scheinen, werden im alltäglichen Erleben eher als eine Einheit wahrgenommen. Erst eine spätere Reflexion von Ereignissen ermöglicht einzelne Aspekte zu betrachten.

Gestalttheoretische Überlegungen sehen die Wirklichkeit des Individuums als geprägt von von der Umgebung abgehobenen Erlebniseinheiten (-ganzheiten) an, deren Einzelheiten als zusammengehörig aufgefasst werden und transponierbar sind. Ein Fehlerereignis würde darin ein „Unterganzes des umfassenden Bewusstseinsganzen mit den Merkmalen der Abgesondertheit und Auseinandergesetztheit der Glieder" und ein „in sich geschlossenes Gefüge" sein.

Max Wertheimer (1945) fand bereits in seinen ersten Experimenten Hinweise dafür, dass die unmittelbare Wahrnehmungserfahrung weder aus Einzelempfindungen noch aus Empfindungsaggregaten (»Und-Verbindungen«) besteht, sondern von übersummenhaften, ganzheitlichen, gestalthaften Eindrücken eigenständiger Qualität beherrscht ist. Wolfgang Köhler (1913, 1959, 1969), Kurt Koffka (1935) und Max Wertheimer setzten sich kritisch mit der Assoziations- und Elementenpsychologie und mit der Konstanzannahme der klassischen

Psychophysik auseinander. Sie bezogen Grundgedanken aus der aristotelischen Philosophie und methodische Ansätzen aus der Husserlschen Phänomenologie ein und leiteten aus diesen Arbeiten heraus Gestaltgesetze ab.

Unter dem Prägnanzprinzip fassen die Gestaltgesetze die Bedingungen zusammen, die zur Auffassung einer Reizkonstellation als Einheit im Sinne einer „Gestalt" beitragen. Dies sind vor allem das Gesetz

(a) der Nähe (law of proximity): Elemente in raumzeitlicher Nähe werden als zusammengehörig erlebt.

(b) der Ähnlichkeit (law of similarity): Elemente werden dann als zusammengehörig erlebt, wenn sie einander ähnlich sind.

(c) der guten Fortsetzung (law of continuity, law of good continuation) Vektoren, in denen Elemente angeordnet sind, bestimmen darüber, welche Fortsetzung für eine Elementenreihe »gut« ist.

(d) der Geschlossenheit (law of closure): Nicht vorhandene Teile einer Figur werden in der Wahrnehmung ergänzt.

(e) des gemeinsamen Schicksals (law of common fate): Elemente oder Gegenstände, die sich gleichförmig verändern oder gemeinsam bewegen, werden als Einheit erlebt.

Verwandt sind die von G.E.Müller (1923) gefundenen Kohärenzfaktoren, die solche Bedingungen erfassen, unter denen Einzelheiten als zusammengehörig aufgefasst werden können. Es sind dies (a) Räumliche Nachbarschaft, (b) Gleichheit, (c) Ähnlichkeit, (d) Symmetrie und (e) Kontur. Es wurden noch Kontinuität und Geschlossenheit hinzugefügt. Der Begriff der Gestalt wird auch auf Handlungen (z.b. Bewegungsgestalten), Gedächtnisinhalte und Denkvorgänge (Prinzip der Einsicht) angewandt. Ein Sinnzusammenhang oder Erlebnis, das als Fehler bewertet wird, kann demnach auch als Gestalt betrachtet werden.

Die Wirkweise der Gestalt wird mit dem Isomorphieprinzip und den „inneren Notwendigkeiten" erklärt. Die rasche und mit wenig Energieaufwand vollzogene Identifikation von bestimmten Anordnungsformen in der Umwelt dienen auf diese Weise der kategorisierenden Ökonomisierung des Wahrnehmungsvorganges in biologisch relevanten Situationen. Das Isomorphieprinzip vermittelt Gestaltwahrnehmung und verleiht damit dem Erleben gegenüber den Umweltreizen eine eigenständige Ordnung (Emergenz), die für das Individuum kontrollierbar ist. Die Wahrnehmung und die Einordnung von Handlungsstörungen bzw. Fehlern in einen Sinnzusammenhang ist demnach eine biologisch relevante Notwendigkeit.

Die affektive Handlungsregulation, wie Boesch sie beschreibt, ist die erste Reaktion. Nach erfolgter Bewertung und Analyse kann auf bewährte Anpassungsstrategien zurückgegriffen werden oder im Sinne der Problemlösung (Dörner 1992) ein neuer Handlungsplan entworfen werden, der die betreffenden Kohärenzfaktoren berücksichtigt. Gestalthafte Erfahrungen tragen zum raschen Erkennen und Wiedererkennen bei, und können so (z.b. durch »Geschlossenheit«) ohne viel „Herumprobieren" zu müssen Einsichten in gangbare Wege des Problemlösens aufzeigen (Wolfgang Köhler 1913).

Karl Koffka führte gestaltpsychologisches Denken in die Entwicklungspsychologie ein und Kurt Lewin, mit seiner dynamischen Feldtheorie des Erlebens und Verhaltens, die für die geplante Untersuchung genauer betrachtet werden soll, in die Persönlichkeits- und Sozialpsychologie. Mit der von Viktor von Weizsäcker vorgestellten Gestaltkreistheorie (1942), die das Subjekt in zeitgleicher Wechselwirkung mit der Umwelt betrachtet, konnten auch auf naturwissenschaftlicher Ebene reflexphysiologische und sinnesphysiologische Umstimmungen, Regulationen und Sinnestäuschungen als „sensomotorischer Gesamttakt" gestalttheoretisch (V. von Weizsäcker 1942, 1950 in der Ausgabe von 1997) erklärt werden.

Die Feldtheorie nach Kurt Lewin (1951) beschreibt den Lebensraum des Menschen als dynamisches Kraftfeld. Motivation und Lokomotion werden innerhalb dieses Feld durch Kräfte gesteuert. Attraktoren negativer und positiver Art haben hierin Aufforderungscharakter für das Handeln und beeinflussen den Handlungsverlauf. Lewin stellt fest, dass nicht nur die Wahrnehmung, sondern auch menschliches Handeln selbst Gestaltcharakter hat, und weist darauf hin, dass es wenig Sinn hat, das Handeln in einzelne Teile zu zerlegen, sondern dass dem Verstehen von Handlung sinnvoller Weise eine Analyse der Gesamtsituation zugrundegelegt werden muss.

Das psychologische Feld, in dem der Mensch handelt, kann aus der Verteilung und den Dynamiken der sich in ihm befindlichen Objekte erschlossen werden. Er leitet ab, dass die Dynamik des Geschehens stets durch die Beziehung des konkreten Individuums auf die konkrete Umwelt bestimmt sei und definiert eine universelle Verhaltensgleichung:

$$V = f\ (P,U)$$

Danach resultiert das Verhalten des Menschen, als Funktion, aus den Kräften, welche die Interaktion zwischen Mensch und Umwelt bestimmen und zugleich daraus resultieren. Auf diese Weise bestimmen sie das psychische Feld der Person und kennzeichnen so das jeweilige Handlungsfeld. Als Teil dieses Feldes beeinflussen Attraktoren die Motivation und Lokomotion der Person. Dabei entwickelt beispielsweise ein Fehlerereignis eigene Feldkräfte, und bringt so das Gesamtgefüge in eine neue Konstellation, die wiederum das weitere Verhalten der Person in der veränderten Dynamik des Handlungsfeldes beeinflusst.

Die Feldtheorie steht für einen dynamischen Ansatz, wonach Situation und Verhalten nicht in physikalischen, objektiven Begriffen beschreibbar sind, sondern in der Art und Weise, wie Situation und Verhalten für das Individuum zu der gegebenen Zeit existiert haben. Ein Fehlerereignis, so wie jedes andere Ereignis auch, ist damit auch Folge von Feldkräften, die in dem dynamischen psychischen Feld gewirkt haben und wirken.

Schwarz (1927), ein Schüler Lewins, hat sich intensiv mit Fehlern bei Umgewöhnungsprozessen beschäftigt und kommt zu dem Schluss, dass Fehler häufig als Folge von Stabilitätstendenzen auftreten. „Angewandte Handlungsstrukturen werden beibehalten, auch wenn diese unter den bestehenden Bedingungen längst durch ökonomischere, passendere, einfachere Handlungen ersetzt werden könnten. Man kann sagen, dass einmal erfolgreiche Handlungen auch unter sich verändernden Bedingungen solange aufrechterhalten werden, bis dieses Handlungsschema zum Fehler führt. Der Fehler zeigt dann den Punkt an, an dem die gewohnte Handlungsstruktur aufgegeben und eine der Situation angemessenere gesucht werden muß" (Schwarz 1927, S.124). Auch ein Fehlerereignis ist demnach eingebettet in einen bestimmten Kontext, und nur innerhalb dessen zu verstehen. Die Bedingungen der spezifischen Handlungssituation geben dem Fehler seine sinnvolle Gestalt (in der er dann auch wahrgenommen wird).

Da niemals alle Intentionen, Motive und Handlungsbedürfnisse sowie Interaktionskonstellationen bekannt sind, erklärt ein solcher Ansatz warum eine Kategorisierung von Fehlern scheitern -sie hinkt dem Auftreten immer neuer

Fehlerereignisse hinterher. Eine Vorhersagbarkeit oder umfassende Kategorisierung von Fehlern oder Fehlerereignissen ist demnach nicht möglich.

5.3. Organisationstheoretische Überlegungen zur Regelverletzung

Gesetze und Regeln scheinen die eindeutigsten Soll-Werte für menschliches Verhalten zu sein, an denen falsches Handeln oder Fehler gemessen werden können. In Organisationen finden sich neben Standards und Vorschriften viele Regelwerke, deren Einhaltung erwartet und als sachlich richtig bewertet werden. Alle dienen in einer Weise dem Ablauf von Prozessen der Strukturierung von Aufgaben und somit der Stabilität einer Organisation und der Qualitätssicherung des Organisationszwecks. Die Ausnahme oder der Verstoß gegen Regeln ist eng mit Fehlern verbunden. Einerseits benötigt jede Organisation die Einhaltung von Regeln und Vorschriften, zugleich stellt eine Organisation aber ein Feld dar, in dem Kräfte wirken, die das Verhalten von arbeitenden Menschen zusätzlich beeinflussen - auch in die Richtung, Regeln zu verletzen.

Beeindruckend gründlich und tiefgehend hat sich der Organisationswissenschaftler Günther Ortmann mit Organisationen, deren Strukturen und Dynamiken beschäftigt. Deutlich über den betriebswirtschaftlichen Rahmen hinaus setzt er sich interdisziplinär mit den sichtbaren und nicht sichtbaren Prozessen auseinander, die in lebenden Organisationen stattfinden. In seinem Buch „Regel und Ausnahme" (2003) setzt sich Günther Ortmann unter anderem mit dem Paradoxon der Notwendigkeit und Unvermeidbarkeit des Regelbruchs zum Regelerhalt auseinander (dazu auch Sack 1973; Dürkheim 1966; Mead 1968, 1980). Aspekte aus seinen Überlegungen zu Regeln und Ausnahmen in Organisationen sollen im folgenden kurz dargelegt werden.

Auf dem Hintergrund der Definition von Peter Winch: „Ein Fehler ist ein Verstoß gegen ein als richtig Etabliertes" (Winch 1974, S.45) rücken Fehler und Regelverletzung zueinander. Wird die Grenze des als richtig Etablierten überschritten, liegt ein Fehler, ein Regelbruch vor. Dadurch wird sowohl die Grenze als auch das darin liegende Richtige sichtbar. Bleibt der Fehler keine Ausnahme und wird der Regelbruch zur Regel, kann sich das Etablierte verändern. Das, was ursprünglich den Regelbruch ausmachte, wird zum akzeptierten Verhalten oder Zustand, wird zum neu Etablierten.

Ortmann weist darauf hin, dass jede Regel die Ausnahme vorsieht, denn „sie muss es um ihrer eigenen Elastizität und daraus resultierenden Robustheit willen, und sie kann es -sofern die Ausnahmen nicht überhand nehmen" (Ortmann 2003, S.73) und die Regel selbst dadurch bedroht wird. Zugleich gibt es eine Notwendigkeit für die Regelverletzungen, denn: „Das Nicht-Passen einer Norm oder Regel muß beständig durch ihre Modifikation und Verletzung behoben werden -Eigenwert der Funktion" (ebenda, S.218), damit die Sinnhaltigkeit von Regelwerken an sich erhalten bleibt.

Individuelles Verhalten muss in diesem Zusammenhang verstanden werden. „´Einen Fehler machen´ heißt daher ein solches Fehlgehen, das im Alltag und gemessen an erst situativ zu bestimmenden, in praxi zu fixierenden Relevanzkriterien als erheblicher Verstoß gegen ein als richtig Etabliertes beurteilt wird" (Ortmann 2003, S.54). Was situativ und in praxis jeweils Gültigkeit hat, und ab wann ein Verstoß vorliegt, ist nach Ortmann variabel.

Es klingt hier eine generelle Notwendigkeit der Verletzung (durch jemanden) an, um die Regel selbst zu stützen oder Anpassung und Veränderung zu ermöglichen. Ab wann eine Regelverletzung vorliegt, ist aber an situativ und in praxis zu fixierende Relevanzkriterien festzulegen. Die Soll-Werte, also ab wann genau eine Regelverletzung im Sinne des Falschen vorliegt, ist bei Regeln ein uneindeutiges Feld. Was etabliert ist, was einen erheblichen Verstoß ausmacht und welche Art der Verstöße schon selbst wieder Regelcharakter annehmen, ist in der Wirklichkeit von den Interpretations- und Anwendungspraktiken der Anwender abhängig. Das wird deutlich, wenn wir solche Regelverletzungen betrachten, die „im Dienste einer Sache" stattfinden.

Wenn beispielsweise Sicherheitsvorschriften außer Acht gelassen werden, um einen Termin einzuhalten, dann wird gegen Etabliertes (Sicherheit) verstoßen zugunsten von etwas anderem Etablierten (Zuverlässigkeit). Ist der Regelverstoß erfolgreich (kein Unfall) und der Termin konnte gehalten werden, liegt ein akzeptierter Regelbruch vor. Damit liegt noch immer ein Fehler vor, aber kein fehlerhaftes Verhalten mehr oder eine fehlerhafte Leistung, denn als solche wird das Ergebnis ja nicht bewertet. Jeder weiß davon, aber es wird nicht öffentlich, sonst wird die Ausnahme zur Regel und die Regel verliert ihre Kraft. Solange die Regelverletzung im Verborgenen bleibt, wird das Etablierte (Sicherheit) nicht grundsätzlich angefochten, sondern bleibt respektiert und wahrt dadurch die

Norm. Es gibt also Situationen, in denen abgewogen werden muss, zugunsten welcher Regel (welchen Etablierten) gegen welche andere Regel (anderes Etabliertes) verstoßen werden soll oder muss.

Regeln schaffen Struktur und industrielles Handeln benötigt Struktur. Es wird deutlich, dass der maßvolle Regelbruch ebenso strukturerhaltend und notwendig ist, wie das Befolgen von Regeln. Auf welche Weise Regeln eingehalten oder gebrochen werden, hängt von der tatsächlichen Situation und der Urteilskraft der handelnden Personen ab. Die Struktur in Organisationen wird also weniger durch die Regeln selbst stabilisiert oder destabilisiert sondern viel mehr durch den tatsächlichen Umgang mit ihnen. Und diesen Umgang mit Regeln beschreibt Ortmann so: „Die Mittelchen der Organisation: die organisatorischen Regeln, sie helfen nicht deshalb, weil sie wirken, sondern weil sie nicht wirken, wir aber, *uns täuschend oder getäuscht*, an ihre Wirkung glauben und sie daher doch zur Wirkung bringen; oder weil wir an ihre Wirkung nicht glauben, aber, die anderen täuschend, so tun, als ob wir an ihr Wirkung glauben, und sie so mit Wirksamkeit versehen; oder weil wir an ihre Wirkung nicht glauben, enttäuscht, zu ganz anderen informellen, subversiven Mitteln greifen, deren Informalität in Formalität, deren Subversivität in Konformität sich verwandelt wie die Sirenengesänge in das Schweigen der Sirenen (Kafka)" (Ortmann 2003, S.127).

„Organisationen *brauchen* Regelverletzungen, und die interessante Differenz ist insoweit nicht länger die zwischen Regeleinhaltung und Regelverletzung, sondern die viel schwierigere, unübersichtlichere, oft unbestimmbare Differenz zwischen akzeptierter/akzeptabler und inakzeptabler – und dann gar: zwischen gerechter und ungerechter Regelverletzung" (ebenda S. 202). Dienst nach Vorschrift bedeutet eher in den Streik zu treten, als den Versuch aus Überzeugung vorhandene Regeln einzuhalten. Um „es" am Laufen zu halten, bedarf es einer gehörigen Regelverletzungskompetenz, die das Gleichgewicht zu wahren versteht. Dies wird besonders deutlich an der Schwierigkeit, dass das Einhalten von Regeln oder das Entscheiden gegen eine Regel zugunsten einer anderen zu Katastrophen führen kann. Als Beispiele seien die verzögerte Warnung der angrenzenden Staaten nach der Tsunami- Entdeckung im Indischen Ozean (in den Standardroutinen überhaupt nicht vorgesehen)[1] und die Erschießung eines Bra-

---

[1] „Als ich erkannte, dass das Erdbeben nicht im Pazifik stattgefunden hatte, war ich erleichtert", erinnert sich Tsunami-Fachmann Barry Hirschorn. „Vielleicht haben wir es in der

98

silianers durch die britische Polizei nach den Bombenattentaten im Juli 2005 [1] genannt. In beiden Fällen sind Regeln korrekt befolgt worden, deren kompetente Verletzung Menschenleben sehr wahrscheinlich gerettet hätte.

Neben einer guten Urteilskraft für das Einhalten und das Brechen von Regeln benötigen Personen eine Urteilskraft für die Ausnahmesituationen, die Situationen, die nicht geregelt sind. Echte Ausnahmen (das, was alles nicht vorweggedacht werden konnte) sind nicht spezifizierbar und daher nicht regelbar. Dirk Baecker (2003) erklärt „Managing the Unexpected" als Kernaufgabe von jedwedem Management. Die Kompetenz dafür lässt sich nach Weick (2001) als aktualisierte Verhaltensweise beschreiben - eine „disposition to heed", die sich durch „eine Achtsamkeit, die um Eigenschaften wie Sorgfalt, Sorgsamkeit, Aufmerksamkeit, Wachheit, Einlässlichkeit, Beharrlichkeit, Umsicht und gar Weisheit kreisen und die, so darf man wohl sagen, bei Aristoteles *phrónesis* hieß" (Ortmann 2002, S.82). Damit wird eine Art organisationaler oder kollektiver Gruppensinn beschrieben. Eine solche Kompetenz im Management würde im Einzelfall, unter Berücksichtigung geltender Regeln, eine angemessene, dem Kollektiv zu Gute kommende Entscheidung treffen. Im alltäglichen Arbeitshandeln nennen wir „managing the unexpected" improvisieren. Nach diesen Überlegungen geht es bei Fehlervermeidung also eher darum kompetent von Regeln abweichend auch andere Möglichkeiten zu nutzen, ein gesetzte Ziel zu erreichen oder ein Problem zu lösen, und angesichts der Ungeregeltheit Aufgaben mit einer „disposition to heed" zu bewältigen.

5.4. Ableitbare Kernaussagen für die geplante Untersuchung: Interaktionen im Bedingungsgefüge

Eine Handlungsstörung löst durch die entstehende Diskrepanz zum Soll-Wert Ärger, Trauer, Ermüdung, Schuld, Bedauern/Trauer oder Angst aus. Die affek-

---

ersten Meldung versäumt, die Menschen am Indischen Ozean, also in der Nähe des Erdbebens, deutlich zu warnen", sagt der Wissenschaftler selbstkritisch. (BBC Exklusiv, 2005)
[1] Die Regel für die britische Polizei war (und ist), dass Selbstmordattentäter im Zweifelsfall durch Kopfschuss auszuschalten sind. Der Erschossene wies in der Wahrnehmung der Polizisten ausreichende Merkmale für die Anwendung der Regel auf, und wurde –bereits am Boden liegend– mit fünf Kopfschüssen getötet. Die andere Regel, sowohl für den Polizeidienst als auch im gesellschaftlichen Konsens, besagt, dass Wehrlose nicht zu töten sind.

tiven Reaktionen geben Hinweise auf Handlungserschwerungen. Je nach Bedeutung des Handlungsziels und Grad der wahrgenommenen Erschwerung treten unterschiedliche Affekte auf. Die jeweilige Ich-Bedeutung des Wahrgenommenen bestimmt dabei wesentlich über die Art der Emotion. In ihren stärksten Ausprägungen, wie Panik oder Depression, können die Emotionen selbst zu einer Handlungsstörungen werden. Als Regulatoren der Handlung bremsen, verstärken und veranlassen sie zu Umorientierungen und sind zugleich Indikatoren des aktuellen Kraftzustandes: Sie evaluieren, inwieweit unser Funktionspotential den Zielsetzungen und dem Handlungsverlauf angemessen ist, und das bezogen auf die verlaufende spezifische Handlung (a) und bezogen auf unser grundsätzliches Funktionsvermögen (b). Die reflexive Funktion der Affektverarbeitung besteht darin, die vierfache Affektbedeutung nachzuvollziehen: objektiv-subjektiv; aktuell-grundsätzlich. Aus dieser Reflexion können sich die notwendigen Umstrukturierungen für den Handlungsprozess und, in einem weiteren als nur dem situativen Sinne, die Anpassungen unserer Person an uns selbst und an unsere Umwelt ergeben.

Die Erinnerungen an Affekte als Reaktion auf eine Handlungsstörung können für eine Fehlererhebung genutzt werden. Einem Affekt kann ein Handlungsfehler zugrunde liegen, der für das Untersuchungsfeld relevant ist, aber bereits kompensiert wurde und keine weiteren Konsequenzen hatte. Dahinterliegende Sachverhalte können nachträglich wieder erschlossen werden. Auf diese Weise können Fehlerzusammenhänge erhoben werden, die einer schematischen Erhebung (z.B. durch Fragebogen) kaum zugänglich wären. Aktuelle Affektzustände können als Indikatoren für Fehlerereignisse angesehen werden.

Das Handlungsfeld verändert sich ständig, und Fehlerereignisse können das Gesamtgefüge in eine besondere neue Konstellation bringen. Dieses, für den arbeitenden Menschen veränderte Gesamtgefüge, bedingt veränderte Interaktionen. Bezogen auf das Handlungsfeld arbeitender Menschen sollten in einer Untersuchung die Auswirkungen von Fehlerereignissen (z.B. Motivationsverlust, Pause oder Angst vor Verletzungen) berücksichtigt werden. Sie können zusätzliche Belastungen über das Individuum hinaus sichtbar werden lassen. Grundsätzlich muss für eine Fehleranalyse berücksichtigt werden, dass Fehlerereignisse vielfältige Aus- und Wechselwirkungen haben; so auf der Zeitachse, auf die davon direkt oder indirekt betroffenen Personen und auf die Interaktionen zwischen den Personen.

So notwendig die Handlungsstörungen für Entwicklungs- und Anpassungs-
prozesse sind, so wichtig sind Regelverletzungen für den Erhalt von Regeln. Regelverletzungen als solche zu erheben wäre wenig aussagekräftig und hätte vor
allem Kontrollcharakter. Eine weiterführende und nutzbringende Untersuchung
sollte in der Erhebung von Fehlerereignissen Regelverletzungen und ihre Zusammenhänge zwar berücksichtigen, jedoch in der Analyse sorgfältig unterscheiden,
in welcher Weise sie Hinweise auf Fehler enthalten. Sich häufig wiederholende
Regelverletzungen beispielsweise können Hinweis auf Regelinhalte sein, die mit
der Praxis nicht oder nicht mehr vereinbar sind und überprüft werden müssten.

6. Entwicklung einer Arbeitsdefinition „Fehlerereignis"

Mit Hilfe dieses umfassenden Überblicks über verschiedene Überlegungen zum
Phänomen Fehler soll nun eine Arbeitsdefinition „Fehlerereignis" für die Untersuchung entwickelt werden. Dafür werden die Kernaussagen komprimiert (6.1),
notwendige Zusatzparameter diskutiert und zusammengefasst (6.2) und in Hinblick auf eine Arbeitsdefinition „Fehlerereignis" konkretisiert (6.3).

6.1. Diskussion der Kernaussagen aus den verschiedenen
Betrachtungsweisen

Die dargelegten Betrachtungen haben sehr unterschiedliche Foki. Das Spektrum
reicht von rationalistisch funktionalistischen Auffassungen (z.B. die Zuverlässigkeitstechniken) bis hin zu ganzheitlich dynamischen Sichtweisen (Ökopsychologie). Alle beschäftigen sich aus einer unterschiedlichen Perspektive mit Fehlern.
Schwerpunkte liegen beispielsweise auf den Vorbedingungen für Leistung (Bedingungsanalyse für Leistung), auf Produktfehlern (H-FMEA), dem Fehlerprozess (Fehlhandlungen) oder auf den Auswirkungen (Katastrophen- und Risikoanalysen), sind also auf Prävention und/oder auf Kontrolle ausgerichtet. An
vielen Stellen gibt es Überschneidungen und Ergänzungen.

Die für die geplante Untersuchung relevanten Kernaussagen beziehen sich auf
„triviale" Ereignisse und auf Fehlermanagement, auf die Voraussetzungen für
Leistung und fehlerhafte Leistung, auf menschliches Versagen und die Sinn-
haftigkeit menschlichen Versagens und auf die Interaktionen in einem dyna-

mischen Bedingungsgefüge. Allen liegen vergleichbare Überlegungen dazu zugrunde, wie die Bewertung „fehlerhaftes Ergebnis" zustande kommt. Eine Absicht, ein Motiv, die Planung, eine Zielfestlegung oder ein Soll-Wert gehen dem Handeln voraus. Zielgerichtetes, gewolltes Tun bestimmt Handlung und Handlungsregulation. Dabei ist der gesamte Handlungsprozess selbst von sich verändernden Bedingungen gekennzeichnet und kann eine ständige Anpassung in Richtung Ziel erfordern. Das Handeln führt zu einem Ergebnis. Weicht dieses vom Soll-Wert ab und hat unerwünschte Konsequenzen, dann wird von einem Fehler gesprochen. Ursachen für Fehler werden in den Voraussetzungen (vor dem eigentlichen Handeln) oder in der Handlungsregulation (also auf dem Weg zum Ziel) gefunden. Eine grobe Ordnung der Erkenntnisse aus den vorgestellten Arbeiten in Hinblick auf die Entstehung eines fehlerhaften Ergebnisses könnte folgendermaßen aussehen:

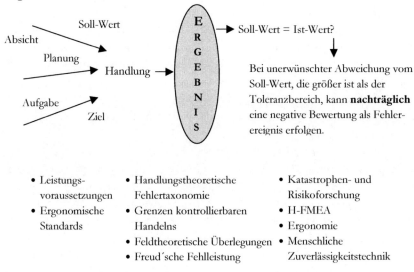

- Leistungs-
  voraussetzungen
- Ergonomische
  Standards

- Handlungstheoretische
  Fehlertaxonomie
- Grenzen kontrollierbaren
  Handelns
- Feldtheoretische Überlegungen
- Freud´sche Fehlleistung

- Katastrophen- und
  Risikoforschung
- H-FMEA
- Ergonomie
- Menschliche
  Zuverlässigkeitstechnik

Abb. 11: Überlegungen zum Fehler

Die grundlegende definitorische Aussage zum Fehler -genauer zu Fehlerereignissen-, die sich durch alle Ansätze und Überlegungen hindurchzieht, ist die der unerwünschten Abweichung von einem Soll-Wert. Dabei gilt es mitzudenken, wer den Soll-Wert setzt und ob ein Konsens aller Beteiligten darüber vorliegt.
Ergo: Ein Fehler ist eine unerwünschte Differenz zwischen Soll- Wert und Ist-Wert

In der Katastrophenanalyse, wie Charles Perrow sie systematisiert hat, konstruiert sich der eigentliche Fehler - die Katastrophe - aus einer Anzahl „trivialer
Ereignisse", die miteinander in unvorhersehbarer Weise in Wechselwirkung treten. Welche trivialen Ereignisse (kleinen Fehler) bedeutsam sind und welche
nicht, lässt sich dabei erst im nachhinein feststellen. Für eine umfassende Fehlererhebung erscheint es daher sinnvoll, im Vorfeld keine Wertung vorzunehmen,
welche Fehlerereignisse als bedeutsam zu bewerten sind, denn alle haben potentiell eine Auswirkung und können in Wechselwirkung enorme Konsequenzen
auslösen. Für spezielle Berufsgruppen mit fehlerkritischen Arbeitsaufgaben, wie
Robert Helmreich sie untersucht hat, gibt es wenig Spielraum für die Korrektur
von Fehlern. Ein Fehler in der Ausführung kann direkt oder in Wechselwirkung
mit anderen zu katastrophale Folgen führen (Tod des Patienten, Absturz eines
Flugzeugs). Die von ihm ermittelten Fehlertypen sind über risikoreiche Arbeitstätigkeiten hinaus von Bedeutung. Ziel seiner Arbeit ist es, Verhalten, durch das
Risiko erhöht wird, so zu beeinflussen, dass mehr Sicherheit entsteht. Für eine
Fehlerdefinition bedeutet dies, dass auch Verhaltensweisen, die zwar keine direkte negative Folge haben, aber das Risiko für das Arbeitsergebnis erhöhen, als
Fehler bewertet werden sollten.

Ergo: Alle Fehlerereignisse sind gleichgewichtig und

   Verhalten, welches das Risiko für das Arbeitsergebnis erhöht, ist ein
   Fehler.

Aus den Erkenntnissen der Ergonomie können sowohl Regeln und Vorschriften
als auch Handlungsbedarf abgeleitet werden. Als Wissenschaft, die sich mit den
Leistungsmöglichkeiten und -grenzen des arbeitenden Menschen, sowie der optimalen wechselseitigen Anpassung zwischen den Menschen und seinen Arbeitsbedingungen beschäftigt, versammeln sich in ihr verschiedenste Disziplinen.
Erste praxeologische Forschung hat sich zunächst theoretisch mit der Frage der
Vereitelung effektiven Handelns beschäftigt. Fehlern liegt danach ein Mangel an
Information in einer Handlungsphase zugrunde, der für das sachlich Richtige
notwendig gewesen wäre. Der Informationsmangel konnte aufgrund einer inneren oder äußeren Beschränkung auftreten. Für eine Untersuchung ergibt sich
daraus, dass es sinnvoll ist, Informationsmängel zu beachten, weil sie sowohl Ursache für Fehlerereignisse sein können, die bereits eingetreten sind, als auch potentielle Ursache für zukünftige Fehlerereignisse sein können. Die Bedingungsanalyse für menschliche Leistung geht noch weiter. In ihr wird herausgearbeitet,
dass es zwei unterscheidbare Bereiche gibt, die als Voraussetzungen für Leistung

(oder fehlerhafte Leistung) wirksam werden, nämlich die menschlichen und sachlichen Leistungsvoraussetzungen. Einem Fehler lässt sich hiernach ein Mangel an sachlicher oder menschlicher Leistungsvoraussetzungen zuordnen. Ein Informationsmangel beispielsweise, der einen Fehler bedingt, würde dann je nach seiner Qualität in einen dieser Bereiche fallen. Liegt der Mangel vor, weil der Handelnde ihn z.b. aufgrund von Schwerhörigkeit nicht wahrnehmen konnte, würde er in den Bereich der menschlichen Leistungsvoraussetzungen fallen, wäre der Mangel auf eine fehlende Bedienungsanweisung zurückzuführen, würde dies eher in den Bereich einer fehlenden sachlichen Leistungsvoraussetzung fallen. Ergo: Fehlerereignissen liegt ein Mangel sachlicher und/oder menschlicher Leistungsvoraussetzungen zugrunde.

Steht der Mensch im Mittelpunkt des jeweiligen Interesses, sind Schädigungen des arbeitenden Menschen als Fehler zu werten. Es lag dann entweder ein Regelverstoß (z.b. Missachtung von Sicherheitsbestimmungen) vor, oder es wird ein Anpassungsbedarf der Bedingungen, Arbeitsmittel oder Qualifikationen offenkundig. Arbeitspsychologische Forschungen haben gezeigt, dass über physische Gesundheit hinaus der psychischen Gesundheit und der Gesunderhaltung des arbeitenden Menschen ebenso viel Bedeutung zukommt. Demnach muss offenkundiger Anpassungsbedarf immer auch diese Belange berücksichtigen. Stehen das Produkt, die Produktqualität und die Effektivität im Mittelpunkt des Interesses, finden Techniken und Überlegungen zur menschlichen Zuverlässigkeit und Qualitätsmanagement ihre Anwendung. In diesen Ansätzen ist zwar eine wechselseitige Anpassung noch vorgesehen, der Mensch als Produktivkraft wird hierbei aber ebenso nach Richtlinien der Gewinnmaximierung bewertet (oder ersetzt) wie andere Produktivkräfte (Rohstoffe, Maschinen) auch. Ergo: Im Arbeitszusammenhang liegt ein Fehler vor, wenn ergonomische Regeln, Vorschriften oder Vorgaben nicht eingehalten werden und

Leistungsbeeinträchtigungen sowie psychische oder physische Schädigung weisen auf einen Fehler und Handlungsbedarf hin und

Minderung der Produktqualität oder der Effektivität und Produktmängel sind Fehler.

Als Kombination aus handlungstheoretischen Ansätzen und betrieblicher Realität integriert die H-FMEA verschiedene Vorarbeiten in eine anwendbare Methode zur Fehlererhebung, -analyse und -beseitigung. Fehler sind in diesem

Instrument Produktfehler, denen ein Handlungsfehler vorausgeht. Ausgehend von einem Produktfehler wird der zugrundeliegende Handlungsfehler aus dem Produktionsprozess abgeleitet und rekonstruiert. Anpassungsmöglichkeiten werden ermittelt und in Veränderungsmaßnahmen überführt. Welche Handlungsfehler dabei einer Analyse unterzogen werden, ist vorab präzisiert. Mit der handlungstheoretischen Fehlertaxonomie wurde ein Überblick über Ursachen und Einflussmöglichkeiten bei Handlungsfehlern erarbeitet. Im Unterschied zur H-FMEA wird der Handlungsfehler hier aber in Hinblick auf die Handlungsregulation genauer betrachtet.

Ergo: Fehler sind Ausdruck von Systemmängeln und

der Mensch kann in Fehlerprozesse(n) korrigierend eingreifen und

Handlungsfehlern liegen Grenzen der Handlungsregulation zugrunde.

Die Arbeit von James Reason bezieht viele Erkenntnisse anderer Forscher mit ein und hat ihren Schwerpunkt in der Typisierung von Fehlern anhand kognitiver Leistungsgrenzen. Er unterscheidet zwischen fähigkeitsbasierten, regelbasierten und wissensbasierten Fehlern. Als Ursachen für Fehler auf den drei Durchführungsebenen beschreibt er kognitive Grenzen der menschlichen Leistungsfähigkeit. Besondere Beachtung finden hierbei z.B. die Aufmerksamkeit (attention), die Wahrnehmung (perception), die Voreingestelltheit (bias), die Entscheidungsunfreiheit (rule strength) und die Fähigkeit, Komplexität zu bewältigen (thinking in causal series not causal nets). In der Fehlertypisierung und den dazugehörigen kognitiven „Fehlerzuständen" (failure modes) werden kognitive Grenzen sichtbar, die Fehlerereignisse begünstigen. Fehlhandlungen eines Individuums werden anhand dieses Schemas eingeordnet und erklärt.

Ergo: Fehler ereignen sich auf der fähigkeitsbasierten, regelbasierten und/ oder wissensbasierten Durchführungsebene und

kognitive Grenzen verhindern notwendige Handlungsregulationen in Richtung des erwünschten, geplanten Ziels.

Sigmund Freud arbeitete heraus, dass hinter einigen Fehlerereignissen mehr als eine Begrenzung des kognitive Systems steckt. Er unterscheidet Fehler in Fehlleistungen und Entgleisungen. Fehlleistungen werden aus einer Wechselwirkung zwischen Individuum, Gegenwart, Vergangenheit und dem Inhalt der Fehlleistung heraus produziert. Es wird eine Leistung vollbracht, die beinhaltet, dass ein unbewusstes Motiv an die Oberfläche drängt. Diese Leistung zu analysieren und ihre Determiniertheit zu erfassen, gibt Aufschluss über das unbewusste Motiv und verdrängtes psychisches Material. Über die Bewusstmachung kann eine „störungsfreiere" Handlungsregulation wieder hergestellt werden.

Ergo: Fehlleistungen liegt unbewusste psychische Arbeit zugrunde. Sie stehen im Dienste eines unbewussten Motivs und befriedigen ein unbewusstes Bedürfnis.

Die Wahrnehmung von Fehlern erfolgt über einen Soll-Ist-Wert Vergleich. Das Erleben einer unerwünschten Diskrepanz löst bei der handelnden Person einen Affekt aus. Unerwünschte Abweichungen (Fehlerereignis) nimmt das Individuum (der arbeitende Mensch) zunächst einmal in Form eines Affekts wahr. Diese Zusammenhänge hat Ernst Boesch ausführlich beschrieben (siehe Teil A, 5.1.). Je nach Konstellation von Ich-Bedeutung des Ziels und Grad der Erschwerung oder Störung werden unterschiedliche Affekte ausgelöst. Affekte, die Handlungsstörungen begleiten können, sind Ärger, Trauer, Ermüdung, Schuld, Bedauern oder Angst. Die Affekte sind sowohl Hinweise auf Störungen als auch Regulatoren der Handlung, denn sie bremsen, verstärken und veranlassen zu Umorientierungen. Sie sind Indikatoren des Kraftzustandes des arbeitenden Menschen, dadurch, dass sie evaluieren, inwieweit das Funktionspotential den Zielsetzungen und dem Handlungsverlauf angemessen ist. Und dies sowohl in Bezug auf die verlaufende spezifische Handlung als auch auf das grundsätzliches Funktionsvermögen des arbeitenden Menschen. Ereignisse werden im psychischen Feld als Gestalten wahrgenommen. Sie werden in einen Sinn- und Kausalzusammenhang gestellt. Die Feldtheorie von Kurt Lewin macht deutlich, dass das Verhalten von Personen von den vorhandenen Feldkräften beeinflusst ist. Wahrgenommene Fehlerereignisse bringen eigenen Feldkräfte mit sich und verändern darüber das Gesamtgefüge und die darin stattfindenden Interaktionen zwischen Mensch und Umwelt.

Ergo: Handlungsstörungen lösen Affekte wie Ärger, Trauer, Ermüdung, Schuld, Bedauern/Trauer oder Angst aus und

Fehler werden als Gestalt wahrgenommen und in einen Kausalzusammenhang gestellt und

Fehler verändern Konstellationen und Interaktionen im psychischen Feld und somit im Handlungsfeld.

Aus organisationstheoretischer Sicht muss zusätzlich berücksichtigt werden, dass Regelverletzungen in der Ambivalenz zwischen dem Erhalt etablierter Sicherheit und der, durchaus auch subjektiv motivierten, Tendenz zur Entwicklung stattfinden.

Ergo: Regelverletzungen können im Zusammenhang mit Fehlerereignissen und Fehlern stehen.

6.2. Zusätzliche Parameter: Kontext, Beurteiler

Neben den definitorischen Kernaussagen gibt es noch weitere Parameter, die für diese Untersuchung zu berücksichtigen sind und besprochen werden müssen. Zum einen bedarf der Kontext, in dem Fehlerereignisse erhoben und analysiert werden, einer klaren Abgrenzung, denn er stellt das Bezugssystem dar, in dem spezifischen Soll-Werte und Toleranzbereiche existieren. Für eine weitere Analyse und mögliche Schlüsse, die sich ableiten lassen, ist es wesentlich, woran die Abweichungen gemessen werden. Es macht einen großen Unterschied, ob sich die Datengrundlage an Soll-Werten außerhalb des untersuchten Feldes festmacht, an Soll-Werten, die aus dem untersuchten Feld selbst stammen oder ob eine Mischform von Soll-Werten (externe und interne) Grundlage für die Beurteilung einer Abweichung sind.

Zudem muss festgelegt werden, woher die Informationen über Fehlerereignisse stammen, und welche zeitliche Nähe sie zu einer Erhebung aufweisen. Bei Beobachtungsstudien z.B. werden Ereignisse erhoben, die von Beobachtern wahrgenommen und interpretiert werden. Für die geplante Untersuchung soll darüber hinaus noch festgelegt werden, aus welcher Nähe zur Tätigkeit der Befragten die Informationen stammen.

In unterschiedlichen Kontexten kann ein und dasselbe Ereignis hier als Fehler und dort als sachlich richtig bewertet werden. Das Ereignis „Preiserhöhung von Lebensmitteln" kann im Kontext „Privathaushalt" als gravierender Fehler bewertet werden, weil das eingeplante Geld nicht mehr ausreicht, im Kontext „Einzelhandel" jedoch als sachlich richtig bewertet werden, weil der Umsatz gesteigert wird. Wenn also Ereignisse als Fehler bewertet werden, dann geschieht das in der Regel in einem definierten Zusammenhang. Dieser beschreibt das Feld in dem Fehlereignisse untersucht werden. Interessengeleitet kann ein untersuchtes Feld auch durch „Produktfehler" oder „Arbeitsunfall" definiert sein. Für eine

Organisation kann das folgendermaßen aussehen: Der Organisationszweck ist gegenüber einem Außen definiert. Erfüllungsvorschriften beschreiben die Zweckerfüllung innerhalb der Organisation. Der Zweckerfüllung wird mit unterschiedlichen Arbeitsaufgaben entlang eines Regelwerkes nachgekommen. Aus dem Regelwerk und den jeweiligen Organisationszielen ergeben sich Soll-Werte für die Arbeitsziele, und arbeitende Menschen führen die erwarteten Handlungen unter unterschiedlichen und sich verändernden situativen Bedingung aus. Die Ergebnisse entsprechen entweder den Erwartungen oder weichen von den Erwartungen ab.

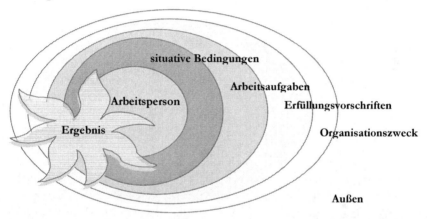

Abb. 12: Kontext

Das Ergebnis hat Auswirkung auf den Kontext „Organisation". Dieser Kontext steht wieder in Wechselwirkung mit einem „Außen". Wechselwirkungen treten sowohl innerhalb der Organisation als auch mit dem „Außen" auf[1]. Das Außen können z.b. sowohl andere Mitbewerber sein als auch die Gemeinde, in der die Organisation angesiedelt ist.

Nur in einem definierten Kontext lässt sich ein Ergebnis als Fehler bewerten und sinnvoll auf diesen bezogen analysieren. Dann kann ein Überblick erarbeitet wer-

---

1 Eine systemtheoretische Ausführung würde an dieser Stelle zu weit führen. Dennoch sei verwiesen auf Talcott Parsons (1962), Niklas Luhmann (1994, 1995), Helmut Wilke (1994) und Dirk Baecker (1993). Es sollte klar durchdacht sein, woher im System die Informationen stammen, worauf Analyseergebnisse angewandt werden sollen, und ob diese Bereiche überhaupt sinnvoll miteinander in Verbindung stehen.

den, der aus dem jeweiligen Arbeitszusammenhang heraus entstanden ist und der Rückschlüsse auf den untersuchten Kontext zulässt. Ein Ereignis, ob fehlerhaft und unerwünscht oder nicht, wirkt in seinen Bestandteilen auf den gesamten Kontext zurück. Ist das Ergebnis z.b. eine fehlerhafte Leistung, ein fehlerhafter Zustand oder ein Produktmangel, das als unerwünscht wahrgenommen wird, kann kontextbezogenen der Fehler gesucht werden, der zu dem Fehlerereignis geführt hat, und die Auswirkungen des Fehlerereignisses können abgeschätzt werden.

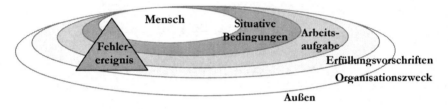

Abb. 13: Fehlerereignis im Kontext

Der Kontext, in dem Fehlerereignisse erhoben werden sollen, ist das Untersuchungsfeld. Die Soll-Werte, auf die sich Handlungsergebnisse und Ereignisse beziehen, stammen aus diesem Kontext. Sie sind festgelegt durch den Organisationszweck, die Erfüllungsvorschriften, den Zielen der jeweiligen Arbeitsaufgaben und die ausführenden Menschen. Der Fehler ereignet sich nicht im luftleeren Raum, sondern in einem bekannten und sinnvollen Zusammenhang. Dieser bekannte Zusammenhang bildet den Rahmen, in dem etwas als fehlerhaft bewertet wird.

Ergo: Fehlerereignisse, die in ihrem Informationsgehalt vergleichbar sind, beziehen sich auf Soll-Werte, die aus demselben Kontext stammen.

„...waren die getroffenen Entscheidungen völlig rational, das einzige, was nicht stimmte, war eben der Kontext" (Perrow 1994, S.272) beschreibt das dynamische Bedingungsgefüge innerhalb eines Feldes, das sich so verändert hat, dass eine vormals richtige Entscheidung aktuell das sachlich Falsche, einen Fehler produziert hat. In ein und demselben Kontext kann die Handlung oder Entscheidung, die an dem Fehler beteiligt war, einmal die richtige sein und ein anderes Mal fatale Folgen haben. Daran wird noch einmal deutlich, dass jede Situation für sich eine Konstellation darstellt, die darüber hinaus in ein größeres Ganzes (Kontext) eingebettet ist. Eine Perspektive, von der aus diese Konstellationen beschrieben werden könnte, ist die des arbeitenden Menschen. Bei ihm werden die Kontextbedingungen zu Handlungsbedingungen. Der arbeitende Mensch ist die Instanz, durch die Abweichungen wahrgenommen und bewertet werden, und der von Auswirkungen direkt oder indirekt betroffen ist. Die von den Menschen im „Subkontext" ihrer Arbeitsaufgaben wahrgenommen Abweichungen sind die für die vorliegende Untersuchung relevanten Informationen.

Generell stellt jede wahrgenommene Abweichung, die außerhalb eines Toleranzbereichs liegt, ein Fehlerereignis dar. Nun kann es Abweichungen geben, die wünschenswert sind, auch wenn sie eigentlich den Kriterien für ein Fehlerereignis entsprechen. Unterschiedlichste Erfindungen in Medizin und Technik beruhen auf unerwünschten Abweichungen, die bei zweiter Betrachtung oder in einem andern Kontext Erfolg bedeuteten. Sowohl Soll-Werte als auch Toleranzbereiche sind, wenn es um eine sinnvolle Datengrundlage gehen soll, abhängig von dem definierten Kontext. Darin stehen sie in einem Sinnzusammenhang, für den Fehler nutzbar gemacht werden können. Die Soll- und Ist-Werte müssen, zumindest in nicht messbaren Zusammenhängen, interpretiert werden. Das wiederum bedeutet, dass zwei weitere Variablen auf die Bewertung einer Abweichung als Fehlerereignis Einfluss haben. Die Soll- und Ist-Werte unterliegen einem informellen Konsens oder Dissens ebenso wie die Grenzen des Toleranzbereichs - sowohl in Richtung „besser als der Soll-Wert" als auch in Richtung „nicht mehr akzeptabel". Sie realisieren sich in der situativen Wahrnehmung und der nachträglichen Interpretation des bewertenden Individuums. Wenn Fehlerereignisse die Qualität des Selbsterlebten und Selbstbewerteten im Zusammenhang mit der Arbeitstätigkeit haben und Ergebnisse, Ereignisse oder Zusammenhänge beschreiben, die außerhalb der individuellen Toleranzgrenzen der arbeitenden Menschen liegen, weisen diese auf Fehler hin und sollen erhoben werden.

Ergo: Fehlerereignisse definieren sich u.a. an der Überschreitung subjektiver Toleranzgrenzen betroffener Personen und weisen darüber die Qualität des Selbsterlebten oder unmittelbar Betroffenen auf.

6.3. Die Arbeitsdefinition „Fehlerereignis" für die geplante empirische Untersuchung

Aus der vorangegangene Diskussion der Kernaussagen und den oben aufgeführten zusätzlichen Parametern soll nun die Arbeitsdefinition für Fehlerereignisse im Arbeitskontext abgeleitet und zusammengefasst werden. Diese findet ihre Anwendung in der Erhebung, Auswertung und Analyse von Fehlerereignissen und Fehlern. Das Feld, in dem dies für die vorliegenden Arbeit Anwendung findet, ist eine Baufirma. Es soll nun darum gehen, die erarbeiteten Kernaussagen dahingehend zu übersetzen, dass aus ihnen Fragen oder definitorische Kriterien abgeleitet werden können, die eine Erhebung von Fehlerereignissen zulassen. Ein definitorischer Konsens, der in allen Überlegungen zum Fehler steckt, ist die Abweichung. Die Konkretisierung in Hinblick auf eine Definition von „Fehlerereignis" für unsere Untersuchung ergibt sich wie folgt:

▶ **Ein Fehlerereignis beinhaltet eine als unerwünscht wahrgenommene Differenz zwischen Soll- und Ist-Wert:** Erhoben werden beschreibbare Abweichungen von vorhandenen Soll-Werten aus dem Untersuchungsfeld.

▶ **Fehlerereignisse sind zunächst einmal ungewichtete Soll-Ist-Wert Diskrepanzen, die nachträglich anhand unterschiedlicher Kriterien (z.B. Kosten, Reichweite, Korrekturmöglichkeit u.ä.) gewichtet werden können:** Fehlerereignisse werden unabhängig von ihren Ursachen und Auswirkungen gleichwertig erhoben.

▶ **Verhalten, welches das Risiko für das Arbeitsergebnis erhöht ist ein Fehler:** Arbeitsverhalten, das die Qualität des Produkts oder der Dienstleistung gefährdet, wird als Fehlerereignis erhoben.

▶ **Fehlerereignissen liegt ein Mangel sachlicher und/oder menschlicher Leistungsvoraussetzungen zugrunde:** Ein beschriebener Mangel an sachlichen und/oder menschlichen Leistungsvoraussetzungen wird als Fehlerereignis erhoben.

▶ **Es liegt ein Fehler vor, wenn ergonomische Regeln, Vorschriften oder Vorgaben nicht eingehalten werden und Leistungsbeeinträchtigungen und psychische oder physische Schädigung weisen auf einen Fehler und ergonomischen Handlungsbedarf hin:** Berichte über psychische oder physische Schäden im Arbeitskontext und die Nichteinhaltung ergonomischer Vorgaben für das Untersuchungsfeld werden als Fehlerereignisse erhoben.

▶ **Die Minderung der Produktqualität und der Effektivität sowie Produktmängel sind Fehlerereignisse.**

▶ **Fehlerereignisse können ein Ausdruck von Systemmängeln sein:** Erhobene Fehlerereignisse müssen auf Hinweise in Hinblick auf Mängel am untersuchten System analysiert werden.

▶ **Der Mensch kann korrigierend eingreifen:** Ereignisse, bei denen ein arbeitender Mensch korrigierend eingegriffen hat, werden als Fehlerereignisse erhoben.

▶ **Handlungsfehlern liegen Grenzen der Handlungsregulation zugrunde:** Beschränkungen im Handlungsspielraum oder den Möglichkeiten zur Orientierung werden als Fehlerereignisse erhoben, weil sie Fehlerwahrscheinlichkeiten erhöhen und korrigierendes Eingreifen erschweren.

▶ **Fehler werden auf der fähigkeitsbasierten, regelbasierten und/oder wissensbasierten Durchführungsebene sichtbar und kognitive Grenzen verhindern notwendige Handlungsregulationen in Richtung des erwünschten, geplanten Ziels:** Der Zusammenhang zwischen kognitiver Überlastung und Fehlerereignissen kann als Zugang zu Informationen über zugrundeliegende Fehler im Untersuchungsfeld genutzt werden.

▶ **Fehlleistungen liegt unbewusste psychische Arbeit zugrunde. Sie stehen im Dienste eines unbewussten Motivs und befriedigen ein unbewusstes Bedürfnis:** Erhobene Fehlerereignisse, die den Charakter einer Fehlleistung aufweisen, sollten in Hinblick auf unbewusste, das Untersuchungsfeld betreffende Motive, analysiert werden.

▶ **Fehlerereignisse lösen Affekte wie Ärger, Ermüdung, Schuld, Bedauern/Trauer oder Angst aus:** Der Zusammenhang zwischen Fehlerereignissen und Affekten soll als Zugang zu Informationen über zugrundeliegende Fehler im Untersuchungsfeld genutzt werden.

▶ **Fehlerereignisse bilden eine Gestalt und werden in einen Kausalzusammenhang gestellt:** Das Erheben von Fehlerereignisse berücksichtigt die gesamte wahrgenommene Gestalt und den Kausalzusammenhang in den es gestellt wird.

▶ **Fehlerereignisse verändern Konstellationen und Interaktionen im psychischen Feld und somit im Handlungsfeld:** Die wahrgenommenen und berichteten Veränderungen im Gesamtgefüge werden bei der Analyse der Fehlerereignisse berücksichtigt.

▶ **Regelverletzungen können im Zusammenhang mit Fehlerereignissen und Fehlern stehen:** Regelverletzungen werden als Fehlerereignisse erhoben und in der Analyse auf mögliche ihnen zugrundeliegende Fehler hin untersucht.

▶ Fehlerereignisse, die in ihrem Informationsgehalt vergleichbar sind, beziehen sich auf Soll-Werte, die aus demselben Kontext stammen.

▶ Fehlerereignisse definieren sich u.a. an der Überschreitung subjektiver Toleranzgrenzen betroffener Personen und weisen darüber die Qualität des Selbsterlebten oder unmittelbar Betroffenen auf.

Folgende vorläufige Definition lässt sich festlegen:

Ein Fehlerereignis ist die nachträgliche Bewertung einer unerwünschten Abweichung. Die Bewertung erfolgt auf der Grundlage einer wahrgenommenen Abweichung von einem erwünschten Ziel oder Teilziel, die messbare, vereinbarte oder individuelle Toleranzgrenzen überschritten hat. Die Abweichung hat unerwünschte Folgen. Im Fehlerereignis stecken Informationen über die Bedingungen, die Auswirkungen, den Handlungsverlauf, die handelnde Person und das System. Die Informationen enthalten sachliche, systemische und menschliche Aspekte und weisen auf Fehler hin, die dem Fehlerereignis zugrunde liegen. Es entsteht durch ein Zusammenwirken beobachtbarer und nicht beobachtbarer Faktoren, die einzigartig zusammentreffen.

Teil B
Die Untersuchung

„Gesagt ist noch nicht gehört.
Gehört ist noch nicht verstanden.
Verstanden ist noch nicht einverstanden.
Einverstanden ist noch nicht ausgeführt.
Ausgeführt ist noch nicht richtig ausgeführt."
(chin. Sprichwort)

Die Untersuchung besteht aus Voruntersuchung und Hauptuntersuchung. Aufgrund der Komplexität soll an dieser Stelle ein Überblick der einzelnen Untersuchungsschritte, zum besseren Verständnis beitragen:

Voruntersuchung zum Erwerb von Vorwissen und Recherche

zum semantischen Raum von „Fehler" bei arbeitenden Menschen im Baugewerbe, Produktionsabläufe, Arbeitsprozesse.

Relevante Zusatzinformationen und mögliche Präzisierung der Fehlerereignisdefinition

(Organigramm, Ablaufpläne, vorhandenes Qualitätsmanagement (QM), Vorschriften, Verordnungen, Richtlinien)

Hierarchische Ebenen und Abteilungen erfassende repräsentative Untersuchungsstichprobe

Freie arbeitsplatznahe Interviews

Fehlerereignisdefinierende Auswertung der Interviews anhand vorliegender Kriterien

(Ableitung von konkreten Verbesserungsvorschlägen und Zuständigkeiten)

Ablaufbezogene Analyse der Fehlerereignisse und Kategorienbildung

(Ursache, Begleiterscheinung, Konsequenz für den Einzelfall und die Gruppierung aller Einzelinformationen).

**Nutzbarmachung der Daten
für den Umgang mit dem Fehlerereignispotential**

Tab. 6: Schema der vorliegenden Untersuchung

1. Präzisierung der Fragestellung für die empirische Untersuchung

Im theoretischen Teil dieser Arbeit wurden Beobachtungen, methodische Ansätze und theoretische Überlegungen zum Umgang mit Fehlern im Arbeitsalltag vorgestellt. Jeder dieser Ansätze erfasst und analysiert ein bestimmtes Spektrum von Fehlern, lässt jedoch für sich genommen eine Erhebung und Analyse auf breiter Basis nicht zu. Durch die Verknüpfung herausgearbeiteter Kernaussagen und die Verbreiterung der Grundlage um zusätzliche Parameter wurde eine Arbeitsdefinition für Fehlerereignisse entwickelt. Den arbeitenden Menschen in den Mittelpunkt stellend, soll sie nun dazu dienen, Fehlerereignisse im konkreten Arbeitszusammenhang zu erheben und zu analysieren. Dafür werden betriebswirtschaftliche Notwendigkeiten, ergonomische und handlungstheoretische Grundlagen mit Ergebnissen aus der Fehlerforschung und feldtheoretischen Überlegungen verbunden. Auf diese Weise soll ein Zugang zum Phänomen Fehler möglich werden, der eine Ermittlung vorhandenen Verbesserungspotentials -frei von einem vorurteilsgeleiteten Interesse- direkt in Kooperation mit der im Feld handelnden Person erlaubt.

Dieser praxisorientierte Ansatz soll

* einen Überblick über die Fehler liefern, die sich im Untersuchungsfeld ereignen: Eine repräsentative Stichprobe von Personen aus unterschiedlichen Abteilungen wird befragt, die vorhandene hierarchische Ebenen und damit alle wesentlichen Tätigkeiten von der Akquisition, Planung und Durchführung bis hin zur Fertigstellung von Projekten berücksichtigt. Dabei wird zu prüfen sein, ob mit diesem Vorgehen qualitativ und quantitativ eine breite Basis von Informationen gewonnen werden kann, die richtungsweisend für den Umgang und das Benutzen von Fehlerereignissen im betrieblichen Alltag sein kann.
* Aussagen darüber ermöglichen, welche Erschwernisse, Hindernisse und Fehlerereignisse im Zusammenhang mit organisatorischen Strukturen, Bauprojekten, Arbeitsaufgaben und den arbeitenden Menschen selbst stehen.
* Aussagen über die Entstehungsbedingungen und Auswirkungen ermöglichen, die das „Fehlerbiotop"[1] im Untersuchungsfeld beschreiben. Besonders soll hier

---

1 Der Begriff „Fehlerbiotop" wird hier in Anlehnung an das von Ernst Boesch (1976) geprägte Wort „Handlungsbiotop" verwendet. Es beschreibt den Raum, der fehlerbegünstigenden Bedingtheiten.

bei berücksichtigt werden, ob über die Einzelfälle hinaus Aussagen gemacht werden können.
• einen Zugang zum nutzbringenden Potential von Fehlerereignisse ermöglichen.

Auf der Grundlage der analysierten Daten soll ein Profil erstellt werden, das einen qualitativen Einblick gibt in:
• Ursachen für Fehlerereignisse,
• Fehlerereignisse selbst,
• die Mehrbelastungen, die sich aus den erhobenen Fehlerereignissen resultieren,
• die Bewertungen von Fehlerereignissen durch die Mitarbeiter
• und mögliche Veränderungsmaßnahmen.

Es liegt die Hypothese zugrunde, dass dieser Ansatz Anstöße für die Fehlerforschung liefern kann, und dass die Ergebnisse
• als Entscheidungsgrundlage für Veränderungsmaßnahmen geeignet sind,
• valide ein Verbesserungspotential abbilden,
• in Aufwand und Nutzen auch betriebswirtschaftlich in einem vertretbaren Verhältnis stehen.

Zusammenfassend sollen also folgende Fragen beantwortet werden:
1: Können Fehlerereignisse bzw. Fehlersituationen mit einem offenen, auf den arbeitenden Menschen ausgerichteten Ansatz erhoben werden?
2: Lassen sich aus den erhobenen Daten nutzbringende Informationen über und für das Bedingungsgefüge des untersuchten Feldes ableiten (s.o.)?
   a: Welche Informationen, über das sachlich Falsche hinaus, können durch die Analyse der Fehlerereignisse gewonnen werden?
   b: Wie können die Ergebnisse in Theorie und Praxis genutzt werden?
   c: Welcher Weg lässt sich aufzeigen, Fehler trotz oder gerade wegen der negativen Bewertung, zu benutzen?

2. Das Untersuchungsfeld: Eine Baufirma

Die Daten für die Voruntersuchung und für die Hauptuntersuchung wurden in zwei unterschiedlichen Baufirmen erhoben. Für die Hauptuntersuchung wurden die Daten in einer Baufirma mit ca. 750 Mitarbeiter erhoben. Die Bauprojekte werden von unterschiedlichen Abteilungen durchgeführt und umfassen Hoch- und Tiefbau, Brückenbau, „Schlüsselfertigbau" und Sanierung, Sielbau und Wasserbau. In der Firma sind zahlreiche Berufsfelder und unterschiedlichste Gewerke, z.b. Ingenieure, Verwaltungskräfte und Kaufleute vertreten. Frauen sind hauptsächlich in der Verwaltung tätig. Die Arbeitsfelder „Verwaltung" und „Bauarbeiten" sind räumlich und inhaltlich so voneinander getrennt, dass eine gezielte Erhebung von Fehlerereignissen auf den Organisationsteil begrenzt werden konnte, der im wesentlichen für die praktische bauliche Ausführung zuständig ist. Die Schnittstellen zwischen den Baustellen und der Verwaltung, wie beispielsweise Akquisition, Planung, Kalkulation, Personaleinsatzplanung und innere Betriebe, wurden ebenfalls in die Untersuchung mit einbezogen.

Die Tätigkeiten und Aufgabenbereiche in der untersuchten Firma sollen, der organisatorischen Hierarchie folgend, kurz beschrieben werden. Die drei Geschäftsführer teilen sich die Aufgaben der kaufmännischen, technischen und organisatorischen Leitung der Firma auf, haben dabei jedoch zusätzlich spezielle Projektverantwortungen. Die sechs Abteilungsleiter sind im wesentlichen für die Akquisition, Kalkulation und Bauherrenbetreuung der Projekte zuständig, die in ihren jeweiligen Bereich fallen. Jede Abteilung ist dabei als eigenständiges Profit-Center organisiert. Die Bauleiter sind den Zuständigkeitsbereichen der Abteilungen zugeordnet, und entwickeln sich dadurch zu Fachleuten mit speziellen Kenntnissen für die Durchführung von unterschiedlichen Bauprojekten. Die kaufmännische, technische und organisatorische Projektbetreuung fällt dabei ebenfalls in ihren Aufgabenbereich. Dies beinhaltet u.a. die Schnittstelle zwischen Verwaltung (Controlling), Praxis (Polier) und Auftraggeber (Baubesprechungen). Poliere wechseln selten die Abteilung und sind zuständig für die praktische Umsetzung auf den Baustellen und die Koordination der Mitarbeiter vor Ort. Die einzelnen Mitarbeiter werden je nach Bedarf und Qualifikation auf den Baustellen eingesetzt, auf denen sie benötigt werden. Durch besondere Qualifikationen, wie z.B. im Wasserbau, kann die Zugehörigkeit zu einer Abteilung auch längerfristig sein.

In dem Unternehmen ist ein zertifiziertes Qualitätsmanagementsystem (QM) nach ISO 9002 etabliert. Damit gehen klare Regelwerke über Produktionsabläufe, Produktqualität, Sicherheit, Bauvorschriften, Weiterbildung u.ä. einher. Das QM-System ist ein zentrales Organisationsprinzip dieses Unternehmens. Das vorhandene Qualitätsmanagement beschreibt Standards der Baufirma. Darunter sind vorgeschriebene Produktionsabläufe, die angestrebte Produktqualität und Kundenzufriedenheit sowie das Controlling zu verstehen. Da es für die Fragestellung nach dem Verstehen des Konstrukts Fehler und die Fehlerereigniserhebung in der Baufirma von Bedeutung ist, sollen die Bestandteile des Qualitätsmanagementsystems, die mit dem Umgang und der Bewältigung von Fehlern im Zusammenhang stehen, kurz dargestellt werden: Qualität wird definiert als „die Gesamtheit von Merkmalen einer Einheit (Produkt, Prozess, Dienstleistung) bezüglich ihrer Eignung, festgelegte und vorausgesetzte Erfordernisse zu erfüllen" (DIN ISO 8402:1995), und zwar sowohl aus Sicht des Kunden als auch im Vergleich zur Qualität von Mitbewerbern. Qualität wird als Ergebnis beherrschter, kontrollierbarer Prozesse verstanden. Diese Prozesse beinhalten den gesamten Produktweg von der Angebotserstellung und Planung bis zum Ende der Gewährleistung. Grundsätzliche Ziele einer Qualitätspolitik sind nach Brunner & Wagner (1997):

- die Verpflichtung des Managements,
- die Einbeziehung aller Mitarbeiter und Geschäftspartner,
- die Verhaltensänderung und der Paradigmenwechsel,
- das Erfüllen und Übertreffen von Kundenerwartungen,
- die ständige Verbesserung,
- die Null- Fehler Zielsetzung,
- der Anspruch, zu den Besten zu zählen und Excellence zu erreichen.

Zertifiziertes Qualitätsmanagementsystem besteht aus verschiedenen Elementen, in denen diese Grundaussagen konkretisiert werden. In ihnen werden Verfahrensweisen und Zuständigkeiten für die unterschiedlichen Schritte einer Qualitätssicherung und -verbesserung beschrieben. Ein Organisationshandbuch, das auf der Grundlage der DIN EN ISO 9002 erstellt wurde, erläutert die angewandten Elemente näher. Viele davon sehen vor, den Arbeitsprozess in Hinblick auf die Qualität des Produktes nachvollziehbar zu gestalten und zu optimieren. Die für den Umgang mit dem Phänomen Fehler im betrieblichen Alltag vorgesehenen Elemente sind: QME 2, QME 3, QME 9, QME 14, QME 17 und QME 20. Sie wirken folgendermaßen zusammen:

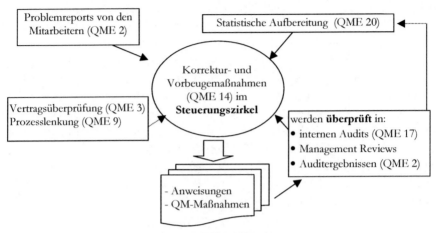

Abb. 14: Fehlermanagement im QM nach ISO 9002

Kern des Fehlermanagements innerhalb des QM-Systems ist der Steuerungszirkel, der Korrektur- und Vorbeugemaßnahmen erarbeitet. Der Steuerungszirkel bekommt die notwendigen Informationen von den internen Audits (QME 17), den Management-Reviews (QME 2), den statistischen Auswertungen (QME 20) und den Problemreports der Mitarbeiter. Weiterer Handlungsbedarf kann sich aus neuen Erkenntnissen ergeben, die aus den Vertragsprüfungen (QME 3) und der Prozesslenkung (QME 9) gewonnen werden.

Für eine effektive und realitätsnahe Ursachenfindung und Maßnahmenentwicklung ist die Besetzung des Steuerungszirkels von besonderer Bedeutung. An den jeweiligen Themen, die im Zirkel bearbeitet werden, sollten entsprechende Experten aus den jeweiligen Arbeitsbereichen beteiligt werden. Ziel des Fehler- und Qualitätsmanagement ist es, dass Mitarbeiter in die Qualitätspolitik eingebunden werden sollen. Dabei soll der Qualitätsstandard durch gezielte Weiterbildung von Mitarbeitern und kontinuierliche Verbesserung der Organisation ständig verbessert werden. Die wichtige Rolle der Mitarbeiter für die Qualitätssicherung wird u.a. in der Unternehmenserklärung festgeschrieben. Das für den Umgang mit Qualität und Fehlern notwendige Datengerüst kann, wie es die Zertifizierung vorsieht, aus verschiedenen QM- Elementen gewonnen werden. Da dies in der vorgesehen Weise nicht ausreichend umgesetzt werden konnte, war die vorliegende Untersuchung erwünscht.

Für die Untersuchung innerhalb der Baufirma wurden Vereinbarungen zwischen der Geschäftsleitung und der Untersucherin getroffen.

- Mit der Geschäftsleitung wurde vereinbart, dass die Fehlererhebung auf mindestens zwölf Baustellen aus den unterschiedlichen Abteilungen durch Interviews durchgeführt werden soll. Die Analyse und Aufbereitung der erhobenen Fehlerereignisse soll so dargestellt werden, dass sie als Grundlage für weitere Maßnahmen im Fehlermanagement der Firma genutzt werden kann.
- Die Geschäftsleitung stellt die Kontakte zu den Führungskräften her, in deren Bereichen Mitarbeiter befragt werden sollen. Das notwendige Material über Organisationsstrukturen, QM u.ä. wird der Untersucherin zur Verfügung gestellt.
- Für die Befragungen und deren Ergebnisse wird den Mitarbeitern Anonymität zugesichert. Der Geschäftsleitung werden die Ergebnisse in anonymisierter Form zur Verfügung gestellt, die keine Rückschlüsse auf die Mitarbeiter, von denen die Informationen stammen, zulässt.
- Die Befragung findet während der Arbeitszeit der Mitarbeiter statt.
- Es werden Zwischentreffen mit dem Qualitätsbeauftragten und der Geschäftsleitung vereinbart, um den Verlauf der Untersuchung zu reflektieren.
- Aus den Fehlerereignissen werden, in Zusammenarbeit mit einem Polier im Ruhestand, konkrete Verbesserungsmaßnahmen als erste Intervention erarbeitet.
- Die Untersuchung wird materiell von der Baufirma getragen.

Für die Untersuchung wurde eine repräsentative Stichprobe von Projekten und einer Anzahl von Mitarbeitern in den jeweiligen Projekten ausgewählt. Sie bestand aus insgesamt 72 Mitarbeitern, die auf 12 Baustellen und im Hauptbüro tätig waren. Alle Befragten waren Männer. Davon fließen 64 in diese Arbeit ein, da die übrigen acht Interviews nicht auf Tonband mitgeschnitten werden durften. Die Datengrundlage bilden die Interviews mit 2 Geschäftsführern, 10 Abteilungsleitern und Oberbauleitern, 22 Werkspolieren, Polieren und Bauleitern und 30 Lehrlingen, Gesellen und Vorarbeitern. Die Interviews hatten eine Aufnahmedauer von ca. 60 Minuten und eine Gesamtdauer von ca. 90 Minuten. Daneben erfolgte eine Teilnahme an den Baubesprechungen der jeweiligen Bauprojekte, damit sowohl die baubegleitenden Sitzungen als auch das konkrete Projekt inhaltlich anschaulich werden konnten. Die Datenerhebung erstreckte sich über einen Zeitraum von sechs Monaten.

3. Die Anwendung der Arbeitsdefinition „Fehlerereignis" auf die empirische Untersuchung

Die Arbeitsdefinition „Fehlerereignis" findet in zwei verschiedenen Untersuchungsschritten Anwendung. In Kombination mit den Ergebnissen aus der Voruntersuchung dient sie der Formulierung von Fragen und Nachfragen während des Interviews. Darüber hinaus ist sie zusätzlich die Grundlage für die fehlerdefinierende Auswertung der Interviews.

Im Interview sollen Fehlerereignisse, Schwächen oder Mängel erhoben werden. Die verschiedenen Definitionskriterien sind leitend für das Gespräch. Die Umsetzung der Ergebnisse aus der Voruntersuchung (siehe Teil B, 4.1.2.) und der Arbeitsdefinition „Fehlerereignis" in einen Leitfaden für Interviews und für eine fehlerereignisdefinierende Auswertung, sollen zusammenfassend dargestellt werden. Sie werden nacheinander in den Bedeutungszusammenhang gestellt, den sie für die Gesprächsentwicklung haben (können), wenn etwa der Gesprächsfluss ins Stocken gerät oder der Befragte in einen Bereich „abdriftet", der sich zu weit von Beschreibungen der eigentlichen Arbeitstätigkeit entfernt.

▶ **Ein Fehlerereignis ist eine unerwünschte Differenz zwischen Soll- Wert und Ist-Wert:** Gibt es Arbeitsergebnisse, die unerwünscht waren oder als fehlerhaft bewertet wurden? Gab es einen Konsens über das erwünschte Ergebnis und war es klar definiert?

▶ **Fehlerereignisse sind zunächst einmal ungewichtete Soll-Ist-Wert Diskrepanzen, die nachträglich anhand unterschiedlicher Maßstäbe (z.B. Kosten, Reichweite, Korrekturmöglichkeit u.ä.) gewichtet werden können:** Unabhängig von Auswirkungen wie Kosten oder Überstunden, welche unerwünschten Situationen sind erlebt worden?

▶ **Verhalten, welches das Risiko für das Arbeitsergebnis erhöht, ist ein Fehlerereignis:** Gab es Arbeitsaufgaben, bei deren Erledigung die Qualität des Produkts gefährdet ist oder war, oder Aufgaben, bei deren Erledigung die Richtlinien des vorhandenen Qualitätsmanagements vernachlässigt wurden?

▶ **Fehlerereignissen liegt ein Mangel sachlicher und/oder menschlicher Leistungsvoraussetzungen zugrunde:** Fehlten technische, organisatorische oder eigene Voraussetzungen, die es erschwerten oder verhinderten, eine Aufgabe zu erledigen? Waren Anschlussarbeiten gefährdet oder der eigene Arbeitsbeginn durch unvollständige Vorarbeiten beeinträchtigt?

▶ **Im Arbeitszusammenhang liegt ein Fehler vor, wenn ergonomische Regeln, Vorschriften oder Vorgaben nicht eingehalten werden:** Sind die ergonomischen Vorschriften, -regeln und -vorgaben in Hinblick auf die eigenen Arbeitsaufgaben bekannt und werden sie eingehalten, gab es Situationen oder Arbeitsprozesse, bei denen diese vernachlässigt oder gar nicht eingehalten wurden?

▶ **Leistungsbeeinträchtigungen und psychische oder physische Schädigung weisen auf einen Fehler und ergonomischen Handlungsbedarf hin:** Liegen körperliche und/oder psychische Beeinträchtigungen vor? Gibt es Arbeitsabläufe oder Aufgaben, die als besonders unangenehm und beschwerliche empfunden werden (Wohlbefinden, Krankheit, Urlaub und Pausenzeiten)?

▶ **Minderung der Produktqualität oder der Effektivität und Produktmängel sind Fehlerereignisse:** Welche Nachbesserungsarbeiten und/oder Kundenreklamationen wurden im Arbeitsalltag miterlebt?

▶ **Fehlerereignisse können Ausdruck von Systemmängeln sein:** Gibt es Vorstellungen oder Ideen dazu, was grundsätzlich in der Firma verbessert werden sollte, und an welchen Ereignissen wird dies festgemacht?

▶ **Der Mensch kann korrigierend eingreifen:** Gibt es Arbeitsabläufe, bei denen korrigierend eingegriffen werden musste, die „schiefgegangen" sind oder die hätten besser „laufen" können? Wurde ein Arbeitsunfall miterlebt oder hat es eine „Katastrophe" im Arbeitsalltag gegeben? Gibt es Ideen, wie bestimmte Arbeitsabläufe störungsfreier gestaltet werden können?

▶ **Handlungsfehlern liegen Grenzen der Handlungsregulation zugrunde:** Werden beim Arbeiten Einschränkungen oder Begrenzungen erlebt, die es erschweren, eine Aufgabe zu erledigen?

▶ **Fehler werden auf der fähigkeitsbasierten, regelbasierten und/oder wissensbasierten Durchführungsebene sichtbar:** Gab es Aufgaben, bei denen Qualifikationen, Anweisungen, Wissen, notwendige Informationen, oder Zusatzinformationen fehlten, um sie souverän auszuführen? Situationen, in denen improvisiert werden musste?

▶ **Kognitive Grenzen verhindern notwendige Handlungsregulationen in Richtung des erwünschten, geplanten Ziels:** In welchen Zusammenhängen wurde beispielsweise Unaufmerksamkeit, Vergessen, Unkonzentriertheit oder Überlastung erlebt?

▶ **Fehlleistungen liegt unbewusste psychische Arbeit zugrunde. Sie stehen im Dienst eines unbewussten Motivs und befriedigen ein unbewusstes**

Bedürfnis: Beachten, ob im Zusammenhang mit Fehlerereignissen Ziele oder Wünsche im konkreten Arbeitsalltag existieren, für deren Erreichung das Fehlerereignis sinnvoll war.

▶ **Fehlerereignisse lösen Affekte wie Ärger, Ermüdung, Schuld, Bedauern/Trauer oder Angst aus:** In welchem Zusammenhang wurden bzw. wird Ärger, Wut, Ermüdung, Schuld oder Angst erlebt?

▶ **Fehlerereignisse werden in einen Kausalzusammenhang gestellt und als Gestalt wahrgenommen:** Wie stellt sich das Beschriebene in den Zusammenhang des Untersuchungsfeldes und der Arbeitsaufgabe?

▶ **Fehlerereignisse verändern Konstellationen und Interaktionen im psychischen Feld und somit im Handlungsfeld:** Was waren die beobachteten und empfundenen Auswirkungen des beschriebenen Ereignisses?

▶ **Regelverletzungen können sinnvoll sein und/oder im Zusammenhang mit Fehlerereignissen und Fehlern stehen:** Wurden Regeln verletzt, denen sich der Befragte verpflichtet fühlt oder die für den Befragten bedeutsam sind?

Neben den oben aufgeführten fehlerdefinierenden Kriterien gilt für die Auswertung der Interviews, die Bewertung eines Ereignisses als fehlerhaft durch den arbeitenden Menschen selbst, und die zusätzlichen Parameter:

▶ **Fehlerereignisse, die in ihrem Informationsgehalt vergleichbar sind, beziehen sich auf Soll-Werte, die aus demselben Kontext stammen:** In die Datenbasis gehen nur Berichte ein, die einen direkten Bezug zu den Arbeitsaufgaben der Befragten aufweisen.

▶ **Fehlerereignisse definieren sich u.a. an der Überschreitung subjektiver Toleranzgrenzen betroffener Personen, und weisen darüber die Qualität des Selbsterlebten oder unmittelbar Betroffene auf:** Es gehen nur Fehlerberichte in die Datenbasis ein, die der Befragte selbst miterlebt hat oder von deren Auswirkungen er direkt betroffen war.

4. Die Methode der Datenerhebung und Datenanalyse

Um ein Grundverständnis für die Tätigkeitszusammenhänge und den semantischen Raum von Fehlern bei Mitarbeitern im Baugewerbe zu erarbeiten, ging der Hauptuntersuchung methodisch eine Voruntersuchung voraus. Diese soll zunächst mit ihren Ergebnissen dargestellt werden, im Anschluss der Einfluss auf die Hauptuntersuchung und die Methoden der Hauptuntersuchung.

4.1. Die Voruntersuchung

Bei allen Daten, die aus einer Befragung gewonnen werden, stellt sich das Problem des semantischen Raums der Aussagen, ob tatsächlich das Gemeinte erfasst wird. Sowohl, ob nach dem Gemeinten gefragt wird, als auch, ob das Gemeinte verstanden wird. Um diesem „Gemeinten" so nah wie möglich kommen zu können, wurde für den Erwerb von Vorwissen über das Baugewerbe und das Vorverständnis für den semantische Raum von „Fehlern im Zusammenhang mit der Bautätigkeit" eine Voruntersuchung in einer anderen Baufirma durchgeführt.

Um möglichst nah am gegenseitigen Verstehen zu sein, ist der semantische Raum, in dem sich Fragender und Befragter bewegen, besonders zu berücksichtigen (Ogden, 1923). Dieser Raum lässt sich Anlehnung an die Semiotik (Zeichentheorie) durch folgendes Dreieck (Abb.15) darstellen.

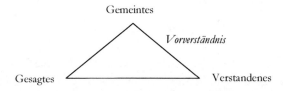

Abb. 15: Semiotisches Dreieck nach Charles S. Peirce (vgl. Schmale 1994, S.204)

Für die empirische Untersuchung geht es um den semantischen Raum von „Fehler" von Mitarbeitern im Baugewerbe. Das Gesagte wird auf der Basis des gelebten Kontext des Sprechenden in dessen Zeichen (Sprache) produziert. Es transportiert das Gemeinte, das den gesamten Erlebnisraum des Sprechenden umfassen kann. Der Percepient muss also, um dem Gemeinten nahe kommen zu können, für den Sprecher und das Gemeinte ein Vorverständnis haben, bzw. umgekehrt.

Eine eindeutige Erfassung der Wirklichkeit ist sprachlich nicht möglich, da es sich dabei immer schon um sprachlich subjektive Interpretationen handelt, und „der vom Deutenden erfasste subjektive Sinn [ist] bestenfalls ein Näherungswert zu dem gemeinten Sinn des Sinnsetzenden *ist*, aber niemals dieser selbst, denn dieser hängt von den Auffassungsperspektiven und dem notwendig immer fragmentarischen Vorwissen um die Deutungsschemata des Du ab" (Schütz 1974,

S.181). Durch den Erwerb von Vorwissen sollen subjektive Voreinstellungen und/oder Vorurteile aufgelöst werden, darüber hinaus soll das erworbene Vorverständnis ein Verstehen nahe am Gemeinten möglich machen.

Unter dem Phänomen bzw. Begriff Fehler verstehen Menschen vollkommen unterschiedliche Dinge. Je nach Kontext, Arbeitsaufgabe und Blickwinkel werden unterschiedliche Assoziationen aktiviert. Fehler und Fehlererleben sind zudem zunächst einmal subjektiver Natur. Sie sind Abweichungen von internalisierten Regelwerken und Zielvorstellungen, ebenso wie von individuellen Wertesystemen und zu befriedigenden sozialen Bedürfnissen. Wahrgenommene Abweichungen werden interpretiert und lassen subjektive Konstrukte über das Phänomen Fehler entstehen. Diese Konstrukte selbst werden wieder zu Kriterien, die jemanden eine Abweichungen wahrnehmen und diese gegebenenfalls als Fehler bewerten lassen. Der Raum der persönlichen Konstrukte und ihre Interpretation ist ein elementarer Zugang zur untersuchten Fehlerwirklichkeit.

George A. Kelly legt 1955 in seinem Hauptwerk eine Methode vor, die einen Zugang in diesen persönlichen Bedeutungsraum möglich macht. Der "Role Construct Repertory Test" (RepGrid) ist im weitesten Sinne konstruktivistischer Herkunft. George A. Kelly vertritt ein Menschenbild, das sich in seiner Dynamik den vorherrschenden Forschungsverfahren der akademischen Psychologie entzieht.

Im Mittelpunkt steht das Individuum in seiner persönlichen Welt, nicht ein angenommener Durchschnittsorganismus in einer kontrollierten Umgebung. Kelly führt die Theorie der persönlichen Konstrukte bis ins operative Stadium eines diagnostischen Verfahrens aus, dessen Durchführung bei ihm detailliert beschrieben wird (vgl. Kelly 1991). Die Methode besteht darin, den individuellen Bedeutungsraum eines Menschen anhand unterschiedlicher Elemente, die ein Feld repräsentieren, zu erforschen. Diese Methode eignet sich hervorragend, um die subjektive Wirklichkeit und die damit verbundenen Zeichen aus einem ausgewählten Feld erfassen zu können. In der Werbung beispielsweise findet diese Methode quasi rückwärts ihre Anwendung. Hier wird ein Vorwissen über potentielle Käufer erworben, der dann Percepient wird und ohne weitere Anstrengung und Reflexion den Eindruck gewinnen soll, dass ein Produkt in seine subjektive Wirklichkeit gehöre, weil es in Zeichen präsentiert wird, die dem eigenen gelebten Kontext oder dem eigenen Erlebnisraum angehören.

4.1.1. Durchführung der Voruntersuchung

Die Voruntersuchung bestand aus zehn Interviews nach der Repertory Grid Methode. Die Interviews wurden nach der RepGrid Methode an dem jeweiligen Arbeitsplatz des Mitarbeiters (Baustelle oder Büro) und auf unterschiedlichen Baustellen durchgeführt. Es wurden Mitarbeiter von allen hierarchischen Ebenen befragt. Die Interviews gliedern sich in drei Phasen.

Phase I: Vorbereitung
Als Elemente wurden 15 selbst erlebte Fehlersituationen aus dem Arbeitsalltag der Befragten erhoben. Diese wurden stichwortartig auf Karteikarten geschrieben.

Phase II: Durchführung
Aus den 15 Karteikarten wurden jeweils drei Karten ausgewählt, die als Triaden bezeichnet werden, und dem Befragten vorgelegt. Der Befragte hatte die Aufgabe, die Karten so anzuordnen, dass zwei Karten, die sich inhaltlich ähnlicher sind, beieinander und die dritte Karte davon entfernt liegt. Nachdem diese Anordnung erfolgt war, bestand die Aufgabe darin, die Ähnlichkeit zwischen den zwei Karten, und den Unterschied zu der dritten Karte zu benennen. Hier wurden die Konstrukte gebildet. Die Konstruktpole (Ähnlichkeit einerseits und Unterschied zur dritten Karte andererseits) wurden schriftlich festgehalten. In der Benennung der Pole (Konstrukte) konnte eine persönliche und tiefe Auseinandersetzung des Befragten mit dem Thema "Fehler" liegen. Es wurden immer wieder neue Triaden aus den 15 Karteikarten vorgelegt, bis der Befragte keine neuen Konstrukte mehr bilden konnte oder bereits 17 Konstrukte erarbeitet worden waren (z.B. wurden „teurer Spaß/ sinnlos", „Selbstüberschätzung/ Angst vor Verantwortung" benannt).

Phase III: Bewertung
Den Befragten wurden zum Abschluss die 15 Fehlerereignisse, die zu Beginn beschrieben worden waren, der Reihenfolge nach vorgelegt. Jeder einzelne Fehler (Element) wurde anhand der erarbeiteten Konstrukte (trifft zu/trifft nicht zu) bewertet.

4.1.2. Ergebnisse der Voruntersuchung

Die von den Befragten erarbeiteten Konstrukte ließen sich unterschiedlichen Aspekten zuordnen. Zusammenfassend sollen hier die am häufigsten verwendeten Konstrukte dargestellt werden (für einen Gesamtüberblick siehe Anhang 2.2).
(a) emotionale Aspekte
(b) sachliche Aspekte

(c) (zeitliche Aspekte

(d) ursachenbezogene Aspekte

(e) konsequenzenbezogene Aspekte

(f) qualifikationsbezogene Aspekte

Zu(a): Als emotionale Aspekte wurden z.b. folgende Konstruktpole gewertet: Angst vor Verantwortung und bleibenden Schäden, Panik, Zeitdruck Ärger und Stress, Betroffenheit und Gleichgültigkeit, Pech und Glück gehabt und das Gefühl von Sinnlosigkeit. Kein gutes Gefühl und mit Emotionen verbunden.

Zu(b): Sachliche Aspekte: Die Zuordnung nach einem internen oder externen Problem, technisch oder menschlich, Ausführung oder Ablauf betreffend, vorhersehbar oder unvorhersehbar, eindeutig oder unklar, führungs- oder kollegenbezogen, sofort lösbar oder Umplanungsbedarf und wen es betrifft bzw. ob es ein persönlicher Fehler ist.

Zu(c): Zeitliche Aspekte: ob Zeit verloren geht, die Häufigkeit, zeitliche Auswirkung des Fehlers

Zu(d): Ursachenbezogene Aspekte: Selbst- oder fremdverursacht, Verschleiß, höhere Gewalt, mangelnde Sorgfalt in der Vorbereitung oder mit den Mitarbeitern, Unachtsamkeit, Zeit sparen wollen bzw. Hektik, Selbst- oder Fremdüberschätzung.

Zu(e): Konsequenzenbezogene Aspekte: hohe oder geringe Kosten verursachend, Mehrarbeit, Gefährdung und Unfälle, Pause, Rechtfertigung und Verantwortung, daraus lernen, Unfrieden und unerwünschte Folgearbeit.

Zu(f): Qualifikationsbezogene Aspekte: Selbsteinschätzung, Fremdeinschätzung und Teamarbeit.

Der semantische Raum von Fehler umfasst, wie oben beschrieben, unterschiedlichste Aspekte. Diese können genutzt werden, um auf breiter Basis etwas über Fehlerereignisse im spezifischen Tätigkeitszusammenhang zu erfahren. Mit Hilfe der Konstrukte können die arbeitenden Menschen auf Fehlerereignisse im Zusammenhang mit ihren jeweiligen Arbeitsaufgaben hin befragt werden. Anders als bei einem Chirurg, bei dem z.B. als konsequenzenbezogener Aspekt sicherlich nicht Mehrarbeit, sondern z.B. Gefährdung des Patienten bedeutsam wäre, kann ein Mitarbeiter aus dem Baugewerbe sinnvoll nach Situationen, die Mehrarbeit bedeutet haben, gefragt werden. Der so eröffnete Zugang ermöglicht es, die direkte Frage nach „Fehlern" zu vermeiden, was zu Reserviertheit und Zurückhaltung führen würde. Die Frage nach den ermittelten Aspekten und den dazugehörigen Konstrukten ermöglicht, auf der Bedeutungsebene des arbeitenden Menschen Auskunft über Ereignisse aus dem Arbeitsalltag zu erhalten, die mit dem Metakonstrukt „Fehler" im Zusammenhang stehen.

Zusätzlich konnte Vorwissen über den grundsätzlichen Ablauf von Bauprojekten, den Alltag auf einer Baustelle und einzelner Arbeitsabläufe erworben werden. Dadurch können Berichte von arbeitenden Menschen besser verstanden oder gegebenenfalls hinterfragt werden. Mit diesem Vorwissen können Berichte in den dazugehörigen unternehmensspezifischen Kontext eingeordnet werden. Die Eigenheiten der Sprache von Mitarbeitern im Baugewerbe wurden vertrauter und hierarchische Besonderheiten sichtbar.

In die Erhebungstechnik von „Fehlerereignissen" in die Hauptuntersuchung fließen die Konstrukte, die Mitarbeiter aus dem Baugewerbe in der Voruntersuchung über „Fehler" benannt haben (wie z.b. Mehrarbeit, Pech gehabt, kostet viel Geld, gibt Ärger), ein. Das Vorwissen über den semantischen Raum von „Fehler" im Baugewerbe wird zusätzlich für die fehlerereignisdefinierende Auswertung der Interviews in der Hauptuntersuchung herangezogen.

4.2. Methodische Vorüberlegungen zur Hauptuntersuchung

In der Hauptuntersuchung soll einen Überblick erarbeitet werden, welche Fehler sich in der untersuchten Firma ereignen. Damit Aussagen darüber möglich werden, welche Erschwernisse, Hindernisse und Fehlerereignisse im Zusammenhang mit organisatorischen Strukturen, Bauprojekten, Arbeitsaufgaben und den arbeitenden Menschen selbst stehen. Damit vorhandenes Verbesserungspotential beschreibbar wird, sollen über die Einzelfälle hinaus, die Entstehungsbedingungen und Auswirkungen von Fehlerereignissen in der Baufirma ermittelt werden. Dafür wird eine repräsentative Stichprobe von Personen aus unterschiedlichen Abteilungen befragt, die vorhandene hierarchische Strukturen berücksichtigt. Die erhobenen Daten werden verschiedenen Analyseschritten unterzogen. Die einzelnen Analyseschritte und eine notwendig gewordene Erweiterung des Untersuchungsrahmens werden im Ergebnisteil (Teil C) noch genauer dargestellt.

Die Interviews zur Erhebung der Fehlerereignisse sind freie Interviews. Die daraus gewonnenen fehlerdefinierenden Berichte bilden die Datenbasis für die weiteren Analyseschritte, auf die an dieser Stelle nur kurz eingegangen wird.

Neben der Methode der Datengewinnung durch Interviews soll auch die der Auswertung kurz erläutert werden.

Die Fehlerereignisse werden durch Interviews erhoben: Interviews werden so frei wie möglich geführt, mit den Erlebnissen des Befragten im Mittelpunkt. U.a. aufgrund der unterschiedlichen Aufgaben im Arbeitszusammenhang und natürlich aufgrund unterschiedlicher Persönlichkeiten befinden sich alle Befragten in einem jeweils anderen konkreten Handlungskontext. Die Wahrnehmung für Fehlerereignisse und Hindernisse ist dementsprechend unterschiedlich. Es ist also davon auszugehen, dass das Erleben und die Bewertung von Fehlern beispielsweise für einen Abteilungsleiter sowohl inhaltlich als auch emotional anders ist als bei einem Lehrling. Die wahrgenommenen Inhalte erstrecken sich von psychosozialen Aspekten (z.b. Kommunikation mit Kollegen) über konkrete Arbeitsinhalte (z.b. Akquisition, Betonieren) mit ihren jeweiligen Zielsetzungen (z.b. Auftrag erhalten, Wand termingerecht fertig stellen) bis hin zu ganz konkreten Handlungseinheiten (z.b. Telefonhörer greifen, Schraube anziehen).

Die erarbeiteten Fragerichtungen (siehe Teil B, 3.) dienen dazu, den befragten Mitarbeiter immer dann anzuregen, wenn er selbst aus dem Sprechen heraus kommt. Für den Interviewer gilt es, zuzuhören und dem Befragten in seinem Sprechen empathisch, aktiv und assoziativ zu folgen. Der Leitfaden für die Erhebung möglicher Fehlerereignisse steht im Hintergrund. Im Mittelpunkt steht der Befragte mit seiner eigene Arbeits- und Fehlerwirklichkeit. Die Befragung soll in erster Linie hypothesengenerierend für das Verständnis von Fehlerereignissen und vorhandenem Verbesserungspotential sein. Der Interviewer soll eine ausreichende Genauigkeit der Berichte sicherstellen, damit die Informationen über Fehlerereignisse aus dem Gesamtzusammenhang heraus ermittelt werden können: dafür kann der Befragte sanft gelenkt werden. Erst wenn das Sprechen längere Zeit ins Stocken gerät, sollte auf die Fragestellungen zurückgegriffen werden. Ziel der Erhebung ist es, eine umfassende Basis an Informationen zu sammeln, die anschließend nach umfassenderen Kriterien analysiert werden. Erst eine spätere Analyse des Gesagten kann mögliche Bedingtheiten aufdecken.

Eine direkte Frage nach Fehlern oder Fehlerereignissen soll nach Möglichkeit vermieden werden. Sie würde eine Begrenzung setzen, weil dann die Zusammenhänge berichtet würden, die nach Ansicht des Befragten unter Fehler zu subsumieren sind. Zusätzlich gilt zu beachten, dass kein Mensch gerne von seinen eigenen Fehlern berichtet. Dem stehen Scham, Schuldgefühl und das Bedürfnis nach Unentdecktheit gegenüber, die häufig mit Fehlern im Arbeitsprozess verbunden sind.

Ein Beispiel für die Auswertung der Interviews: An folgender Sequenz soll gezeigt werden, wie Fehlerberichte aus einem narrativen Interview in die Datenbasis eingehen:

Erklärungen:

B:= Befragter, I:= Interviewer,

x:= Unverständliches auf dem Tonband wird je nach Länge durch die Anzahl „x" gekennzeichnet,

kursiv: *Berichte, die als Fehlerereignisse in die Datenbasis eingehen.*

B: „*Wir ärgern uns im Augenblick stark über den, oder ich auch über die, ich sag mal, Nichtlieferung von bestimmten Teilen, die wir dringend brauchen, die wir auch rechtzeitig bestellt haben, weil wir wussten, dass es lange Lieferzeiten gibt, ...Pressen zum Beispiel, die sind mittlerweile aber da, fast alle, also damit können wir jetzt erst mal halbwegs leben,* aber jetzt sind nur noch die x , also das sind so ...Panzerketten irgendwie, also nicht die am Panzer sondern äh Panzerketten sagen wir auch zu so kleinen Gliederketten mit so Rollen drin.

I: Ja, ja

B: wo man schwere Sachen

I: ja

B: äh relativ einfach mit bewegen kann, weil die geringe Reibungsbeiwerte haben, und da die gibt es auch in so kleinen zusammengeschweißten Wagen, ungefähr so, bisschen größer, DINA3 Blatt ungefähr, klein und schwer und teuer und den ham wir x bestellt schon im ... Oktober glaub ich und der sollte Anfang des Jahres geliefert werden, ...denn kam er nicht, nun sind wir mit unsern Termin n bisschen hintendran, von daher war es eigentlich auch nicht so n großes Drama, nur jetzt mittlerweile brauchen wir die, x seit *der dritten Kalenderwoche geliefert, nun ham wir die neunte und wir ham sie immer noch nicht. ...und wir kriegen auch keine verbindlichen Termine, das ärgert einen, weil wir setzen alles dran die Termine zu halten und zu machen und zu tun und durch solche ich sag mal kleinen untergeordneten Bauteile wird man denn so richtig wieder ausgebremst, ne...* "

Die aus dem Interviewausschnitt ermittelte Fehlerereignisse (FE):

(lfd. Nr. 51): Ärger über Lieferverzögerungen von Pressen.

(lfd. Nr. 52): Man selbst bemüht sich, den Termin zu halten und wird durch Fremdverzögerungen wieder ausgebremst.

Die Daten werden zwei weiteren Analyseschritten unterzogen. Im ersten Schritt erfolgt eine ablaufbezogene Analyse für jedes Fehlerereignis mit den Fragestellungen: (1) Welche Vorgeschichte hat das berichtete Fehlerereignis? (Ursache); (2) Was ereignet sich in der berichteten Situation? (Begleiterscheinung); (3) Was ist die Auswirkung des berichteten Fehlerereignisses? (Konsequenz). Auf diese Weise werden dem Ereignis zugrundeliegende Fehler, die Begleiterscheinungen und die Konsequenzen ermittelt. Daran anschließend wird die erweiterte Datenbasis jeweils nach Ursachen, Begleiterscheinungen und Konsequenzen in Anlehnung an eine Clusteranalyse sortiert.

Die Kategorisierung der Daten in methodischer Anlehnung an eine Clusteranalyse: Die Menge der Einzelinformationen sollen jeweils so in Gruppen aufgeteilt werden, dass in den Gruppen eine maximale und zwischen den Gruppen eine minimale Gleichartigkeit erreicht wird (vgl. Nalimow 1975). Die Nähe oder Distanz der Einzelinformationen ließe sich nur durch starke Reduktion der im untersuchten Feld existierenden Zusammenhänge in statistische Kennwerte übersetzen. Gerade diese Zusammenhänge und Wechselwirkungen sind es jedoch, die in ihrer Breite und Vielfalt erfasst werden sollen. Aus diesem Grund wird eine rein qualitative Kategorisierung ohne weitere Abstraktion oder Reduktion der Daten vorgenommen. Die Kategorisierung zielt ebenso wie eine Clusteranalyse darauf ab, Kategorien (Cluster) zu bilden, die ihrerseits auf einer abstrakteren Ebene die Wirklichkeit beschreiben. Die Informationseinheiten (Ursache, Begleiterscheinung, Konsequenz), die aus den Fehlerereignissen (FE) gewonnen wurden, werden auf dem Hintergrund der jeweiligen Einzelfälle, qualitativ nach Ähnlichkeit gruppiert, verdichtet, erneut gruppiert, ...solange, bis eindeutige Kategorien gebildet werden können (Abb.16).

Die Brauchbarkeit der Kategorien: Drei Kategorisierungen für Ursachen, Begleiterscheinungen und Konsequenzen wurden in Kleingruppen mit zwei bzw. vier Personen durchgeführt und anschließend miteinander verglichen. Abweichungen wurden in einem weiteren Arbeitsgang diskutiert und in zwei Fällen wurden die Kategorien angepasst. Die jeweiligen Zuordnungen zu den verschiedenen Kategorien wurden darüber hinaus noch mit einem Polier im Ruhestand aus der untersuchten Baufirma reflektiert. Hierbei sind die Zuordnungen der Fehler zu bestimmten Kategorien konsensuell validiert und konkrete Verbesserungsvorschläge für den Arbeitsalltag erarbeitet worden.

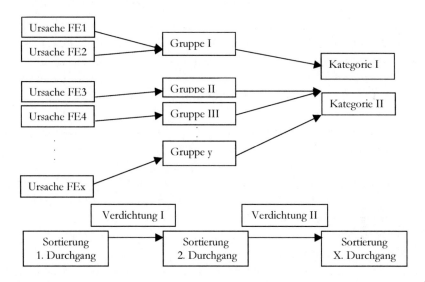

Abb. 16: Ursachen-Kategorisierung in methodischer Anlehnung an eine Clusteranalyse
(analog: Begleiterscheinungen, Konsequenzen)

Eine dritte Überprüfung der Brauchbarkeit der ermittelten Kategorien fand durch ihre Nutzung als Grundlage für Veränderungsmaßnahmen statt. Hierbei konnte festgestellt werden, dass die Führungskräfte die ermittelten Themengebiete sofort als bedeutsam für die auftretenden Reibungsverluste bestätigten und um weitere Berichte ergänzen wollten. Dies weist darauf hin, dass die Gruppenbildung realitätsnah vorgenommen war und die ermittelten Kategorien Fehlerbedingungen richtig benennen.

5. Die Durchführung der Hauptuntersuchung

Die Mitarbeiter der untersuchten Baufirma wurden direkt an ihrem Arbeitsplatz befragt. Die Befragungen fanden während der Arbeitszeit statt und die Teilnahme daran war freiwillig. Die einzelnen Interviews wurden nach Absprache mit den Verantwortlichen auf den unterschiedlichen Baustellen durchgeführt. Dabei wurden die gegenwärtigen Notwendigkeiten des Projektes in den Vordergrund gestellt, so dass Interviewtermine auch verschoben werden konnten. Es wurde darauf geachtet, dass durch die Befragung kein zusätzlicher Aufwand oder Zeitdruck für die Befragten entstand. Der Arbeitsplatz wurde als Ort der Befragung ausgewählt, damit sich der Befragte in einer vertrauten und „sicheren" Situation befindet. Inhaltliche Unklarheiten konnten direkt vor Ort erklärt oder gezeigt werden, und die Interviewerin konnte das Gesagte in einem anschaulichen Zusammenhang hören. Dies ermöglichte präzises Hinterfragen und somit in besonderer Weise das Gemeinte noch genauer erfassen zu können.

Die Durchführung der Interviews: Dem Befragten wurde vor Beginn des Interviews erklärt, dass die Untersuchung der Ermittlung des Verbesserungspotentials dient. Es wurde eine Verschwiegenheitserklärung durch die Untersucherin abgegeben, die garantierte, dass die Informationen anonym behandelt werden würden. Der Leitfaden für das Interview stand im Hintergrund, er wurde lediglich genutzt, wenn das Sprechen ins Stocken geriet. Die Dauer des Interviews war auf 60 bis 90 min begrenzt. Das Gespräch begann mit der Aufforderung, den persönlichen Arbeitsalltag in Hinblick auf die Arbeitsaufgaben und den Zeitablauf so genau wie möglich zu beschreiben. Im Mittelpunkt des Zuhörens stand die Wahrnehmung der alltäglichen Ereignisse des jeweiligen Mitarbeiters. „HörenSagen"- Ereignisse waren für das soziale Gespräch von Bedeutung, hatten aber für die Untersuchung keine inhaltliche Relevanz. Präzisere Nachfragen wurden dann gemacht, wenn die Beschreibung der erlebten Situationen einer genaueren Erklärung bedurften.

Nach den ersten Interviews wurde deutlich, dass obwohl Verbesserungspotential ermittelt werden sollte, die Frage danach, was ein Fehler sei, für die Befragten eine wesentliche Rolle spielte. Für den Befragten musste erkennbar sein, wie „Fehler" von der Untersucherin bewertet werden. Nachdem der Rahmen der Untersuchung dargestellt worden war, berichteten die Befragten meist ausführlich über selbst erlebte oder selbst verursachte Fehlerereignisse. Folgendes konnte wiederholt beobachtet werden:

- Unsicherheiten in Bezug auf die Anonymität und die möglichen Konsequenzen
- Führungskräfte berichteten wesentlich allgemeiner über Abweichungen und es brauchte mehr Zeit, bis sie zu konkreten Beschreibungen über diese Ereignisse kamen als bei anderen Mitarbeiter
- Einige der Befragten äußerten, dass sie Informationen über Abweichungen nicht an einen männlichen Interviewer weitergegeben hätten
- Fast alle Befragten orientierten sich an der Vorgabe, nur selbst verursachte Abweichungen oder solche zu berichten, von denen sie direkt betroffen

waren. Führungskräfte neigten eher dazu, von Ereignissen zu berichten, die andere betrafen

- Alle Befragten erzählten für sie persönlich Bedeutsames erst am Ende des Interviews oder wenn das Tonband bereits ausgeschaltet war.

Nach den ersten Interviews wurde die Untersuchung zu einem Gesprächsthema in der Firma. Dadurch wurde es bei den weiteren Befragungen notwendig, zu Beginn des Interviews mehr Zeit darauf zu verwenden, mit dem Befragten über Befürchtungen und Vorinformationen zu sprechen, um Fehlinformationen oder mögliche Vorurteile abzubauen. Die Sorge um die Gewährleistung der Anonymität nahm im Verlauf der Befragungen ab und der Wunsch, die Ergebnisse einsehen zu können, nahm zu.

Teil C
Die Ergebnisse der empirischen Untersuchung und erste Interpretationen

Die Ergebnisse sollen im Zusammenhang mit den Analyseschritten dargestellt werden. Jeder Analyseschritt für sich bringt Ergebnisse hervor, die unterschiedlich bewertet und genutzt werden können.

1. Analyseschritt I: Fehlerdefinierende Inhaltsanalyse

Die Tonbänder wurden abgehört, mitgeschrieben und viele wurden vollständig transkribiert. Auf jedes Interview wurden die erarbeiteten Kriterien der Arbeitsdefinition „Fehlerereignis" (siehe Teil A, 6.3.) angewendet und inhaltlich daraufhin überprüft, ob von einem Fehlerereignis berichtet wurde. Jeder Bericht in dem Interview, der den fehlerdefinierenden Kriterien entsprach, wurde exzerpiert. Das Vorgehen hierbei war konservativ. Das heißt, es wurden nur solche Berichte als Fehlerereignisse bewertet, die konkret und eindeutig interpretierbar waren und vom Berichtenden als selbst erlebt beschrieben worden sind.

Die exzerpierten Fehlerberichte sind davon charakterisiert, dass sie

- im Zusammenhang mit einem Schaden/Unfall standen
- potentiell im Zusammenhang mit einem Schaden an Mitarbeitern oder einem Produkt standen
- die Beeinträchtigung von Leistungsfähigkeit oder –bereitschaft beschrieben
- eine nicht mehr tolerierbare Abweichung für den Berichtenden beschrieben
- auf dem Hintergrund der Definition „Fehlerereignis" eine nicht mehr tolerierbare Abweichung von Regeln oder Vorschriften waren.

Sprach der Befragte darüber hinaus selbst von einem Fehler, unabhängig davon, ob die oben genannten Bedingungen zutrafen, wurde dies ebenfalls als Fehlerbericht übernommen.

Die Wertigkeit der Berichte: Alle Berichte, die als Fehlerereignis interpretiert und bewertet wurde, gingen gleichwertig in die Datenbasis ein, ganz gleich wie komplex der beschriebene Zusammenhang war (vom Vergessen bis zur Kundenreklamation). Auf diese Weise entstand eine Sammlung von Fehlerberichten, die sich aus der schematischen Bewertung nach den fehlerdefinierenden Kriterien und den durch die Mitarbeiter wahrgenommenen und beschriebenen Hindernissen bzw. Fehlern, zusammensetzte. Damit entstand zunächst ein weit gefächerter Überblick über die „behindernden Ereignisse" und Fehler im Untersuchungsfeld.

Die Ergebnisse der fehlerdefinierenden Inhaltsanalyse: Den Interviews konnten 966 Berichte über Fehlerereignisse entnommen werden. Fast alle beschreiben eine Situation oder einen Zustand der Nichtpassung. Aus der Perspektive der Befragten wurde in der Regel ein Kausalzusammenhang beschrieben (teilweise erst im Verlauf des Interviews), der ausgehend von einem konkreten Hindernis auch die Konsequenzen des Fehlerereignisses beinhaltete. Aus dem Erzählten gingen zusätzlich häufig die Entstehungsgeschichte (Ursache) und die damit verbundenen Begleiterscheinungen hervor. An zwei Beispielen soll das Vorgehen verdeutlicht werden:

(a) *„Arbeitshandschuhe vergessen zu bestellen. Jemand sagt was und willst es dir merken und 5x klingelt das Telefon"* (lfd. Nr.189). Der Befragte spricht selbst nicht von einem Fehler, beschreibt aber ein Versäumnis im Rahmen seiner Arbeitstätigkeit.

(b) *„Viel Zusatzarbeit dadurch, dass ein unpraktisches Schalungssystem genommen werden muss"* (lfd. Nr. 251). Der Befragte beschreibt eine Konsequenz, die er alltäglich tragen muss (Zusatzarbeit), die – seiner Meinung nach - unnötig wäre, wenn ein anderes Schalungssystem benutzt werden würde.

Die Ergebnisse diese Analyseschritts - die Fehlerberichte - waren Grundlage für die Ableitung konkreter Verbesserungsvorschläge. Für die weitere Analyse der Daten wurden die Berichte zusammengefasst (siehe Teil B, 4.2.; für einen Gesamtüberblick siehe Anhang 2.3).

Die Ergebnisse in Hinblick auf die Entstehung und die Auswirkung der Fehlerereignisse: Die einzelnen Berichte wurden (teilweise im Gesamtzusammenhang des Interviews) - in einem zweiten Schritt - auf ihre Informationen über die Entstehung und Auswirkung hin analysiert. Jedem Bericht wurde bei diesem Vorgehen eine Ursache und eine Konsequenz zugeordnet. Für dieses Vorgehen mussten drei Varianten unterschieden werden:

(a) Alle Informationen waren im Gesprochenen enthalten.

(b) Entstehung oder Auswirkung wurden erschlossen und beigeordnet.

(c) Entstehung oder Auswirkung konnten nicht festgelegt werden.

In diesem Analyseschritt wurde deutlich, dass in den Berichten deutlich mehr Informationen steckten, als nur die über Ursache und Konsequenz des berichteten Fehlerereignisses. Diese zusätzliche Information wurde hier zunächst unter „Zusätzliches" aufgeführt und in einem weiteren Schritt genauer betrachtet. Das Vorgehen soll an einigen Beispielen transparent gemacht werden:

Zu (a): Alle Informationen waren im Gesprochenen enthalten: Wenn der Interviewte die Informationen über Entstehung und Auswirkung mitgeliefert hat, wurden sie dem Bericht entnommen und dem Fehler zugeordnet. Die Informationen waren teilweise an anderen Stellen im Interview zu finden und wurden nicht unbedingt im direkten im Zusammenhang mit dem Fehlerereignis selbst berichtet.

(a1)„*Ich habe Anmerkungen bei der Kalkulation gemacht, die wurden aber zum größten Teil nicht berücksichtigt, jetzt haben wir die Probleme.*" (lfd.Nr.518) Weil die Einwände des Mitarbeiters nicht berücksichtigt wurden, werden Probleme im Vorfeld nicht berücksichtigt. Der Mitarbeiter muss nun die Probleme, die er selbst gedanklich vorweggenommen hat, in der alltäglichen Arbeit bewältigen.

Ursache: mangelnde Einbeziehung des Mitarbeiters
Auswirkung: zusätzlicher Aufwand in der Durchführung des Projektes
Zusätzliches: Der Mitarbeiter muss das „ich hab es doch gewusst und hatte keinen Einfluss" aushalten. Diese empfundene Hilflosigkeit wirkt sich aus. Sie beeinflusst das weitere Verhalten des Mitarbeiters und dadurch auch seine Arbeitsumgebung.

(a2)„*Durch den Krach der Bauarbeiten [einer anderen Baustelle] unter dem Baubüro wird man ständig aus dem Konzept gebracht.*" (lfd.Nr.370)
Ursache: In der Arbeitsvorbereitung wurden die Umgebungsbedingungen nicht ausreichend berücksichtigt.
Auswirkung: Stress durch Lärm und Arbeitsunterbrechungen
Zusätzliches: Die Aussage „man wird ständig aus dem Konzept gebracht" weist auf eine anhaltende und nicht kontrollierbare Belastung hin.

(a3)„*Zu Beginn beim Fundamente machen war nur ein Notstromaggregat da und ab 16:00 war es dunkel. Die Ausleuchtung war eh schon schlecht und dann fiel auch noch beim Betonieren der Strom aus*". (lfd. Nr. 31)
Ursache: Die Planung und Vorbereitung für den Strombedarf und das Betonieren waren unzureichend.

Auswirkung: Für die Mitarbeiter und das Arbeitsergebnis besteht eine Gefährdung.

Zusätzliches: „*Die Ausleuchtung war eh schon schlecht*" verweist auf schon bestehende
mangelhafte Arbeitsbedingungen, bevor der Strom auch noch aus-
fiel, als zusätzliches Hindernis.

Zu (b): Entstehung oder Auswirkung wurden erschlossen und beigeordnet: Ursachen und Konsequenzen wurden teilweise beigeordnet, wenn sie sich aus dem
Gesamtkontext erschlossen und der Interviewte keine konkreten Aussagen darüber gemacht hat:

(b1) „*Die Vergabe an die Subunternehmer ist sehr kurzfristig, manchmal zu spät.*" (lfd. Nr.
414)

Ursache: Um den besten Preis zu erzielen wird manchmal sehr (zu) lange
verhandelt.

Diese Ursache konnte beigeordnet werden, weil sie aus den Baubesprechungen
und den Gesprächen mit Führungskräften bekannt war.

Auswirkung: Stress, es entsteht Zeitdruck und Unsicherheit. Der Mitarbeiter hat
keine stabile Planungsgrundlage für die Abläufe auf der Baustelle,
die er koordinieren muss.

Zusätzliches: Dieser Bericht legt die Einschätzung nahe, dass der zuständige Mitarbeiter unter unklaren Bedingungen häufig improvisieren muss,
weil die ausstehende Vergabe von Arbeitsaufträgen an Subunternehmer keine strukturierte Planung erlaubt.

(b2)„*Die Mitarbeiter können nicht angemessen entlohnt werden, man quält die Leute und
kann das nicht über einen angemessenen Bonus in Ordnung bringen.*" (lfd. Nr. 201)

Ursache: Die Möglichkeit von Bonuszahlungen in einzelnen Projekten ist
aufgrund der allgemeinen wirtschaftlichen Lage stark beschränkt
worden.

Diese Ursache konnte beigeordnet werden, weil sie aus den Baubesprechungen
und den Gesprächen mit Führungskräften bekannt war.

Auswirkung: Die Beanspruchung der Mitarbeiter ohne Ausgleichzahlung (Ausnahme) wird zur Regel.

Zusätzliches: Der leitende Mitarbeiter muss mit der Unzufriedenheit über die
Entlohnung selbst zurechtkommen und muss dies den eigenen
Mitarbeitern gegenüber als gerechtfertigt vertreten.

Zu (c): Entstehung oder Auswirkung konnten nicht ermittelt werden: Für einige
Berichte konnten keine Aussagen über Ursache oder Auswirkung gemacht wer-

den. Dennoch sind sie bedeutsam als Ereignis und die erschließbaren Informationen wurden genutzt:

(c1) *„Die Motivation über Geld ist zurückgegangen. Akkord ist eine noch größere Quälerei. Es gibt unrealistische Forderungen und keinen Spielraum mehr."* (lfd. Nr. 160).

Ursache: Wurde nicht beigeordnet, weil die Entstehung zwar denkbar, aber nicht nachprüfbar war.

Auswirkung: Die Motivation über Geld ist ohnehin schon zurückgegangen, darüber hinaus lohnt auch der Akkord nicht mehr, weil hierbei weitere Erschwernisse wie „unrealistische Forderungen" und „zuwenig Spielraum" hinzu kommen. Der Motivationsverlust wird also noch größer.

Zusätzliches: Die Beschreibung deutet an, dass neben der „normalen" Arbeitsanstrengung zusätzliche Energie aufgewandt werden muss, um etwas auszuhalten, was man selbst nicht beeinflussen kann, aber falsch findet.

(c2) *„Die Leistungsmeldungen für das Controlling sind frisiert"* (lfd. Nr. 653).

Ursache: Da es keine ausreichende Kontrolle der Leistungsmeldungen gibt, ist es möglich, „frisierte" Meldungen abzugeben, um den erwarteten Leistungsstand angeben zu können und Ärger mit Vorgesetzten zu vermeiden.

Auswirkung: Wurde nicht beigeordnet, weil Auswirkungen zwar denkbar, aber nicht nachprüfbar waren.

Zusätzliches: Der Mitarbeiter ist an einem Regelverstoß beteiligt, der selbstverständlich scheint. Damit wird die Regel selbst (ordentliche Leistungsmeldung abgeben) und der Gegenstand der Regel (Leistungsstand) entkräftet. Der Mitarbeiter unterwandert die Regel, welche die Organisation stützen soll.

(c3) *„Es darf nur eine bestimmte Stundenzahl geschrieben werden, da gehen auch schon mal Überstunden verloren..."* (lfd. Nr. 566).

Ursache: Wurde nicht beigeordnet, weil die Entstehung zwar denkbar, aber nicht nachprüfbar war.

Auswirkung: Die Bereitschaft Überstunden zu machen sinkt, und durch die geleistete unbezahlte Arbeit entsteht ein Motivationsverlust, der sich auch auf die übrige Arbeitszeit auswirkt.

Zusätzliches: Die Beschreibung deutet an, dass neben der Arbeitsanstrengung Energie aufgewandt werden muss, um etwas auszuhalten, was man selbst nicht beeinflussen kann, aber falsch findet.

Es ist augenscheinlich, dass über die Entstehung und Auswirkung hinaus in den Berichten noch weitere Informationen enthalten sind. Eine Analyse, die sich nur auf das Vorher (die Entstehung) und das Nachher (die Auswirkung) beschränkt, erscheint unzureichend. Die Berichte legen nahe über eine einfache Kausalverknüpfung hinauszugehen.

2. Analyseschritt II: Fehlerbezogene Ablaufanalyse

Im Handlungsvollzug operiert jede Person aufgrund ihrer Fähigkeiten und Möglichkeiten unterschiedlich. Ebenso unterschiedlich sind die Reaktionen auf ein Hindernis während des Handlungsvollzugs und die dazugehörigen Antizipationen in Hinblick auf den möglichen weiteren Handlungsverlauf. Die erlebte Möglichkeit der Einflussnahme, die Betroffenheit von dem Fehlerereignis, das sich im berichteten Selbsterlebten wiederfindet, enthält weitere Hinweise, die das Bedingungsgefüge beschreiben.

Es sind eher situative Anteile, die zusätzlich berichtet wurden. Informationen über Nebeneffekte, erfolgreiche oder weniger erfolgreiche Bewältigungsversuche und -absichten, zusätzliche Beschränkungen oder persönliche Belastungen, die erlebt worden sind und die direkt oder indirekt angesprochen wurden. Diese Begleiterscheinungen sind deshalb von Bedeutung, weil auch sie sich weiter auswirken. Wenn beispielsweise ein Mitarbeiter sich selbst als unfähig oder missachtet erlebt, unter Zeitdruck gerät oder zugunsten eines Termins Qualitätsminderung in Kauf genommen werden soll, so werden hier zusätzliche Belastungen sichtbar, die in direktem Zusammenhang mit dem Fehlerereignis stehen. Diese wichtigen Zusatzinformationen angemessen zu erfassen, machte die Erweiterung des Untersuchungsrahmens notwendig.

Im Analyseschritt II wurde für jedes Fehlerereignis zusätzlich die Begleiterscheinung ermittelt. Die drei tiefergehenden Analyseeinheiten, Ursache, Begleiterscheinung und Auswirkung (Konsequenz) ließen sich kontextbezogen quasi als Eckdaten aus dem jeweiligen Bericht über ein Fehlerereignis ermitteln (Abb.17). Der Ermittlung der Informationseinheiten wurden die Fragestellungen: (a) welcher Fehler liegt dem Ereignis zugrunde?, (b) was begleitet das Fehlerereignis bezogen auf den arbeitenden Menschen, das Handlungsziel, das Arbeitsergebnis oder die Organisation? und (c) wie und worauf wirkt sich das Fehlerereignis aus?

zugrunde gelegt. Aus den Berichten konnte so rekonstruiert werden, was stattgefunden hat, so dass das Fehlerereignis nicht mehr abwendbar gewesen ist. Das
Gefüge, welches das Ereignis unvermeidbar machte wird rekonstruiert und konkretisiert.

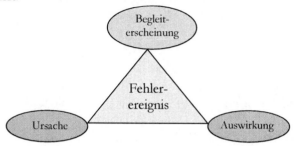

Abb. 17: Schema für die erweiterte Analyse des Einzelfalls

Die ablaufbezogene Zuordnung von Ursache, Begleiterscheinung und Auswirkung erfolgte auf der Grundlage der Berichte der Mitarbeiter. Alle 966 Berichte
wurden auf diese Weise tiefergehend analysiert.

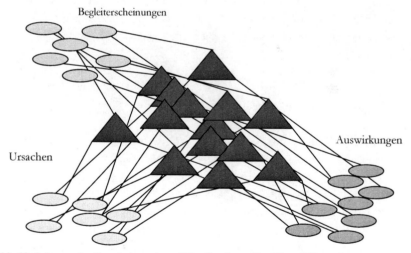

Abb. 18: Schema der Ergebnisse einer Ablaufanalyse aller Einzelfälle

Die Ergebnisse der Ablaufanalyse: Als Ergebnis dieser erweiterten Analyse
liegen 2782 Einzelinformationen vor, die sich auf den Ablauf der berichteten
Fehlerereignisse beziehen (wie in Teil C, 1. erläutert, konnten aus den Berichten
nicht für jedes Fehlerereignis alle drei Informationseinheiten entnommen wer-

den). Es bleibt festzuhalten, dass jedes Fehlerereignis ist in seiner konkreten Entstehungsgeschichte, seinem Verlauf und seinen konkreten Auswirkungen einzigartig ist. So unterschiedlich und vielfältig die Informationen auf den ersten Blick auch sind, lassen sich bei genauerer Betrachtung Gemeinsamkeiten finden und Gruppen bilden, was zum Analyseschritt III überleitet.

3. Analyseschritt III: Kategorienbildung

Über die gebildeten Gruppen, je nach Ähnlichkeit von Ursache, Begleiterscheinungen und Konsequenz wurden Kategorien gebildet. Es wurden in diesem Analyseschritt drei Kategorisierungen in methodischer Anlehnung an eine Clusteranalyse vorgenommen. Die Kategorisierungen bezogen sich auf die zugrundeliegenden Fehler (1), die Begleiterscheinungen(2) und die Auswirkungen (3) der berichteten Einzelfälle. Die Kategorisierungen wurden von einer Arbeitsgruppe, bestehend aus zwei Arbeitspsychologen und zwei Personen aus dem Handwerk, vorgenommen. Um die Ergebnisse transparent zu machen, wird das Vorgehen der Informationsgewinnung aus den Berichten zunächst an Beispielen verdeutlicht und daran anschließend werden die Ergebnisse für die gebildeten Cluster innerhalb der Ursachen, Begleiterscheinungen und Konsequenzen im Überblick dargestellt.

3.1. Ursachen von Fehlerereignissen

Die ermittelten Cluster für die Ursachen sind die Vorbedingungen für die berichteten Fehlerereignisse. Zunächst wird die Clusterzugehörigkeit noch einmal an zwei Beispiele transparent gemacht. Die Gesamtdarstellung erfolgt in Anlehnung an die „Bedingungsanalyse der menschlichen Leistung" (siehe Teil A, 2.2.) im Überblick getrennt nach vorwiegend sachlichen (technischen bzw. organisatorischen) und vorwiegend menschlichen Vorbedingungen (Leistungsfähigkeit bzw. Leistungsbereitschaft) und für eine bessere Vergleichbarkeit zusätzlich grafisch. Abschließend werden die Ergebnisse noch in Hinblick auf Gemeinsamkeiten und Unterschiede in Hinblick auf die hierarchischen Ebenen zusammengefasst:

Bsp.a:„*Die Mitarbeiter können nicht angemessen entlohnt werden, man quält die Leute und kann das nicht über einen angemessenen Bonus in Ordnung bringen.*" (lfd. Nr. 201).

Ursache:Die Möglichkeit von Bonuszahlungen in einzelnen Projekten ist aufgrund der allgemeinen wirtschaftlichen Lage stark beschränkt worden.

Bsp.b:*„Wir sind so degradiert, laufen nur noch provisorisch mit, die eigentliche Arbeit machen die Subbis oder Ausländer."* (lfd. Nr. 770).

Ursache:Die Kosten für ausländische Arbeitnehmer oder kleine Subunternehmen sind deutlich geringer als die Lohnkosten der eigenen Mitarbeiter. Um konkurrenzfähig zu bleiben, wird also vermehrt Fremdarbeit eingekauft.

Beide Ursachen wurden Elemente im Cluster „Konkurrenzbedingte Engführung".

Überblick vorwiegend sachlicher Vorbedingungen für Fehlerereignisse: Es wurden 15 Kategorien für sachliche Vorbedingungen von Fehlerereignisse ermittelt:

(1) Rationalisierungsbedingte Engpässe: Bei dem Straffen bzw. Vereinheitlichen von Produktionsfaktoren und Abläufen traten hinderliche Nebeneffekte auf (Umgang mit Subunternehmern, lange Anfahrtswege, Platzmangel, aufgeschobene Urlaubstage u.ä.).

(2) Konkurrenzbedingte Engführung: Für die Konkurrenzfähigkeit werden interne Beschränkungen in Planung und Budget in Kauf genommen.

(3) Kalkulatorische Engpässe: Die Durchführung des Projektes ist so kalkuliert worden, dass teilweise benötigte Maschinen, Personal oder Baustelleneinrichtungsmaßnahmen im Budget nicht vorgesehen sind und in der Ausführung Engpässe verursachen.

(4) Ungenauer Vertragstext,

(5) Termindruck: Ausgesprochen enge Terminplanung und -zusagen, die von vornherein Druck erzeugen und zeitliche Verzögerungen praktisch unvermeidbar machen.

(6) Mangelnde Transparenz der Projekte, des Arbeitseinsatzes: Gesamtüberblick über das Projekt, Art und Dauer des Einsatzes fehlen.

(7) Unzureichende Planung oder Arbeitsvorbereitung: Für die korrekte Ausführung der Arbeitsaufgabe fehlte etwas, was eigentlich dafür vorgesehen ist (Pläne, Material, Informationen, Entscheidungen u.ä.).

(8) Fehlende Standards für Arbeitsmittel, unzureichende Arbeitsbedingungen: Sich wiederholende Mängel in der Ausstattung von Maschinen, Unterlagen, zeitlichen Abläufen oder dem Informationsfluss.

(9) Mangelnde Koordination: Termine, Materiallieferungen, Personaleinsatz laufen nicht synchron.

(10) Zusatzaufgaben: Zu der normalen Arbeitstätigkeit gesellen sich unvermittelt zusätzliche Tätigkeiten.

(11) Unklare Zuständigkeiten,

(12) Fehlende Kontrolle: durch Verantwortliche (Maße, Subunternehmer, Zeitpläne, Leistungsverzeichnis u.ä.).

(13) Personalwechsel,

(14) Kürzung der Lohnzuschläge,

(15) Verzögerung durch Nachunternehmer.

Überblick vorwiegend menschlicher Vorbedingungen für Fehlerereignisse: Es wurden 13 Kategorien für menschliche Vorbedingungen von Fehlerereignisse ermittelt.

(1) Konservatives Führungsverständnis: Hierarchische Grundhaltungen bei Weisungsgebern, Weisungsempfängern und Vertragspartnern verhindern ein gemeinsames Lösungsbewusstsein für die anstehenden Arbeitsaufgaben, behindern den Informationsfluss und sorgen für Spannungen im sozialen Umgang.

(2) Unzureichender Informationsaustausch: dem einen fehlen Informationen vom anderen, um die anstehende Arbeitsaufgabe zu bewältigen bzw. Überraschungen sind zu bewältigen.

(3) Mangelnde Kooperation: sowohl aus dem sozialen als auch aus dem sachlichen Miteinander produzierte Hindernisse (der Kran steht nicht zur Verfügung, reduzierte Aufmerksamkeit für die Belange von Kollegen, u.ä.).

(4) Fehlende, unzureichende, vernachlässigte Qualifizierung.

(5) Zeitmangel: Aufgrund mangelnder Qualifikation, Übung oder Zeit können bestimmte Arbeitstätigkeiten nur von bestimmten Personen durchgeführt werden. (Pläne lesen, Aktenführung, technische Neuerungen u.ä.).

(6) Mangelnde gegenseitige soziale Verantwortung: Überbeanspruchung von Kollegen und soziale Umstände werden nicht ausreichend berücksichtigt.

(7) Überlastung: zu wenig Schlaf, wenig Urlaub, zu wenig Pausen, zu viele Aufgaben gleichzeitig.

(8) Unterschiedliche Leistungsmaßstäbe: sowohl sachlich und technisch als auch sozial unterschiedliche Leistungs- bzw. Qualitätsmaßstäbe zwischen den Mitarbeitern für die Bewältigung der Arbeitsaufgaben.

(9) Nichteinhaltung von Vorschriften: Sowohl technische und organisatorische als auch sicherheitsbezogene Missachtung von Vorschriften.

(10) Unaufmerksamkeit,

(11) Interessenkonflikt,

(12) Meinungsverschiedenheit: „Der eine sagt so, der andere sagt so und ich mach so",

(13) Vergessen.

Die ermittelten Ursachen können in Sinne fehlender Voraussetzungen auch als mangelnde Ressourcen betrachtet werden. An drei Beispielen soll dies kurz erläutert werden: „Unzureichende Planung oder Arbeitsvorbereitung" weist darauf hin, dass sachliche Voraussetzungen für die Erfüllung der Arbeitsaufgaben nicht optimal bereitgestellt wurden. „Fehlende Kontrolle" zeigt an, dass im Arbeitsablauf möglicherweise zu wenige Kontrollen vorgesehen bzw. möglich sind, oder es einen Mangel an Mitarbeitern gibt, die diese durchführen können. Die „Nichteinhaltung von Vorschriften" liefert einen Hinweis auf mögliche problematische Vorschriften oder die Schwierigkeit, Vorschriften einhalten zu können.

Die grafischen Darstellungen (Abb.19,20) der vorwiegend sachlichen und vorwiegend menschlichen Vorbedingungen erlauben eine bessere Vergleichbarkeit der Ergebnisse, auch in Hinblick auf die Häufigkeit in der die einzelnen Kategorien besetzt sind dabei gilt: n =966 davon 41 ohne Zuordnung.

146

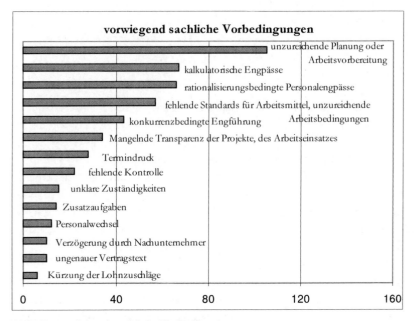

vorwiegend sachliche Vorbedingungen

unzureichende Planung oder Arbeitsvorbereitung

kalkulatorische Engpässe

rationalisierungsbedingte Personalengpässe

fehlende Standards für Arbeitsmittel, unzureichende

konkurrenzbedingte Engführung   Arbeitsbedingungen

Mangelnde Transparenz der Projekte, des Arbeitseinsatzes

Termindruck

fehlende Kontrolle

unklare Zuständigkeiten

Zusatzaufgaben

Personalwechsel

Verzögerung durch Nachunternehmer

ungenauer Vertragstext

Kürzung der Lohnzuschläge

0   40   80   120   160

Abb. 19: vorwiegend sachliche Vorbedingungen
Abb. 20: vorwiegend menschliche Vorbedingungen

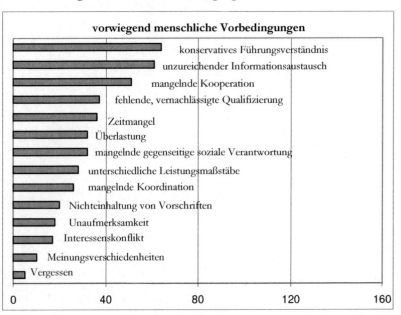

vorwiegend menschliche Vorbedingungen

konservatives Führungsverständnis

unzureichender Informationsaustausch

mangelnde Kooperation

fehlende, vernachlässigte Qualifizierung

Zeitmangel

Überlastung

mangelnde gegenseitige soziale Verantwortung

unterschiedliche Leistungsmaßstäbe

mangelnde Koordination

Nichteinhaltung von Vorschriften

Unaufmerksamkeit

Interessenskonflikt

Meinungsverschiedenheiten

Vergessen

0   40   80   120   160

Die Betrachtung der Ursachen auf verschiedenen hierarchischen Ebenen:
Fehlerereignissen, die erlebt und berichtet wurden, gleich von welchem Mitarbeiter, gingen häufig „unzureichende Planung und Arbeitsvorbereitung" voraus. Für Berichte von Mitarbeitern mit Führungsaufgaben (Geschäfts- und Abteilungsleitung, Bauleitung, Poliere) konnten zusätzlich häufig „rationalisierungsbedingte Engpässe" ermittelt werden. „Konservatives Führungsverständnis" als Ursache für Fehlerereignisse findet sich in Berichten von Polieren selten, häufig bei den Führungskräften, der Bauleitung und den Gesellen. Bei der Geschäfts- und Abteilungsleitung taucht zusätzlich noch die „konkurrenzbedingte Engführung" als Ursache in den Berichten auf. Die Bauleitung berichtete zusätzlich noch „Überlastung" und Poliere sowohl über „kalkulatorische Engpässe" als auch über „unzureichenden Informationsaustausch" als dem Fehlereignis häufig vorausgehend. Den Berichten von Vorarbeitern, Gesellen und Auszubildenden konnten darüber hinaus noch „fehlende Transparenz des Projektes oder des Arbeitseinsatzes" und „fehlende Standards für Arbeitsmittel und Arbeitsbedingungen", als häufig ursächlich für Fehlerereignisse zugeordnet werden (siehe auch Anhang 2.4).

3.2. Begleiterscheinungen von Fehlerereignissen

Die ermittelten Cluster für die Begleiterscheinungen beschreiben situative Anteile von Fehlerereignissen. Zunächst wird die Clusterzugehörigkeit noch einmal an zwei Beispiele transparent gemacht. Die Gesamtdarstellung erfolgt in Anlehnung an die „Bedingungsanalyse der menschlichen Leistung" (siehe Teil A, 2.2.) im Überblick getrennt nach vorwiegend sachlichen (technischen bzw. organisatorischen) und vorwiegend menschlichen Begleiterscheinungen (Leistungsfähigkeit bzw. Leistungsbereitschaft) und für eine bessere Vergleichbarkeit zusätzlich grafisch. Abschließend werden die Ergebnisse noch in Hinblick auf Gemeinsamkeiten und Unterschiede in Hinblick auf die hierarchischen Ebenen zusammengefasst.

Bsp.a:„*Die Reibungsverluste aus der Kalkulation sind groß*" (lfd. Nr. 523) wurde Element in dem Ursachencluster: „Konkurrenzbedingte Engführung".
Begleiterscheinung:Der Mitarbeiter, der nicht in die Kalkulation mit einbezogen ist, muss im Arbeitsalltag die Schwierigkeiten, die aus der Kalkulationsgrundlage resultieren, aushalten.

Bsp.b:*„Die Stromversorgung ist knapp kalkuliert und manchmal wird es kalt im Container."* (lfd.Nr. 410) wurde Element in dem Ursachencluster: „Fehlende Standards für Arbeitsmittel, unzureichende Arbeitsbedingungen".

<u>Begleiterscheinung</u>:Ohne Einfluss auf die Vorgaben nehmen zu können, sind die alltäglichen Arbeitsbedingungen des Mitarbeiters beeinträchtigt.

Beide wurden Element in dem Cluster: „Aushalten müssen"

Die vorwiegend sachlichen Begleiterscheinungen: Es wurden neun Cluster für sachliche Begleiterscheinungen gebildet.

(1) Arbeitsablaufbehinderung: Das Hindernis erfordert die Unterbrechung der aktuellen Arbeitsaufgabe.

(2) Arbeiten mit mangelhaftem Material, Arbeitsmitteln. Arbeitsbedingungen.

(3) Informationsmangel: Benötigte oder gewünschte Informationen stehen nicht zur Verfügung, wodurch die Bewältigung der Aufgabe zusätzlich erschwert wird.

(4) Planabweichung: Größere Projektabschnitte werden anders abgearbeitet als der ursprüngliche Plan es vorsah.

(5) Regelverstoß: Die Erfüllung der Arbeitsaufgabe erfordert einen Regelverstoß (Subunternehmern helfen, trotz Krankschreibung arbeiten, unsachgemäßer Umgang mit Material, u.ä.).

(6) Personalmangel,

(7) Unzufriedenheit mit der Entlohnung,

(8) Die Praxis weicht von der Stellenbeschreibung ab.

(9) Kompetenzgerangel: Deutlich abweichende Positionen darüber, wer wofür zuständig ist bzw. sein möchte (Auswahl von Subunternehmern, Bauherr – Bauherrenvertreter, u.ä.).

Vorwiegend menschliche Begleiterscheinungen: Es wurden 13 Cluster für menschliche Begleiterscheinungen ermittelt.

(1) Aushalten müssen: Keinen Einfluss auf Mängel nehmen können, den Misstand hinnehmen müssen.

(2) Improvisieren: Um die Arbeitsaufgabe fortzusetzen muss (gegebenenfalls gegen Regeln und Vorschriften) ein neuer Plan gemacht und verwirklicht werden.

(3) Kritik an Kollegen: Hindernisse werden Kollegen zugeschrieben,

(4) Kommunikationsdefizit,

(5) Gefährdung der Mitarbeiter: Unter gesundheitsgefährdenden Bedingungen arbeiten (Stäube, mangelnde Sicherheit u.ä.).

(6) Überforderung: Zu viele Arbeitsstunden oder gleichzeitig mehr Arbeitsaufgaben, als bewältigt werden können.

(7) Meinungsunterschiede: Deutlich abweichende Positionen und Einschätzungen von sozialen und sachlichen Zusammenhängen, die das Bauprojekt betreffen.

(8) Zeitnot, Zeitdruck: Hindernisse bedeuten erhöhten Leistungsdruck für die Bewältigung der Arbeitsaufgabe.

(9) Fremdbestimmtheit: Entscheidungen, die nicht transparent sind, die unsinnig erscheinen, jedoch den Arbeitsalltag bestimmen, vermitteln das Gefühl der Fremdbestimmtheit.

(10) Informationsdefizit wahren: Dafür sorgen, uninformiert zu bleiben.

(11) Informationsvorsprung wahren: Dafür sorgen, dass Informationen nicht weitergeleitet werden.

(12) Mangelnde Eigeninitiative /-verantwortung,

(13) Nachlässigkeit.

Die grafischen Darstellungen (Abb.21,22) der vorwiegend sachlichen und vorwiegend menschlichen Begleiterscheinungen erlauben eine bessere Vergleichbarkeit der Ergebnisse, auch in Hinblick auf die Häufigkeit in der die Kategorien besetzt sind. Dabei gilt: (n =966 davon 29 ohne Zuordnung).

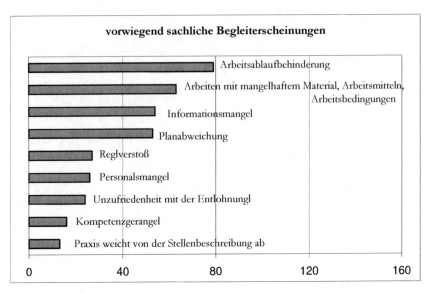

Abb. 21: vorwiegend sachliche Begleiterscheinungen

Abb. 22: vorwiegend menschliche Begleiterscheinungen

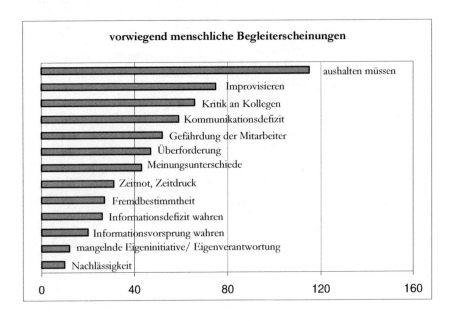

Die Begleiterscheinungen machen sichtbar, was neben der Konsequenz aus dem Fehlerereignis, als direkter situativer Effekt bewältigt werden muss, oder was latent weiter wirkt. Um mit Fehlern umzugehen und Auswirkungen zu minimieren (auch die, die in andere Richtungen wirken), bedarf es der Unterstützung bzw. der Qualifikation im Umgang mit Hindernissen. An zwei Beispielen wird dies hier kurz erläutert: „Aushalten müssen" als Erfahrung in Fehlersituationen bedeutet Frustration. In welcher Weise eine Organisation den Mitarbeitern Möglichkeit und Raum gibt, diese Frustrationen wieder abzubauen, ist bedeutsam für die Leistungsbereitschaft und Leistungsfähigkeit, auch in Hinblick auf die Bewältigung von aktuellen Hindernissen. „Überforderung" bedeutet, dass ein Mitarbeiter nicht mehr alle Fähigkeiten und Qualifikationen optimal einsetzen kann. Für die Auswirkungen der jeweiligen Fehlerereignisse ist entscheidend, wie und ob Mitarbeiter Überforderung wahrnehmen bzw. wahrnehmen dürfen, und welche Möglichkeiten sie haben, Unterstützung zu bekommen. Im Sinne der Anwendung kann in dem Bereich der Begleiterscheinungen auf Organisationsebene sowohl sachliche als auch menschliche Unterstützung bereitgestellt werden, um Hindernisse kompetent zu überwinden.

Betrachtung der Begleiterscheinungen auf verschiedenen hierarchischen Ebenen: Die am häufigsten berichteten Begleiterscheinungen von Fehlerereignissen sind, betrachtet über alle Mitarbeiterebenen hinweg, sehr unterschiedlich. Geschäfts- und Abteilungsleitung, Poliere und Gesellen berichten gleichermaßen über ein „aushalten müssen" des Fehlerereignisses. Für die Geschäfts- und Abteilungsleitung sind Fehlerereignisse zusätzlich häufig von „Planabweichungen", „Meinungsunterschieden" und davon gekennzeichnet, dass das eigene „Informationsdefizit gewahrt" wird. Für Bauleiter bringen Fehlerereignisse zusätzlich noch häufig „Kommunikationsdefizit" und „Überforderung" mit sich. Gemeinsam mit den Polieren beschreiben sie „Improvisieren" und „Kritik an Mitarbeitern" als häufige Begleiterscheinungen von Fehlerereignissen. Poliere und Gesellen beschreiben zusätzlich „Ablaufbehinderungen". Für Gesellen wird das Fehlerereignis darüber hinaus noch häufig von der „Gefährdung der Mitarbeiter" und „Arbeiten mit mangelhaftem Material, Arbeitsmitteln oder Arbeitsbedingungen" begleitet (siehe auch Anhang 2.4).

3.3. Konsequenzen von Fehlerereignissen

Die Zuordnung einer Konsequenz zu einem Cluster wird auch hier noch einmal an Beispielen transparent gemacht. Ebenso wird die Darstellung im Überblick, in Anlehnung an die „Bedingungsanalyse der menschlichen Leistung" getrennt nach vorwiegend sachlichen und vorwiegend menschlichen Konsequenzen, eine grafische Darstellung und eine Zusammenschau über die hierarchischen Ebenen hinweg erfolgen. Beispiele:

Bsp.a:„*Es ist zu wenig Lagerfläche vorgegeben, da fehlt dann an manchen Stellen was*"(lfd. Nr. 611).

Ursachencluster: „Unzureichende Planung oder Arbeitsvorbereitung"

Begleiterscheinungscluster: „Improvisieren".

Konsequenz: Wenn Lagerfläche fehlt, kann Material, das benötigt wird, nicht optimal bereitgestellt werden. Arbeitsabläufe dennoch effektiv zu gestalten, Bedarf zusätzlichen Aufwands.

Diese Konsequenz wurde Element in dem Cluster: „Zusätzlicher Planungs- und Organisationsaufwand"

Bsp.b:„ *Der Kran musste warten, weil ich meine Arbeit nicht rechtzeitig fertig bekommen habe. Ich musste zwischendurch für die Betonbauer noch einen Rahmen schweißen.*" (lfd. Nr. 74)

Ursachencluster: „Zusatzaufgabe"

Begleiterscheinungscluster: „Arbeitsablaufbehinderung"

Konsequenz: Durch die Vorgeschichte kann der geplante Ablauf nicht eingehalten werden.

Diese Konsequenz wurde Element in dem Cluster „Ablaufstörung".

Vorwiegend sachliche Konsequenzen: Es wurden neun Cluster für sachliche Konsequenzen ermittelt.

(1) Zusätzlicher Planungs- u. Organisationsaufwand: Die veränderte Arbeitssituation erfordert neue oder zusätzliche Planungen und organisatorische Veränderungen.

(2) Mehrarbeit,

(3) Ausnahme wird zur Regel: Die ursprüngliche Regel verliert durch ständige Übertretung an Bedeutung.

(4) Gefährdung der Mitarbeiter oder des Arbeitsergebnisses,

(5) Ablaufstörung,

(6) Mangel im Arbeitsergebnis,

(7) Zeitverzögerung/Gefährdung des Terminplans,
(8) Störung/Unordnung auf der Baustelle,
(9) Zusatzkosten.

Vorwiegend menschliche Konsequenzen: Es wurden fünf Cluster für menschliche Konsequenzen ermittelt.

(1) Stress: Zeitdruck, Streit, Unsicherheit.
(2) Motivationsverlust.: deutlich sinkende Energie für die Erfüllung der Arbeitsaufgaben.
(3) Kooperationsgefährdung, -verlust, -rückzug,
(4) Überlastung wird zur Regel,
(5) Gefährdung der Mitarbeiter oder des Arbeitsergebnisses.

Die grafischen Darstellungen (Abb.23,24) der vorwiegend sachlichen und vorwiegend menschlichen Konsequenzen erlauben eine bessere Vergleichbarkeit der Ergebnisse, auch in Hinblick auf die Häufigkeit in der die ermittelten Kategorien besetzt sind. Dabei gilt: n =966 davon 46 ohne Zuordnung.

Die aus den Berichten ermittelten Auswirkungen machen sichtbar, welche zusätzlichen Belastungen durch Fehler aufgefangen werden müssen. Die Konsequenzen sind einerseits das Resultat des Fehlerereignisses, andererseits aber (wie die Begleiterscheinungen auch) Vorbedingungen für weiteres Handeln. Das soll an drei Beispielen noch kurz verdeutlicht werden: „Stress: Zeitdruck, Streit, Unsicherheit" als Konsequenz aus Fehlerereignissen macht deutlich, dass die Möglichkeit zur Fehlerkorrektur in der Ablaufplanung wenig (oder gar nicht) vorgesehen ist. Stress begünstigt weitere Fehler. „Kooperationsgefährdung, -verlust oder -rückzug" beeinflusst die Leistungsbereitschaft und Bereitschaft zur Eigenverantwortung in Bezug auf die Arbeitsaufgaben und die Arbeitsgemeinschaft. Dieser Verlust an Kooperationsbereitschaft sollte ausgeglichen werden. Ablaufstörung als zusätzliche Belastung bringt weitere Konsequenzen mit sich. Daran wird deutlich, wie ein Fehlerereignis das nächste Hindernis produzieren kann, das bewältigt werden muss. Störungen einzuplanen bzw. gründliche Bewältigungen zu ermöglichen kann davor bewahren, in eine Fehlerereigniskette zu geraten.

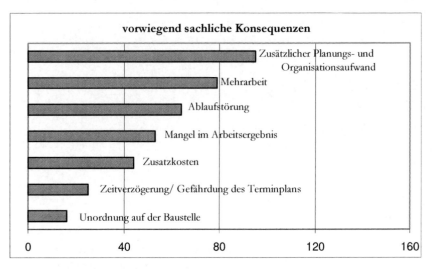

Abb. 23: vorwiegend sachliche Konsequenzen

Abb. 24: vorwiegend menschliche Konsequenzen

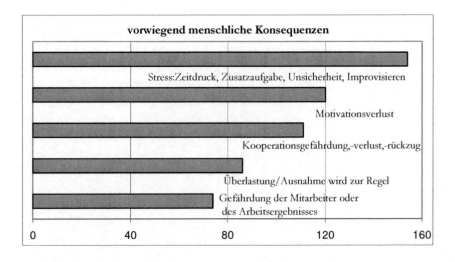

Betrachtung der Konsequenzen auf verschiedenen hierarchischen Ebenen: Häufigste Auswirkung der erlebten und berichteten Fehlerereignisse für Geschäfts- und Abteilungsleitung, Bauleiter und Poliere ist „Stress" (Zeitdruck, Zusatzaufgabe, Streit, Unsicherheit). Zusätzlich werden von Geschäfts- und Abteilungsleitung und den Polieren „Zusatzkosten" und „Kooperationsgefährdung, -verlust, -rückzug" berichtet. Von Bauleitern und Gesellen wurde zusätzlich noch häufig „Motivationsverlust" als Auswirkung beschrieben. Gemeinsam für Bauleitung und Poliere ist die Konsequenz von „zusätzlichem Planungs- und Organisationsaufwand". Den Berichten der Gesellen konnte darüber hinaus noch die „Gefährdung des Arbeitsergebnisses oder der Mitarbeiter" als häufige Auswirkung entnommen werden (siehe auch Anhang 2.4).

3.4. Konstellationen und Tendenzen von Fehlerereignissen

Die von den Mitarbeitern beschriebenen und in den Ergebnissen herausgearbeiteten Fehlerzusammenhänge, wurden auf Tendenzen hin genauer untersucht. Anhand der gebildeten Kategorien für Ursachen, Begleiterscheinungen und Konsequenzen können Konstellationen erlebter Fehlerwirklichkeit beschrieben werden. Es wurden 606 unterschiedliche Konstellationen von Ursache, Begleiterscheinungen und Konsequenzen gefunden. Die Konstellationen können Tendenzen abbilden, beschreiben damit aber nicht die tatsächliche Auftretenshäufigkeit in der untersuchten Firma, sondern die Häufigkeit wahrgenommener und beschriebener Zusammenhänge. Als häufigste Konstellation wurde ermittelt, dass rationalisierungsbedingte Engpässe als Ursache für ein Fehlerereignis wahrgenommen werden, was von Überforderung begleitet ist und wiederum dazu führt, dass Überlastungen oder Ausnahmen zur Regel im Arbeitsalltag werden. Die häufigsten Konstellationen die sich aus den Kategorien für Ursachen, Begleiterscheinungen und Konsequenzen ermitteln ließen sind in Tab.7 dargestellt.

An-zahl	Ursache	Begleiterscheinung	Konsequenz
11	Rationalisierungsbedingte Engpässe	Überforderung	Überlastung/ Ausnahme wird zur Regel
8	Fehlende, unzureichende, vernachlässigte Qualifizierung	Kritik an Kollegen	Mehrarbeit
7	Konservatives Führungsverständnis	Aushalten müssen	Motivationsverlust
7	Mangelnde Transparenz der Projekte, des Arbeitseinsatzes	Informationsmangel	Stress: Zeitdruck, Zusatzaufgabe, Streit, Unsicherheit, Improvisieren

156

An-zahl	Ursache	Begleiterscheinung	Konsequenz
6	Unzureichende Planung oder Arbeitsvorbereitung	Arbeiten mit mangelhaftem Material, Arbeitsmitteln, Arbeitsbedingungen	Zusätzlicher Planungs- u. Organisationsaufwand
6	Unzureichende Planung oder Arbeitsvorbereitung	Arbeitsablaufbehinderung	Ablaufstörung
6	Fehlende Standards für Arbeitsmittel, unzureichende Arbeitsbedingungen	Arbeiten mit mangelhaftem Material, Arbeitsmitteln, Arbeitsbedingungen	Gefährdung der Mitarbeiter/ des Arbeitsergebnisses
6	Fehlende Standards für Arbeitsmittel, unzureichende Arbeitsbedingungen	Gefährdung der Mitarbeiter	efährdung der Mitarbeiter/ des Arbeitsergebnisses
6	Kalkulatorische Engpässe	Aushalten müssen	Motivationsverlust
6	Konkurrenzbedingte Engführung	Unzufriedenheit mit der Entlohnung	Motivationsverlust
6	Rationalisierungsbedingte Engpässe	Personalmangel	Mehrarbeit
6	Rationalisierungsbedingte Engpässe	Personalmangel	Überlastung/ Ausnahme wird zur Regel
6	Mangelnde gegenseitige soz. Verantwortung	Aushalten müssen	Motivationsverlust
6	Konservatives Führungsverständnis	Kommunikationsdefizit	Kooperationsgefährdung, -verlust, -rückzug

Tab. 7: Tendenzen und Konstellationen bei Fehlerereignissen

Diese Zyklen werden genutzt (z.B. von der Geschäftsleitung), um Tendenzen bestimmter Fehlerereignisdynamiken, genauer zu überprüfen und Einflussmöglichkeiten auf die Arbeitsprozesse abzuleiten (siehe auch Teil D, 2.).

Teil D

Gesamtinterpretation und Diskussion der Ergebnisse in Bezug auf theoretische Implikationen für die Fehlerforschung und den Umgang mit Fehlern und Fehlerereignissen in der Praxis

Um konkrete Fehlerereignisse aus dem Arbeitsalltag zu erheben und zu analysieren, dienten die im Teil A vorgestellten Ansätze als eine sich gegenseitig ergänzende Grundlage. Gerade die Verknüpfung von Überlegungen zu Handlungsfeldern (Ökopsychologie, feldtheoretische Überlegungen), Handlungsgrenzen (kognitionspsychologische und psychoanalytische Überlegungen), Handlungsbedingungen (Ergonomie), Handlungsmotiven (ökonomische Überlegungen) und Auswirkungen (Risikoanalysen) machten eine umfangreiche Bestandsaufnahme möglich. Die Untersuchung war davon motiviert, das Bedingungsgefüge für Fehlerereignisse in seiner ganzen Vielfalt zu erfassen, ohne sich dabei von „Gruppeninteressen" (theoriegebunden, betriebsgebunden) leiten oder einengen zu lassen.

Die Ergebnisse des hypothesengenerierenden Ansatzes dieser Untersuchung und den daraus entwickelten vertiefenden Analysen werden an zunächst auf wissenschaftlicher Ebene interpretiert und diskutiert. Anschließend erfolgt eine Darstellung der Ergebnisse in Hinblick auf ihre praktische Bedeutung.

1. Die Wissenschaftliche Bedeutung der Ergebnisse

Der Aufbau der Untersuchung, der Leitfaden für die Fehlererhebung und die Analyse der Ergebnisse basieren wesentlich auf den in der Literatur vorliegenden und im Teil A dargestellten Ansätzen und Betrachtungsweisen. Es hatte sich gezeigt, dass die vorangestellten theoretischen Überlegungen, praktischen Ansätze und Methoden auf sehr gute Weise zu einem einheitlichen Konzept verbunden werden können. Zwei weitere Parameter -„Kontext" und „Beurteiler"- wurden aus eigenen theoretischen Überlegungen heraus festgelegt. Der „Kontext" als Parameter beschreibt, in welchen qualitativen und quantitativen Räumen Soll-Werte als Vergleich zu Ist-Werten gebildet und herangezogen werden. Der Parameter „Beurteiler" legt fest, wessen Differenzwahrnehmung zum Maßstab der Bewertung wird. Für diese Untersuchung hat es hat sich als überaus sinnvoll und gewinnbringend herausgestellt, den einzelnen arbeitenden Menschen in den Mittelpunkt der Erhebung und Analyse zu stellen.

Die Ereignisse wurden auf der Basis von Berichten der betroffenen Personen analysiert[1]. Die Analyse erfolgte, wie bereits beschrieben, in drei Schritten: Im Analyseschritt I wurde eine fehlerereignisdefinierende Inhaltsanalyse der einzelnen Interviews vorgenommen. Im Analyseschritt II wurden Ursachen und Auswirkungen aus den Fehlerereignisse ermittelt. Da in den Fehlerberichten mehr Informationen als nur die über einen Kausalzusammenhang (Ursache-Wirkungsprinzip) enthalten sind, wurde der Analyseschritt und damit der Untersuchungsrahmen erweitert. Die fehlerereignisbezogenen Ablaufanalyse wurde um die Ermittlung der Begleiterscheinungen ergänzt. Diese Zwischenergebnisse bildeten die Grundlage für eine weitere Abstraktion der gewonnenen Analyseeinheiten, um eine Verallgemeinerung möglich zu machen.

Im Analyseschritt III ist die Kategorisierung in methodischer Anlehnung an eine Clusteranalyse vorgenommen worden, die über den Einzelfall hinaus Aussagen über:

(a) Ursachen (Entstehung),

(b) Begleiterscheinungen (Situation) und

(c) Konsequenzen (Auswirkung) von Fehlerereignissen zulässt.

Die so erfolgte Rekonstruktion bildet eine „überindividuelle" Annäherung an die Fehlerwirklichkeit (das Fehlerbiotop) des untersuchten Feldes. Die Ergebnisse lassen eine verallgemeinerte Aussage über die Bedingungen für Fehlerereignisse zu, ermöglichten eine Beschreibung von Fehlerquellen und zeigten damit vorhandenes Verbesserungspotential auf.

Die Annahmen, die diesem Vorgehen zugrunde lagen sind,

(a) dass eine vollständige Erhebung von Fehlerereignissen und somit von Fehlern nicht möglich ist,

(b) dass der arbeitende Mensch im Zentrum des Arbeitsprozesses eine für die weitere Analyse nicht verzichtbare Form der Fehlerwahrnehmung hat und

---

1 In den jeweiligen Gesamtinterviews liegt in Hinblick auf eine strukturale Textanalyse noch wesentlich umfangreicheres Analysematerial vor. Dies zu würdigen würde den Rahmen der vorliegenden Arbeit jedoch deutlich überschreiten.

(c) dass eine repräsentative Stichprobe präzisierter Einzelfälle ausreichende Informationen liefert, um nach erfolgter Analyse Einblick in Fehlerprozesse und Bedingungen zu erhalten: Durch eine qualitative Analyse der Einzelfälle werden Zusammenhänge zwischen Fehlerereignissen, Fehlern, Handlungsfeldern und Systembedingungen beschreibbar.

1.1. Datenerhebung im narrativen Interview

Um Fehlerereignisse überhaupt erheben zu können, musste zunächst, wie in den methodischen Vorüberlegungen (Teil B, 4.2) beschrieben, nicht nur theoretisch sondern auch praktisch das Problem bewältigt werden, Zugang zu Informationen über Fehlerereignisse zu bekommen. Wenn wir arbeitende Menschen nach Fehlern aus und in ihrem Arbeitsalltag befragen, werden wir damit rechnen müssen, dass sie sich schnell verschließen und vermutlich interessensgeleitete Auskünfte geben oder, wie es auch häufig geschieht, von Fehlern berichten, von denen sie selbst wenig betroffen sind oder waren. Über Erfahrungen wie diese wurde auch von den Verantwortlichen der Unternehmen aus der Vor- und Hauptuntersuchung berichtet. Nach dieser Untersuchung können wir davon ausgehen, dass eine kontextbezogene Interpretation und strukturale Analyse von freien Berichten einer direkten Erhebung von Fehlern vorzuziehen ist, da diese die Realität nur sehr verzerrt abbilden kann.

H-FMEA, Qualitätsmanagement und menschliche Zuverlässigkeitstechniken haben den einzelnen arbeitenden Menschen als Informationsquelle weitgehend ausgeschlossen. In der H-FMEA beispielsweise wird das Problem des Zugangs zu Informationen umgangen, indem lediglich offensichtlich vorliegende Produktfehler Anlass für eine Analyse sind. In den menschlichen Zuverlässigkeitstechniken werden Fehler handelnder Personen nur dann untersucht, wenn eine geforderte Anzahl menschlich zuverlässiger Arbeitshandlungen unterschritten wird. Beide Ansätze beziehen sich in ihren weiteren Analysen auf ergonomische Erkenntnisse, um die Mensch-Technik- Schnittstelle in Richtung auf eine erwünschte oder erforderte Effektivität anzupassen, ignorieren dabei aber zugleich Fehlerbedingtheiten, die außerhalb dieses recht engen Rahmens möglicherweise existieren. Hinzu kommt, dass die z.B. im Qualitätsmanagement vorgesehenen Elemente für das Fehlermanagement (Audits und Berichte), in der Praxis oft nicht genutzt werden, weil Arbeitsfehler grundsätzlich unerwünscht sind und Kriterien für die Fähigkeit und Tauglichkeit des arbeitenden Menschen darstellen. Es käme also quasi einer Selbstanzeige gleich, würden diese theoretisch sinnvollen Instrumente von den Mitarbeitern selbst adäquat genutzt werden. Die vorliegende Untersuchung ging daher nicht von spezifizierten beobachtbaren Konsequenzen aus, deren Ursachen standardisiert erfasst oder bewertet werden könnten, sondern hat zum Ziel, Fehlerbedingtheiten in ihrer ganzen Breite zu erfassen. Die Ergebnisse zeigen, dass es ausgesprochen sinnvoll war eine Fehlerereignisdefinition anhand von Kriterien und nicht allein anhand vordefinierter unerwünschter Konsequenzen vorzunehmen und so über die zumeist rein an Konsequenzen orientierte Definition von „Fehler" hinaus zu gehen.

Um Informationen über Fehlerereignisse zu erhalten, wurde der Zugang über die erlebte Arbeitswirklichkeit gewählt. Es wurde nicht nach Fehlern oder Fehlerereignissen gefragt, sondern nach dem Arbeitsalltag und darin wahrgenommenen „Unerwünschtheiten". Auf diese Weise konnte das oben angesprochene Problem der „Verschwiegenheit" über eigene Fehler „umgangen" werden und eine umfassende Erhebung von Ereignissen möglich werden.

Ein elementarer Zugang zu Berichten über unerwünschte Ereignisse muss den Zusammenhang zwischen Handlungsstörungen und Affekten berücksichtigen. Die Interviews belegen, dass selbst vergangene Ereignisse noch stark emotional besetzt sein können. Die Berichte über selbsterlebte Handlungsstörungen und andere unerwünschte Ereignisse waren begleitet von emotionalen Beschreibungen oder Äußerungen, die sich in Worten, Sprechlautstärke und anderen Symbolen der Sprache ausdrückten. Dieses Ergebnis bekräftigt auch die Forderungen anderer Fehlerforscher (z.B. Wehner & Stadler 1996) danach, Emotionen stärker in der Fehlerforschung zu berücksichtigen.

Narrative Interviews als Erhebungsinstrument zu nutzen, hat sich also sowohl qualitativ als auch quantitativ bewährt. Die Fülle an Informationen, die auf diesem Wege gewonnen werden konnten, ist mehr als ausreichend, um fehleranalytisch innerhalb des Feldes weiter zu arbeiten. Die Befragten haben in den Interviews von ihrer Fehlerwahrnehmung und Bewertung der Arbeitswirklichkeit (Fehlerwirklichkeit) gesprochen, ohne dass andere interessengeleitete Einschränkungen den Informationsfluss begrenzten oder manipulierten. Um ein Untersuchungsfeld umfassend beschreiben zu können, ist es allerdings notwendig, eine repräsentative Stichprobe zu befragen, die alle hierarchischen Ebenen und Abteilungen umfasst. Eine begrenztere Art der Erhebung (z.b. durch Fragebögen oder nur eine bestimmte Gruppe von Funktionsträgern) würde die Gefahr mit sich bringen, dass große Teile der existierenden Fehlerwirklichkeit ausgeblendet würden und damit die Möglichkeiten der Nutzbarmachung von Fehlerereignissen von vornherein reduziert wäre. Auf diesem Hintergrund, drängt sich die Frage auf, ob es noch weitere als ökonomische Gründe dafür gibt, dass Frage- oder Erfassungsbogen (auf der Basis von Reklamationen oder Produktmängeln) das bevorzugte Instrument zur Fehlererhebung sind.

1.2. Fehlerberichte aus den Interviews

Die Fehlerereignisse, die die Datenbasis für die weitere Analyse bildeten wurden, wie beschrieben (Teil C, 1.) durch eine fehlerdefinierende Inhaltsanalyse der Interviews ermittelt. Berichte wurden entweder direkt vom Befragten als „Fehlerereignis" bewertet und beschrieben oder durch die Untersucherin anhand der erarbeiteten Kriterien (z.b. Gefährdung der Mitarbeiter, unerwartete Mehrarbeit, Stress, Produktmangel; siehe Teil B 3.) analysiert. Nur Ereignisse, die im Gesamtzusammenhang des Interviews als nachvollziehbare Situationen (Gestalt) beschrieben und verstanden werden konnten, sind in die Datenbasis eingegangen.

Nach der Untersuchung kann festgestellt werden, dass die Einzelfälle das Spektrum der Möglichkeiten umfassend widerspiegeln und erkennbar machen, auf welch vielfältige Weise Fehler im Arbeitsalltag eines untersuchten Feldes sichtbar und wirksam werden konnten. Dabei wird deutlich, dass es im Bereich erlebter Fehlerereignisse keine Dichotomie für falsch und richtig gibt und die Bewertung des Erlebten als Fehlerereignis, auf einem - ständig der Veränderung unterliegendem - Kontinuum von subjektiven Kriterien stattfindet. Je nach Kontext, Funktion innerhalb des Kontextes und persönlicher Betroffenheit von dem Ereignis gibt es Überlappungen in den Bewertungsmaßstäben der einzelnen Personen. Die unterschiedlichen Blickwinkel auf den erlebten Arbeitsalltag drücken sich inhaltlich in den Berichten aus.

Von den Befragten wurden Wechselwirkungen, Schnittstellen und Abhängigkeiten beschrieben, die in den strukturierten betrieblichen Ablaufplänen oft gar nicht thematisiert sind. Daraus lässt sich als ein weiteres Ergebnis dieser Untersuchung schließen, dass ein Fehlerereignis als Ereignisknoten betrachtet werden sollte, das mit der beurteilenden Person und der jeweiligen Situation gewissermaßen eine Einheit bildet, welche aufgrund einer wahrgenommenen Nichtpassung gut erinnert werden kann. Nur aufbauend auf der Be(tr)achtung und Analyse eines solchen Ereignisknotens kann in sinnvoller Weise nach dem jeweiligen zugrundeliegenden Fehler gesucht werden.

Bereits auf der Ebene des Einzelfalls wird schon konkretes Verbesserungspotential sichtbar. Die Qualität liegt dabei darin, dass konkrete Fehlerereignisse im Gesamtzusammenhang betrachtet werden können und bezogen auf das untersuchte Feld als Gesamtsystem, angemessene Verbesserungsmaßnahmen entwickelt werden können. Dies kann gelingen, wenn im Vordergrund von Überlegungen die sich gegenseitig beeinflussenden Bedingungen stehen, die die Wahrscheinlichkeit für ein Fehlerereignis bestimmen und deren Veränderung die Wahrscheinlichkeit reduzieren kann. Und sicherlich nur eingeschränkt, wenn die Aufmerksamkeit einseitig darauf gerichtet ist, vermeintlich zugrundeliegenden Fehler zu eliminieren.

Werden Verbesserungsvorschläge an den konkreten Fehlerereignissen erarbeitet, stellt sich schnell die Frage nach der Zuständigkeit für die Umsetzung solcher Maßnahmen. Die Untersuchung konnte zeigen, dass Schnittstellen zwischen Mitarbeitern unbesetzt waren und mit den bestehenden Strukturen Veränderungen nicht problemlos umgesetzt werden können. Dieses Ergebnis verdeutlicht auf anderer Ebene die Notwendigkeit einer breit angelegten und ungewichteten Erhebung und Analyse von Fehlerereignissen, die sich nur minimal an vorhandenen Strukturen orientiert, damit strukturelle „Leerstellen" erfasst werden können und der Veränderungsbedarf auch außerhalb bestehender Strukturen ermittelt werden kann.

Das vorhandene Veränderungspotential in der Praxis zu realisieren und Veränderungen im Bedingungsgefüge herbeizuführen, bedarf einer sorgfältigen Zusammensetzung von zuständigen Personengruppen und, wie diese Untersuchung zeigt (siehe Anhang 2.5), unter Umständen auch ein Zusammenführen verschiedenster Funktionsträger über hierarchischen Ebenen hinweg. Derartige strukturelle Veränderungen können Widerstand erzeugen. Um zu verhindern, dass Veränderungen an diesen Widerständen scheitern, sollten die teilweise sehr unterschiedlichen, aber auch überraschend gleichen Wahrnehmungen und Bewertungen der Fehlerereignisse über die verschiedenen Mitarbeiterebenen hinweg, bei solchen Maßnahmen[1] besondere Beachtung finden (siehe Anhang 2.4).

Die Ergebnisse der Untersuchung zeigen auf, dass Einzelfälle, die risikoreiche Situationen beschreiben, darüber hinaus als Szenarien dienen können, um Risiken im Untersuchungsfeld sichtbar zu machen. Sie entsprechen in ihren Details vielfach den „trivialen" Ereignissen, die in ihrer Wechselwirkung Ursache für Katastrophen und Unfällen sein können. Um dies zu verdeutlichen soll als Beispiel das folgende Fehlerereignis dienen, das sich im Winter auf einer Baustelle ereignete, während ein Fundament für einen Kran angefertigt werden sollte:

„Zu Beginn beim Fundamente machen war nur ein Notstromaggregat da und ab 16:00 war es dunkel. Die Ausleuchtung war eh schon schlecht und dann fiel auch noch beim Betonieren der Strom aus" (lfd. Nr. 31).

Das hier beschriebene Fehlerereignis führte nicht zu einem Unfall oder einer Katastrophe, deshalb würde es in seiner Gesamtheit vermutlich als „trivial" bezeichnet werden und in einer standardisierten Erhebung nicht auftauchen. Es bietet sich aber an - im Sinne eines Szenarios - Komplexitäten und enge Kopplungen zu erkennen. Was wäre passiert, wenn ...? Als Ergebnis lässt sich festhalten, dass die konkreten Informationen aus den Einzelfällen, kombiniert mit anderen Methoden (z.B. ABC- Analysen, Ishikawa-Methode, Zuverlässigkeitstechniken), wirkungsvolle Instrumente zur Risikominimierung und Prävention von Unfällen und Katastrophen auch über das Untersuchungsfeld hinaus sein können. Sie beschreiben die erlebten Wirklichkeiten und gehen damit über die geplanten Abläufe und die darin nur in der Theorie aufgezeigten Risiken hinaus.

An der Verschiedenheit der Einzelfälle wird erneut deutlich, dass ein arbeitender Mensch in der Praxis weder als handelndes noch als wahrnehmendes standardisierbares Systemelement betrachtet werden kann. Die Vielfalt an Möglichkeiten, ein Ziel zu verfehlen oder Fehlerhaftes wahrzunehmen, ist aufgrund der Individualität von Menschen und der vielen Einflussvariablen nicht standardisier- oder vorhersehbar. Neben unvorhersehbaren Umwelteinflüssen, die bewältigt

---

1 Mit Strategien und Hindernissen bei der Durchführung von Veränderungsmaßnahmen haben sich Rüdiger Trimpop (2001) und Oliver Strohm (2001) ausführlich beschäftigt.

werden müssen, haben sowohl physische (z.B. Ermüdung) als auch kognitive Grenzen (z.B. Aufmerksamkeit), aber auch noch unbewusste Mechanismen (Fehlleistungen im Sinne Freuds) Einfluss auf den jeweiligen Handlungsverlauf. Ein Weg zur Zielerreichung ist somit nur theoretisch standardisierbar und eine Beschränkung auf beobachtbare Abweichungen, die nur in den direkten Produktionszusammenhang gestellt werden, wird der Dynamik und Leistungsfähigkeit des Menschen im industriellen Handeln nicht gerecht. Sowohl die Leistung, bei Abweichungen rechtzeitig korrigierend eingreifen zu können, als auch unbewusst die Leistung zu vollbringen, ein weiteres Ziel zu erreichen, füllt oft erfolgreich den Raum zwischen Plan und Ziel, Theorie und Praxis. Zugleich ist diese Fähigkeit aber auch Quelle für weitere Abweichungen die -je nach Konsequenz oder genutzten Möglichkeiten zur Korrektur- als Fehler wahrgenommen werden. Ein anderes Beispiel ist das des Abteilungsleiters, an dem deutlich wird, wie durch „das Verschreiben" bei einer Zahl ein anderes Ziel, nämlich Aufträge für die Abteilung zu erhalten, erreicht wurde. Im Rahmen dieser Untersuchung war es nicht möglich, allen berichteten Fehlleistungen (im Sinne Freuds) methodisch nachzugehen und mögliche verdeckte Motive aufzuspüren. Dennoch ist es aufdeckend, einzelne Fälle in Hinblick auf unbewusste Motive zu analysieren, da neben „persönlich" motivierten Fehlleistungen in einem Unternehmen selbstverständlich auch Fehlleistungen auftreten, die aus der Identifikation des arbeitenden Menschen mit seiner Aufgabe im Unternehmen heraus motiviert sind [1]. Die Ergebnisse weisen in die Richtung, dass in solchen Fehlleistungen - wie in dem Fall des Abteilungsleiters- sichtbar wird[2], welche zusätzlichen Dynamiken innerhalb eines Untersuchungsfeldes auf den arbeitenden Menschen einwirken. Die Frage von Wehner und Stadler (1996) „...wo, wann und unter welchen Bedingungskonstellationen und in welcher Situation wäre das richtig gewesen, was hier, in einer spezifischen Handlungssituation und innerhalb eines konkreten Handlungskontextes zum Fehler führte?" kann aufgrund der vorliegenden Er-

---

1 Bei einer negativen Identifikation mit der Arbeitsaufgabe kann eine Fehlleistung sich durchaus auch in Form eines unbewussten Sabotageakts oder Unfalls ausdrücken.

2 Bsp.: Ein Abteilungsleiter hat bei der Abgabe eines Angebots eine Zahl für den Nachlass, den die Firma gewähren wollte, anders geschrieben als beabsichtigt (lfd.Nr. 660). Dadurch wurde der Preisnachlass größer als kalkuliert und die Firma hat den Auftrag erhalten. Das Ergebnis dieser Fehlleistung wurde ambivalent aufgefasst, einerseits hat die Firma den Zuschlag für diesen Auftrag mit geringstem Abstand zu den Mitbewerbern erhalten und die Abteilung so mit Arbeit versorgt (es bestand die Gefahr, dass fehlende Aufträge die Abteilung verkleinern würde), andererseits musste unter der Kalkulationsgrenze ein großes Projekt durchgeführt werden, was von -außen betrachtet- Folgefehler mit sich brachte.

gebnisse unter anderem mit dem Vorhandensein unbewusst motivierter Ziele beantwortet werden.

Zusammenfassend kann festgestellt werden, dass der Ansatz der vorliegenden Arbeit eine nutzbringende Annäherung an die Fehlerwirklichkeit eines zu untersuchenden Kontextes ermöglicht. Da Fehlerereignisse -selbst in einem begrenzten Feld- nicht annähernd vollständig erhoben werden können, geschweige denn vermieden werden könnten, muss auch eine Typisierung von Fehlern (Produktfehler, Handlungsfehler, Auslassungsfehler) wie andere Ansätze sie vorschlagen, unvollständig bleiben, da sie dem Auftreten immer neuer Konstellationen hinterherhinkt. Was im Untersuchungsfeld das Potential für Fehlerereignisse ausmachte (neben möglichen Leistungsgrenzen des Individuums), konnte mit dem dargestellten Ansatz aus Einzelfällen ermittelt werden, die für sich konkrete Ausprägungen (Sichtbarwerdung von Fehler) beschrieben. Die Analyse der Vorgeschichte bildet dabei den Pfad zu dem Fehler, der dem Fehlerereignis zugrunde liegt. Für die praktische Bedeutung sei bereits hier darauf hingewiesen, dass die berichteten Einzelfälle selbst bereits der Ableitung konkreter Verbesserungsvorschläge dienen können.

1.3. Die Beziehung zwischen dem erlebten und dem „realen" Ursache-Wirkungsgefüge

Jeder Einzelfall ist als eine konkrete Situation anzusehen. Betrachtet man den zeitlichen Ablauf, werden Vorbedingung (Ursache) und Auswirkung (Konsequenz) sichtbar. Situationen und Zusammenhänge wurden von den Befragten je nach Bezogenheit zum Ereignis unterschiedlich rekonstruiert und reflektiert. Eine Analyse der Berichte erschließt die vielfältigen Ursachen, Begleiterscheinungen und Konsequenzen. Wenn mehrere Mitarbeiter mit unterschiedlichen Aufgaben oder Funktionen über ein Ereignis sprechen, das scheinbar denselben sachlichen Hintergrund hat, wird die Auswirkungsvielfalt, die Komplexität und Verflochtenheit der Ursachen noch deutlicher. In nur einem einzigen Ausschnitt der Ereigniskette werden unterschiedliche, als fehlerhaft bewertet Arbeitswirklichkeiten sichtbar[1]. Jede für sich stellt einen anderen Kausalzusammenhang mit anderen Begleiterscheinungen dar.

Die theoretische Analyse ergab, dass der Grad der Abstraktion vom Fehlergeschehen (personeller, persönlicher organisationaler Abstand) und die erlebten Kausalzusammenhänge erklären, warum Fehlerereignisse so unterschiedlich wahrgenommen, reflektiert und interpretiert werden. Es machen sich die unterschiedlichen Soll-Werte, vielfältige Wechselwirkungen und auf diese Weise die individuellen Fehlerwirklichkeiten bemerkbar, die arbeitende Menschen handelnd bewältigen. Für unsere Untersuchung heißt das, die Ereignisknoten, von denen berichtet wurde, mit ihren so jeweils anderen Vorgeschichten für den arbeitenden Menschen zu erheben und zu analysieren. Jede Wahrnehmung für sich kann unterschiedliche zugrundeliegende Fehler verweisen.

Dies beachtend, ergab sich als Ergebnis ein wesentlicher Informationsgewinn, der zugleich noch einmal deutlich macht, dass es *die* eine Ursache nicht gibt, sondern dass die Wechselwirkungen von Bedingtheiten innerhalb eines Gefüges immer neue Konstellationen für Fehlerereignisse wahrscheinlich machen. Dazu gehört auch, dass zu bedenken ist, dass die Auswirkung eines Fehlers auf einer Ereigniskette z.B. von A als Fehlerereignis wahrgenommen, zugleich aber als Ursache für ein anderes Fehlerereignis von B wahrgenommen werden kann.

In der Ablaufanalyse wurde deutlich, dass die Befragten in der Regel in ihrer Beschreibung von mehr als nur Ursache und von Wirkung berichteten. In der Beschreibung des Erlebens eines Fehlerereignisses waren auch Informationen über diverse Begleiterscheinungen enthalten. In der Reflexion des Handlungsplans und der Mittel zur Zielerreichung wird immer erst nachträglich ein Kausalzusammenhang hergestellt. Es findet eine Ursachenzuschreibung und eine Einschätzung von Konsequenzen statt. Darüber hinaus wird die eigentliche Situation, der Handlungsprozess selbst, vom Handelnden auf einer sehr persönlichen Ebene wahrgenommen und beschrieben. Antizipationen persönlicher Konsequenzen, die Wahrnehmung des aktuellen Handlungsspielraums, aktuelle

---

1 „Der Bewährungsplan ist so, dass beim Betonieren ein Mann mit Funke und Taschenlampe im Pfeiler steht und nicht alles sehen und nicht ganz nach unten kann, Probleme für das Rütteln"(lfd.Nr.1)
„Vollständig verschätzt darin, wie lange es für die ersten Pfeiler brauchte" (lfd.Nr. 174)

Verhaltensänderungen, emotionale Zustände und Bewertungen eigener Wirksamkeit finden im Fehlerprozess selbst statt und wirken sich direkt aus. Sie bestimmen die Möglichkeiten der Einflussnahme auf einen veränderten Verlauf und ganz wesentlich: die Bereitschaft dazu. Dadurch stellt das Fehlerereignis und der individuelle Umgang damit bereits eine potentielle Ursache für weitere Fehlerereignisse dar. Für unsere Untersuchung heißt das, dass die berichteten „Begleiterscheinungen" von ebenso großer Bedeutung für die Analyse sind, wie die Ermittlung zugrundeliegender Fehler und die Feststellung ihrer Auswirkungen.

In feldtheoretischen Überlegungen wird anschaulich, wie unterschiedliche Ereignisse auf der Ereigniskette, psychische Felder und Handlungsfelder miteinander in Wechselwirkung treten. Die Vergangenheit (als Ursache für Gegenwärtiges, latent für Zukünftiges), die Gegenwart und erlebte Konsequenzen von Vergangenem reflektieren sich in der Wahrnehmung (als Ereignisknoten) und im Verhalten. Feldtheoretische Überlegungen sehen das Verhalten als eine Funktion des jeweiligen gegenwärtigen Feldes. Helmut Lück schreibt: „ Vergangenheit als solche bedingt nicht direkt gegenwärtiges Verhalten, aber dadurch, dass das vergangene psychologische Feld einer der Ursprünge des gegenwärtigen Feldes ist, fließt die Vergangenheit in gegenwärtiges Verhalten ein" (Lück 2001, S.5). Das beschreibt auf psychischer Ebene, dass vorangegangene Leistung immer auch Voraussetzung für neue Leistung ist (Schmale 1995). Die Betonung des gegenwärtigen Feldes bei Lewin (1982) weist auf die Notwendigkeit hin, bei einer Analyse von den Einzelfällen auszugehen.

Die psychischen Felder der einzelnen arbeitenden Menschen sind als Bestandteil des Untersuchungsfeldes[1] anzusehen. Die Übertragung feldtheoretischer Axiome kann also nicht uneingeschränkt erfolgen. Dennoch kann eine feldtheoretische Betrachtungsweise ausweisen, dass sich das psychische Feld eines arbeitenden Menschen mit dem Feld überschneidet, welches das Unternehmen ausmacht

---

1 Einflüsse, die nur durch die Arbeitsperson im Zusammenhang mit dem untersuchten Feld stehen und dadurch die Konstellationen innerhalb des Fehlerbiotops beeinflussen können, wurden in den Analysen nur sekundär berücksichtigt. Menschliche Leistungsvoraussetzungen sind auch durch andere Tätigkeitsfelder (z.B. Privatleben, Nebentätigkeiten) beeinflusst. Der Einfluss dieser angrenzenden Felder auf die Arbeitspersonen und damit auf das untersuchte Feld drückt sich auch in den menschlichen Leistungsvoraussetzungen aus. Kausalzusammenhänge und Wechselwirkungen mit anderen Tätigkeitsfeldern sind von großer Bedeutung, können im Rahmen der vorliegenden Untersuchung aber nicht berücksichtigt werden.

(und das Unternehmensfeld sich wiederum in dem jeweiligen kulturellen und wirtschaftlichen Feld befindet usw.). Innerhalb des Unternehmens handeln viele unterschiedliche Personen. Diese stehen miteinander und mit dem gesamten Unternehmen in Wechselwirkung. Es gibt also eine Vielzahl von Überschneidungen zwischen psychischen Feldern mit gegenseitigen Abhängigkeiten in zeitlicher, technischer und materieller Hinsicht, sowohl bei wirksamer Handlung (dem ganz normalen Produktionsprozess) als auch bei Fehlerereignissen. Diese Überschneidungen und Abhängigkeiten stehen wiederum miteinander in Wechselwirkung. Darüber hinaus können diese Wechselwirkungen zwischen den einzelnen Personen und Systemelementen zeitlich verschoben oder latent stattfinden. Diese Komplexität lässt sich schwerlich fassen oder abbilden, dennoch muss sie mitgedacht werden. Da die berichteten Fehlerereignisse alle aus demselben Untersuchungsfeld stammen, bilden sie gemeinsam einen Ausschnitt dieser Komplexität ab. Entsprechend wurden die Informationen der einzelnen Fehlerberichte inhaltlich und ungewichtet kategorisiert (siehe Teil B, 4.2.).

Um ablauforientiert (z.B. für den Produktionsverlauf oder den Qualifizierungsbedarf) das vorhandene Veränderungspotential zu ermitteln, hat es sich in dieser Untersuchung als notwendig erwiesen, jeden Bericht in Hinblick auf drei Informationseinheiten hin zu analysieren, welche die zeitliche Reihenfolge des Fehlerereignisses (Ursache, Begleiterscheinung, Konsequenz) berücksichtigten. Die weitere Zuordnung der gewonnenen Informationen in vorwiegend sachliche und vorwiegend menschliche Aspekte konnte valide Ansatzpunkte für eine mögliche Einflussnahme auf das Bedingungsgefüge im untersuchten Feld konkretisieren (siehe Teil C, 3.).

Ebenso wie die Handlungsfelder arbeitender Menschen überschneiden sich auch Begleiterscheinungen und Auswirkungen von Fehlerereignissen mit und in den unterschiedlichen Handlungsfeldern, auch zeitlich. Die ermittelten Kategorien, die in den Analyseschritten ihre Zeitlichkeit behalten haben, sind in ihrer Bedeutung für das Bedingungsgefüge beweglich.

Um einen höheren Abstraktionsgrad zu erhalten, der verallgemeinerbare Aussagen zulässt, wurden die Informationseinheiten sortiert. Wie gezeigt werden konnte, wurde das Fehlerbiotop anhand der gebildeten Kategorien beschreibbar. Die Beschreibung wird dabei zunächst auf der Ablaufebene möglich: nach Ursachen, die auf Fehler und mangelnde Ressourcen hinweisen, nach Begleiterscheinungen, die sichtbar machen, welche zusätzlichen situativen Belastungen getragen werden müssen und welches zusätzliche Fehlerereignispotential entsteht, und nach den Konsequenzen, die selbst Fehlerereignispotential darstellen und darüber hinaus auf zusätzlich benötigte Systemressourcen, die unerwünschte Auswirkungen kompensieren könnten.

Die einzelnen Kategorien beschreiben, welche Bedingungen miteinander in Wechselwirkung getreten sind und Fehlerereignisse produziert haben. Die Einzigartigkeit der beschriebenen Situation beschreibt die Konstellation, in der die Bedingungen einzigartig zueinander gestanden haben. Die Bedingungen selbst können als Feldkräfte betrachtet werden, die im untersuchten Feld wirken. Wie und wann sie das Arbeitshandeln eines Menschen stören oder unwirksam machen, ist häufig nicht vorhersehbar. Um das Bedingungsgefüge zu verstehen, Fehlerereignisse nutzbar zu machen und unerwünschte Auswirkungen zumindest dämpfen zu können, musste in der Analyse über die reine Zeitlichkeit hinausgegangen werden. Die gebildeten Cluster verlieren ihre Zeitabhängigkeit und sind austauschbar. Ursachen können Konsequenzen sein und Begleiterscheinungen können Ursachen sein usw. Die Bedingtheiten des Fehlerbiotops können auf dieser Abstraktionsebene unabhängig von konkreten Fehlerereignissen beschrieben werden. Sich wiederholende Konstellationen von Bedingungen konnten anhand von Häufigkeiten ermittelt werden. Diese sagen etwas über die rekonstruierten Zusammenhänge nach der Wahrnehmung von Fehlerereignissen aus. Sie stehen nicht für tatsächliche Häufigkeiten (die in dieser Komplexität nicht messbar sind). Sie können dennoch genutzt werden, um Interventionen zu entwickeln, die auf Organisationsebene die erlebten Fehlerwirklichkeiten der arbeitenden Menschen berücksichtigen. Sie dienen in erster Linie als Abbilder und ermöglichen, einen wesentlichen Schritt aus dem linearen Ursache-Wirkungsdenken heraus zu treten, hin zu einem dynamischeren Verständnis von Fehlerprozessen.

Nach Auswertung der vorliegenden Befunde kann festgehalten werden, dass das Ziel, einen Überblick über die fehlerbegünstigenden „Feldkräfte" zu erhalten, erreicht wurde. Das Fehlerbiotop wurde mit diesem Ansatz über das Individuum, den Einzelfall und den Produktionsweg hinaus in Kategorien beschreibbar. Das aus den Einzelfällen herausgearbeitete Bedingungsgefüge verweist auf das vorhandene Verbesserungspotential. Es konnte direkt aus dem realen Arbeitsalltag abgeleitet werden und mit Hilfe bewährter Instrumente aus den

Arbeitswissenschaften kann es nun sinnvoll genutzt werden. Allerdings muss auch hier im Auge behalten werden, dass es keinen fehlerfreien Raum geben kann. Diese Untersuchung hatte zum Ziel einen Zugang zum Bedingungsgefüge von Fehlereignissen zu ermöglichen und nicht, einen neuen Null-Fehler-Leitfaden zu entwerfen.

1.4. Reflexion der Ergebnisse an anderen theoretischen Ansätzen

Die Ergebnisse der vorliegenden Untersuchung werden hier noch einmal an den im Teil A vorgestellten theoretischen Überlegungen, Ansätzen und Methoden, den daraus abgeleiteten Kernaussagen zur Definition und dem Umgang mit Fehlern kritisch reflektiert.

1.4.1. Forschung zu Katastrophen und fehlerkritischen Arbeitsaufgaben

Der Katastrophenforschung nach Charles Perrow (siehe Teil A, 1.1.) liegt die Annahme zugrunde, dass aus den Wechselwirkungen - auch von „trivialen" Ereignissen - unter bestimmbaren Systembedingungen Katastrophen wahrscheinlich werden. Nachträgliche Ablaufanalysen bestätigen dies. Die anklingende Unterscheidung in „triviale" und „weniger triviale" Ereignisse kann nur so verstanden werden, dass sie sich auf die schädigende Auswirkung bezieht, die jedes einzelne Ereignis für sich genommen, auf ein bestimmtes System oder die Umwelt hätte haben können.

Die Verwobenheit und die Wechselwirkungen vorangegangener Ereignisse, wie sie in den nachträglich erarbeiteten Ablaufschemata anschaulich werden, lassen eine solche Gewichtung meines Erachtens nicht zu, denn Ereignisse sind ja eben nicht unabhängig voneinander bewertbar, sondern führen gemeinsam in einer Kette und Verwobenheiten zu einer Katastrophe. Jedes einzelne hatte demnach ebenso die Qualität, die Katastrophe zu verhindern. Hinzu kommt, dass die Zusammenhänge, die zu einem Ereignis zusammengefasst werden, relativ sind. Die rückwärts gerichtete Ursachensuche rekonstruiert Kausalzusammenhänge (und damit Ereignisknoten), die von einem katastrophalen Endpunkt ausgehen. Auch dieser ist nur eine Festlegung auf der Ereigniskette. Die Unterscheidung von scheinbar abgrenzbaren Ereignissen mag für eine rückwirkende Bewertung sinnvoll sein, birgt prognostisch aber die Gefahr, Abhängigkeiten und Wechselwirkungen zu übersehen und damit zu unterschätzen.

Der große Gewinn aus den Erkenntnissen der Katastrophenforschung ist gerade, Abweichungen in einem Gefüge nicht mehr zu unterschätzen, und dass in Theorie und Praxis die Bereitschaft gefördert wurde, nicht mehr nur in einfachen Kausalketten zu denken, nicht mehr an der Suche nach *der* einen Ursache oder *dem* einen Schuldigen festzuhalten, sondern dynamische Zusammenhänge und Wechselwirkungen zu berücksichtigen. Wenn präventiv mit den Erkenntnissen aus der Katastrophenforschung gearbeitet werden soll, sollte berücksichtigt werden, dass Szenarien nicht zu dicht an vorhandenen Ablaufplänen entwickelt werden dürfen. Dann würden unerwünschte Ereignisse nur entlang vorweggedachter Zusammenhänge berücksichtigt und nur auf die darin enthaltenen Wechsel- und Risikowirkungen hin eingeschätzt werden. Die nicht vorwegnehmbaren möglichen Ereignisse und Wechselwirkungen blieben dabei unberücksichtigt.

Die Ergebnisse der vorliegenden Untersuchung legen nahe, dass die vielen Fehlerereignisse, die vielleicht gar nicht zu einer Katastrophe führen, Bereiche sichtbar machen, die außerhalb der definierten Strukturen liegen. Eine Erhebung und Analyse dieser Fehlerereignisse kann dazu beitragen, das Katastrophenpotential besser einschätzen zu können, indem beispielsweise gerade unbesetzte Schnittstellen zwischen Aufgabenbereichen (Zuständigkeiten, siehe auch Anhang 2.5) sichtbar werden, die Konsequenzen aus Fehlerereignissen zusätzlich zu latenten Risikofaktoren werden lassen. Darüber hinaus legen die Ergebnisse der vorliegenden Untersuchung nahe sowohl für eine nachträgliche Analyse als auch für präventive Maßnahmen und Trainings -neben der Berücksichtigung eher generellen Systemeigenschaften (siehe Teil A, 1.1.1.)- gegenwärtige, für das spezielle Untersuchungsfeld geltende Fehlerereignisbedingungen transparent zu machen.

Robert Helmreich bewegt sich mit seiner Beobachtungsforschung bei fehlerkritischen Arbeitsaufgaben im gegenwärtigen Feld. Sein Analysegegenstand ist jedes Verhalten, das das Risiko für das Arbeitsergebnis (gute Landung, gesunder Patient) erhöht. Auf das Verhalten arbeitender Menschen bezogene Fehlermanagementstrategien zu entwickeln, ist ein wesentlicher Baustein für den Umgang mit Fehlerereignispotential. Die tiefere Analyse systemischer Bedingtheiten, wie Perrow sie durchgeführt hat, bleibt bei der Analyse fehlerkritischer Arbeitsaufgaben aber an der Oberfläche. Dadurch können Ursachen für risikoerhöhendes Verhalten, die in den Strukturen des Systems selbst zu finden sind, unbeachtet bleiben und an die Personen und Aufgaben gebundene, durch

Training herbeigeführte Verhaltensänderungen nur vorübergehend größere Sicherheit bzw. weniger Risiko bedeuten.

1.4.2. Ergonomische Forschungsansätze

Gegenstand der im Teil A vorgestellten Ansätze aus der ergonomischen Forschung ist die Mensch-Arbeitsumwelt bzw. Mensch-Technik Schnittstelle. Physische (z.b. Unfälle) oder psychische (z.b. Aufmerksamkeit) Schädigung oder Beeinträchtigung, die Minderung von Leistung und Effektivität oder Produktfehler sind der Anlass, um mögliche, zugrundeliegende Nichtpassungen zwischen Mensch und Arbeitsumwelt zu ermitteln. Auf diesem Weg sind teilweise recht spezifische Richtlinien, Grenzwerte, Verhaltens- und Gestaltungsvorschriften und -vorschläge erarbeitet worden.

Die Ergebnisse aus der vorliegenden Untersuchung lassen den Schluss zu, dass existierende Vorgaben nicht durchgängig berücksichtigt werden (können), und darüber hinaus sind Bereiche in der untersuchten Arbeitswelt aufgefallen, für die keine ergonomischen Erkenntnisse vorlagen oder Anwendung finden (z.b. Ausführungsplanung). Für ergonomische Forschung kann es also sinnvoll sein, auf der Basis von „ganz alltäglichen" Fehlerereignissen vorhandene Vorgaben zu überprüfen und gegebenenfalls anzupassen und/oder bisher unbekannte (oft außerhalb der Ablaufpläne liegende) Schnittstellen zwischen Mensch und Technik zum Gegenstand zu machen. Damit der Wichtigkeit ergonomischer Erkenntnisse für die humane Arbeitsgestaltung Rechnung getragen wird, erscheint es darüber hinaus sinnvoll und notwendig zu sein, der Frage tiefer nachzugehen, wie Vorgaben, Richtlinien, Grenzwerte, Empfehlungen und Organisationsstrukturen so entwickelt und verbunden werden können, dass die Einbindung und Einhaltung ergonomischer Erkenntnisse selbstverständlich wird und nicht aufgrund von wirtschaftlichen Interessen oder Unwissenheit im Arbeitsalltag vernachlässigt wird.

1.4.3. Versuche der Kontrolle des Restrisikos im „Systemelement Mensch"

Die Techniken und Methoden zur Kontrolle des Restrisikos im „Systemelement Mensch" sind für spezifische Arbeitsaufgaben, Produktionsabläufe und Organisationsformen einsetzbar. Sie setzen voraus, dass Abläufe planbar, kontrollierbar und einheitlich sind. Eine jeweils darauf abgestimmte Voruntersuchung und entsprechende Vorüberlegungen benennen die Schnittstellen (in der Aufgabe, dem

Produktionsablauf, der Organisation) und kategorisieren die dort möglichen Handlungsfehler. Mit den zugrundeliegenden Annahmen, dass Fehler ein Ausdruck von Systemmängeln sind, der Mensch korrigierend eingreifen kann und die Ursachen in den Grenzen der Handlungsregulation zu suchen sind, wird der Raum definiert, in dem Kontrolle möglich werden soll. Die Handlungsregulationsmöglichkeiten und gegebenenfalls auch der jeweilige Systemausschnitt wird analysiert, wenn ein Produktfehler (ein Mangel im Ergebnis) entdeckt wird.

Für die Entdeckung des Teilbereichs möglicher Handlungsfehler sind die hierfür entwickelten Instrumente überaus geeignet, das hat auch die vorliegende Untersuchung gezeigt. Ein Anpassungsbedarf darüber hinaus (z.B. über Produktfehler hinaus), insbesondere des Systems selbst, wird bei alleiniger Anwendung dieser Verfahren aber sehr wahrscheinlich übersehen werden. Die Ergebnisse dieser Untersuchung machen sichtbar, welche vielfältigen Ursachen und Wechselwirkungen auch Produktfehlern zugrunde liegen, so dass eine ausschließliche Ursachensuche an einer Produktionsschnittstelle im Handlungsbereich der jeweiligen arbeitenden Menschen möglicherweise zu reduziert ist. Eine ergänzende Erhebung und Analyse von Fehlerereignissen, die nicht schon im vornherein verortet und definiert sind (z.B. Produktfehler, Kennzahl für zuverlässige Handlungen) kann nur eine sinnvolle Ergänzung für diese Instrumente sein.

1.4.4. Überlegungen zu den Grenzen kontrollierbaren Handelns
Die Ermittlung von kognitiven Grenzen kontrollierbarer Handlung liefert wichtige Hinweise für die Gestaltung von Arbeitsmitteln, Arbeitsaufgaben und für die Arbeitsplatzgestaltung. Aus diesem Grund gibt es auch eine große Nähe zur Ergonomie.

Kognitiven Forschungen liegt die Annahme zugrunde, dass kognitive Grenzen notwendige Handlungsregulation für eine Zielerreichung verhindern können. Die Grenzen beziehen sich letztendlich auf die Möglichkeiten, Informationen wahrzunehmen, zu verarbeiten und zu nutzen. Fehlerereignisse, die direkt an menschliche Handlungen geknüpft sind, zeichnen sich in der Regel dadurch aus. Die Möglichkeiten der „richtigen" Planung, der Handlungsregulation und schließlich des korrigierenden Eingreifens, hängen eng mit der kognitiven Informationsverarbeitung zusammen.

Ein Informationsmangel, wie er auch schon in den ersten praxeologischen Ansätzen als Ursache angenommen wurde, erhöht das Risiko für ein Fehlerereignis, ganz gleich auf welcher Ebene (fähigkeits-, regel- oder wissensbasiert) die aktuelle Handlung vollzogen wird.

Leitend für die vorliegende Untersuchung war die gründliche Analyse der Berichte in Hinblick auf Hinweise über fehlende oder unzureichende Informationen, sowohl für den arbeitenden Menschen (individuell) in der konkreten Handlung als auch für die Erfüllung der Aufgabe (systemisch) grundsätzlich, aus deren Verlauf über ein Fehlerereignis berichtet wurde. Die Ergebnisse der Untersuchung weisen darauf hin, dass grundlegendes Wissen aus den Kognitionswissenschaften in der alltäglichen Arbeit keine ausreichende und durchgängige Anwendung oder Akzeptanz findet (als Fehlerbedingungen z.B. Überforderung, Überlastung, Unaufmerksamkeit, unzureichender Informationsaustausch, Informationsdefizit wahren, Informationsvorsprung wahren).

Die von James Reason (siehe Teil A, 4.1.) gründlich erarbeiteten „failure modes" geben eine guten Überblick darüber, wie es zu der Ausführung einer fehlerhaften Handlung kommen kann. Eine Ableitung dahingehend wie ein Mensch in diesen „failure mode" gerät ist hingegen nur begrenzt möglich. Die Bedingtheiten, die unser kognitives System z.B. veranlassen, einmal einem „bias" zu erliegen, ein anderes mal aber nicht, oder einmal „intuitiv" das Richtige zu tun, obschon wir eigentlich gar keine Kenntnis davon hatten, bleiben weitestgehend unbekannt.

Mit der Analyse davon wie ein Mensch aufgrund unbewusst motivierter Ziele, aktuelle Handlung nicht mehr kontrollieren kann, weist Sigmund Freud mit seiner Forschung über Fehlleistungen in eine Richtung, die Prozesse vor dem „failure mode" in den Blickpunkt rückt.

1.4.5. Feldtheoretische Überlegungen zur Feldkraft von Fehlern

Feldtheoretische Überlegungen ermöglichen es, eine Verbindung zwischen dem Erleben von Ereignissen und somit auch von Fehlerereignissen, dem Verhalten von Menschen und einem System zu sehen und zu verstehen.

Handlungsstörungen gehen mit Affekten einher (Boesch 1979) und signalisieren Fehlerereignispotential. Wahrgenommene Fehlerereignisse beeinflussen das Verhalten. Gestalthafte Wahrnehmung und Beschreibbarkeit von Ereignissen sind die Voraussetzungen für die Nachvollziehbarkeit und Reflexion veränderter Konstellationen und Interaktionen im Handlungsfeld und somit auch für die Prognose. Diese feldtheoretischen Annahmen waren leitend für die Entwicklung des Analyseschritt II in der vorliegenden Untersuchung.

Um der Dynamik von Ereignissen und damit auch von Fehlerereignissen gerecht zu werden, müssen neben einer Vorgeschichte und offensichtlichen Konsequenzen auch die Einflüsse auf das Handlungsfeld und vorhandene Wechselwirkungen, die in Form von situativen Effekten ein Fehlerereignis begleiten, als zusätzliche Begleiterscheinungen mit eigenen Auswirkungen berücksichtgt werden. Diese dynamischen Wechselwirkungen und Bedingtheiten -bis hin zur Notwendigkeit der Regelverletzung und des Fehlers selbst- mitzudenken, ermöglicht aufmerksam zu werden für den Umgang mit den Bedingungen, die Fehlerereignisse begünstigen und sich von einer ausschließlichen Ursachenforschung abzuwenden. Dies gilt auf der individuellen, aufgabenbezogenen und systembezogenen Ebene sowohl für den Umgang mit den Bedingungen als auch für das Vorhandensein von Bedingungen, die Fehlerereignisse begünstigen. Erst dann wird eine gründliche Reflexion der Erscheinungsebene von Fehlern (in Form von Fehlerereignissen), die Suche nach dem Fehler (in der Vorgeschichte) unter Bezugnahme auf einen bestimmbaren Ereignisknoten (Fehlerentdeckung) möglich. Auf diese Weise wird Ursachenvielfalt selbstverständlich und Kontroll- und Einflussmöglichkeiten auf Fehlerprozesse auf der Ebene von Leistungsvoraussetzungen sichtbar.

2. Die Bedeutung der Ergebnisse für die Praxis

Ausgehend von der Fehlerwahrnehmung arbeitender Menschen und ergänzt um etablierte Kriterien für die Definition von Fehlern wurde in dieser Untersuchung eine umfassende und repräsentative Datenbasis von Fehlerereignissen aus dem Arbeitszusammenhang des Untersuchungsfeldes gewonnen. Die Berichten enthielten neben den Beschreibungen über Fehlerereignisse konkrete Hinweise auf fehlende Standards oder Leistungsvoraussetzungen, die im Alltag häufig dazu führen, dass die Arbeit latent erschwert ist und improvisiert werden muss.

Die Nutzbarmachung der Ergebnisse wird in Anlehnung an die Analyseschritte in unterschiedliche Bereiche gegliedert: die berichteten Einzelfälle und die daraus abgeleiteten konkreten Verbesserungsvorschläge, die Cluster, die sich aus der erweiterten Analyse bilden ließen und welche die erlebte Fehlerwirklichkeit im Untersuchungsfeld über den Einzelfall hinaus beschreibbar machten sowie das daraus ermittelte Verbesserungspotential.

2.1. Verbesserungsvorschläge und Empfehlungen

Die Teilnahme an den Interviews war für die Mitarbeiter freiwillig. Die darin liegende Möglichkeit, einer außenstehenden Person die eigene Arbeitssituation mitteilen zu können und zu beschreiben, wurde ausführlich genutzt. Obschon der Anlass für die Gespräche eine Erhebung von Abweichungen und Hindernissen war (oder gerade darum), wurde die Situation von den meisten Befragten zugleich dafür genutzt, den eigenen Aufgabenbereich sowie Zuständigkeiten und Schnittstellen an der erlebten Realität zu reflektieren. Auf diese Weise ist bei der Untersuchungsstichprobe, also bei mehr als 10% der Mitarbeiter der Baufirma, die Aufmerksamkeit für den eigenen Zuständigkeitsbereich, die Aufgabe des Einzelnen und Zusammenhänge im Arbeitsprozess geschärft worden. Dies hat u.a. dazu geführt, dass außerhalb der Interviewsituation, konkrete Verbesserungsvorschläge eingereicht wurden, Weiterbildungswünsche geäußert wurden und Diskussionen über strukturelle Zusammenhänge der gegenwärtigen Arbeitsorganisation stattfanden.

In der Zusammenarbeit mit einem Praktiker (Polier im Ruhestand) wurden aus den 966 unterschiedlichen Fehlerberichten 377 Verbesserungsvorschläge und Empfehlungen erarbeitet und zum Teil direkt umgesetzt. Dabei wurden auch Zuständigkeitsbereiche für die praktische Umsetzung von Veränderungen vorgeschlagen. Insgesamt wurden 61 Zuständigkeitsbereiche als sinnvoll erkannt (siehe Anhang 2.5), die über hierarchische Ebenen hinweg reichen und teilweise erheblich von vorhandenen organisatorischen Strukturen abwichen. Zwei Beispiele sollen dies verdeutlichen:
Beispiel 1: Für die Umsetzung des Verbesserungsvorschlags (siehe Kasten) erwies sich ein Planungsgespräch zwischen Polier, Vorarbeiter und Geselle als nötig, *bevor* die Planungsarbeiten für das Betonieren abgeschlossen sind. Bisher wäre es aber eine ausgesprochene Ausnahme, wenn Vorarbeiter oder Gesellen in derartige Planungsarbeiten einbezogen würden.

Fehlerereignis: *„Die Führung für die Stangen bei der Verschalung sind zu knapp, beim Herausnehmen muss viel geruckelt und gezerrt werden, da Beton mit einläuft."* (lfd.Nr. 2) Verbesserungsvorschlag: *In der Arbeitsplanung überprüfen, ob es für das entsprechende Bauwerk sinnvoll ist, die Abspannung für die Schalung ohne PVC-Hülsen und Vorort nach Maß anzufertigen, damit sie im Beton bleiben können und die Zusatzarbeit für das Herausnehmen und die Betonsanierung vermieden werden kann.*

Beispiel 2 bezieht sich auf die Unwissenheit und Uninformiertheit der Mitarbeiter über das Projekt auf der Baustelle, an dem sie gerade mitarbeiten. Eine Umsetzung des Verbesserungsvorschlags in die Praxis bedarf einer Zusammenarbeit zwischen Bauleitung und Polier, die über die alltäglichen Aufgaben hinausgeht und von Führungskräften dadurch unterstützt werden kann, dass informierte Mitarbeiter, ganz gleich auf welcher hierarchischen Ebene, fester Bestandteil der Unternehmenskultur werden.

Fehlerereignis: *„Wie das gesamte Bauwerk werden soll, hab ich noch nicht gesehen, hat mir auch noch keiner erklärt."* (lfd.Nr. 41) Verbesserungsvorschlag: *Veranlassen und Sicherstellen, dass alle Mitarbeiter auf der Baustelle über das Bauwerk und die geplanten Arbeitsabläufe informiert sind. Dadurch können eigene Tätigkeiten und Ablaufänderungen eingeordnet und verstanden werden, Probleme erkannt und Fragen auch von Außenstehenden beantwortet werden.*

Ebenso, wie durch die Interviews die Reflexion der eigenen Arbeitstätigkeit über das Gespräch hinausging, konnten durch die Präsentation und die Diskussion der Verbesserungsvorschläge Anregungen gegeben werden, um Lösungsansätze für anderweitige konkrete Problemstellungen zu finden, die in der Untersuchung nicht erfasst wurden, aber durch die Untersuchung in den Blickpunkt gelangen konnten. Es wurde über fehlende Strukturen im Unternehmen nachgedacht, die bereits durch ihr Nicht-Vorhandensein Fehlerpotential schaffen (z.B. fehlender interner Austausch über Mängelerfahrungen, fehlende Arbeitsgruppen über hierarchische Ebenen hinweg u.ä.). Ebenso konnten Defizite in den Kommunikationswegen klar benannt werden. Die strukturellen Lücken, die auf der Grundlage der Verbesserungsvorschläge sichtbar wurden, haben aufgezeigt, dass zwar ausreichend Kompetenz in der Firma vorhanden ist, aber nicht immer an der Stelle verfügbar ist, wo sie gerade gebraucht wird. Um vorhandene Kompetenz von Mitarbeitern und bereits gemachte Erfahrungen in der Bewältigung von neuartigen, projektbezogenen Anforderungen auf den Baustellen und einen eventuellen Unterstützungsbedarf zusammenzuführen, wurde damit begonnen, praxisbezogene Strukturen für ein Wissensmanagement innerhalb der Baufirma zu schaffen. Ein Beispiel einer Umsetzung war die Systematisierung der Dokumentationen über Mängelbeseitigung. Diese wurden so aufbereitet, dass sie zukünftig in der Vorbereitung und Durchführung vergleichbarer Bauprojekte oder Bauarbeiten als Wissenspool[1] genutzt werden können. Darüber hinaus wurde planerisch angedacht, in welcher Weise Mitarbeiter (insbesondere Poliere und Bauleiter), die bereits im Ruhestand sind, für interne Schulungen und als Berater für die Kalkulation, die Arbeitsvorbereitung und in den aktuellen Bauprojekten selbst eingesetzt werden können.

2.2. Einflussmöglichkeiten auf Fehlerereignisse, ihre Ursachen, Begleiterscheinungen und Konsequenzen

Durch die kontextbezogene Analyse konnten aus den Einzelfällen nützliche Rückschlüsse auf den Arbeitsprozess und das Arbeitssystem gezogen werden. Die gebildeten Cluster lassen Aussagen über die Fehlerbedingtheiten in der untersuchten Baufirma zu. Zusammengenommen geben sie Auskunft über die „Bereiche", in denen die eigentlichen Fehler (Fehlerereignisquellen) liegen. Durch die Analyse der Ereignisknoten lassen sich Ursachen, Begleiterscheinungen und Konsequenzen darstellen. Sie konnten genutzt werden, um organisationsbezogen Maßnahmen für (a) bessere Leistungsvoraussetzungen, (b) zusätzlichen Qualifikations- und/oder Unterstützungsbedarf und (c) die Bewältigung zusätzlicher Belastungen anzudenken. Im weiteren können sie Entscheidungsgrundlage dafür sein, an welchen Stellen und auf welche Weise Veränderungspotential genutzt werden soll.

(a) Praktische Implikationen aus der Analyse der Ursachen für bessere Leistungsvoraussetzungen

Um auf Organisationseben eine Ableitung für bessere Leistungsvoraussetzungen vornehmen zu können, müssen aus den Entstehungsbedingungen für Fehlerereignisse Hinweise auf mögliche Mängel im Arbeitssystem benannt werden. Die ermittelten Ursachen werden möglichen Mängeln im System gegenübergestellt. Bezogen auf mögliche Maßnahmen ist eine Trennung in vorwiegend sachliche

---

1 siehe dazu auch „Wissen in Aktion", Chris Argyris (1997)

Aspekte und vorwiegend menschliche Aspekte sinnvoll. Gehen wir zunächst die vorwiegend sachlichen Ursachen an, die Fehlerereignissen zugrunde lagen:

vorwiegend sachliche Ursachen	verweisen auf mögliche Mängel im System
Rationalisierungsbedingte Engpässe	Die Nebeneffekte von Rationalisierungsmaßnahmen werden im Vorfeld unzureichend eingeschätzt oder sind unterbewertet.
Konkurrenzbedingte Engführung	Die internen Beschränkungen, die zugunsten der Konkurrenzfähigkeit in Kauf genommen werden, werden nicht ausreichend kompensiert.
Kalkulatorische Engpässe	Unterkalkulierte Projekte werden zum Maßstab für die ausführenden Mitarbeiter.
o Unzureichende Planung oder Arbeitsvorbereitung o ungenauer Vertragstext o Termindruck	Planerische und kaufmännische Voraussetzungen werden in ihrer Konsequenz und Bedeutungen für die praktische Umsetzung in der Vorbereitung unzureichend berücksichtigt.
o Mangelnde Koordination o Verzögerung durch Nachunternehmer o Mangelnde Transparenz der Projekte, des Arbeitseinsatzes o Unklare Zuständigkeiten o Fehlende Kontrolle o Personalwechsel	Fehlende Besprechungen, Informationen, Aufgabenverteilungen und fehlende Konstanz erschweren die alltägliche Koordination und Kontrolle des Arbeitsablaufs.

Tab. 8: Implikationen aus vorwiegend sachlichen Ursachen

Ein konkreter Umgang mit den Hinweisen auf Systemmängel ist, sie an der Praxis zu überprüfen und dabei generell auch bereit zu sein, das System in seiner vorhandenen Struktur kritisch zu hinterfragen. Auch wenn nicht alle Ursachen abgeschafft werden können und z.b. konkurrenzbedingte Engführung auf den ersten Blick durch die Firma schwer zu verändern ist, kann dennoch Einfluss darauf genommen werden und eindeutig Stellung dazu bezogen werden, welcher Grad an Engführung durch wirtschaftlichen Konkurrenzdruck innerhalb der Firma zugelassen werden soll.

Die Betrachtung der vorwiegend menschlichen Ursachen ergab folgendes:

vorwiegend menschliche Ursachen	verweisen auf mögliche Mängel im System
soziale Kompetenzen o mangelnde gegenseitige soziale Verantwortung o konservatives Führungsverständnis o mangelnde Kooperation o unzureichender Informationsaustausch o Interessenkonflikt o Meinungsverschiedenheiten	Wechselseitige hierarchische Grundhaltungen und fehlende soziale Kompetenzen beeinträchtigen gemeinsames Lösungsbewusstsein, behindern den Informationsfluss und sorgen für Spannungen im sozialen Umgang.
Ausführungsvoraussetzungen o Fehlende, unzureichende, vernachlässigte Qualifizierung o Zeitmangel o unterschiedliche Leistungsmaßstäbe o Nichteinhaltung von Vorschriften	Fehlender Konsens in vorgegebenen Ausführungsvoraussetzungen.
Belastungserscheinungen o Überlastung o Unaufmerksamkeit o Vergessen	Unzureichende Einhaltung von Erholungszeiten/ unzureichende Nutzbarmachung von Hilfsmitteln

Tab. 9: Implikationen aus vorwiegend menschlichen Ursachen

Am Beispiel „Belastungserscheinungen" soll eine mögliche praktische Reaktion kurz erläutert werden: „Vergessen" als Unterpunkt von Belastungserscheinungen kann ein Resultat davon sein, dass ein arbeitender Mensch im Moment der Informationsaufnahme über keine ausreichende Kapazität für eine längerfristige Speicherung der Informationen verfügt. Der arbeitende Mensch war zu diesem Zeitpunkt bereits "ausgelastet", mehr als ausreichend belastet. Dies könnte darauf hinweisen, dass der Mitarbeiter benötigte Erholungszeiten nicht einhält oder einhalten kann, die Mengen an Informationen, die während der Bewältigung der Arbeitsaufgaben aufgenommen und angemessen verarbeiten werden müssen, zu groß sind oder Hilfsmittel nicht verfügbar sind oder nicht genutzt werden. Sollte die Firma diese Fehlerursache beeinflussen wollen, wäre eine genauere

Analyse der Arbeitsplätze in Hinblick auf die zu verarbeitenden Informationsmengen die Einhaltung von Erholungszeiten und geeignete Hilfsmittel sinnvoll. Mögliche Strategien könnten dann sein, Hilfsmittel einzusetzen oder die Arbeitsaufgabe so umzustrukturieren, dass die zu verarbeitenden Informationsmengen den Kapazitäten der Mitarbeiter und den Umgebungsbedingungen (Lärm, Staub, draußen, drinnen u.ä.) angepasst sind. Bedingungen für Fehlerereignisse gibt es in einem Arbeitssystem immer wieder. Hinweise auf verursachende Mängel, notwendige Systemanpassungen oder Qualifikationsdefiziten können helfen, Auswirkungen zu erkennen, Ressourcen bereitzustellen und Maßnahmen abzuleiten, die wiederum dazu beitragen können, Ursachenpotential so zu beeinflussen, dass Fehlerprozesse gedämpft werden könnte und verkraftbar bleiben.

(b) Praktische Implikationen aus den Begleiterscheinungen für zusätzlichen Unterstützungsbedarf

Für eine Ableitung zusätzlichen Qualifikations- oder Unterstützungsbedarfs müssen aus den Begleiterscheinungen von Fehlerereignissen Hinweise auf den möglichen Bedarf benannt werden. Die ermittelten Begleiterscheinungen werden einem Unterstützungsbedarf gegenübergestellt. Bezogen auf mögliche Maßnahmen ist auch hier wieder eine Trennung in vorwiegend sachliche und vorwiegend menschliche Aspekte sinnvoll.

Die Betrachtung der vorwiegend sachlichen Begleiterscheinungen ergab folgendes:

vorwiegend sachliche Begleiterscheinungen	verweisen auf Unterstützungsbedarf
Umstellungen o Arbeitsablaufbehinderung o Planabweichung	Kompetenzen und Handlungsspielräume für Umstellungen während des Arbeitsprozess.
Mangel in den Leistungsvoraussetzungen o Arbeiten mit mangelhaftem Material, Arbeitsmitteln, Arbeitsbedingungen o Informationsmangel	Zugang zu benötigten Leistungsvoraussetzungen.
Kompetenzgerangel	Eindeutigkeit der Zuständigkeiten für Schnittstellen und sachliche Bereiche (Auswahl von Subunternehmern, Bauherr – Bauherrenvertreter, u.ä.).

vorwiegend sachliche Begleiterscheinungen	verweisen auf Unterstützungsbedarf
Regelverstoß	Attraktivere Hilfsmittel, Belohnung für Regeleinhaltung, gegenseitige soziale Verantwortung.
Aufgabenbezogene Unstimmigkeiten o Personalmangel o Die Praxis weicht von der Stellenbeschreibung ab o Unzufriedenheit mit der Entlohnung	Anlaufstelle für alltägliche Hindernisse und Unstimmigkeiten und Handlungsspielraum für Lösungen von Unstimmigkeiten.

Tab. 10: Implikationen aus vorwiegend sachlichen Begleiterscheinungen

Am Beispiel „Regelverstoß" soll eine mögliche praktische Reaktion kurz erläutert werden. Etwas, das häufig ausgeführt wird und worin der arbeitende Mensch geübt ist, wird im Handlungsvollzug häufig verkürzt, weil dies die Arbeit erleichtert oder beschleunigt. Es wird nicht mehr das gleiche Maß an Aufmerksamkeit benötigt, und Erfahrung und Geübtheit ermöglichen oft zusätzlich auch einen Verzicht auf Hilfsmittel. Neben der Routine sind hier aber auch die damit einhergehenden Regelverstöße gemeint, die von einer Gruppe (sowohl Kollegen als auch Vorgesetzten) akzeptiert sind, wie beispielsweise beim Tragen des Schutzhelms oder bei vorgeschriebenen Kontrollen. Um den Mitarbeitern die Einhaltung der Regeln zu erleichtern, kann darüber nachgedacht werden, dies für die Mitarbeiter attraktiver zu gestalten. Die Hilfsmittel, die gebraucht werden (z.B. der Schutzhelm), könnten so gestaltet werden, dass es bequem ist, sie zu benutzen. Eine Analyse der "normalen" Regelverstöße könnte auch dazu führen, ein Belohnungssystem für die Einhaltung von Regeln zu schaffen. Kurz gesagt, das Einhalten von Regeln und Erreichen eines Qualitätsstandards (z.B. Sicherheit, keine Reklamationen) muss sich für den Ausführenden lohnen und darf auch im Kontext von Routine und erwarteter erhöhter Leistung nicht nur eine Mehrbelastung darstellen. Dies kann möglich werden, wenn Fürsorge oder gegenseitige soziale Verantwortung für Mitarbeiter auch als Führungsaufgabe verstanden wird, und arbeitende Menschen qualifiziert sind, Risiken einzuschätzen und zu bewältigen und an konkreter Handlungsplanung beteiligt werden. Ein solcher Arbeitsstil wird meines Erachtens häufig zu Unrecht im Widerspruch zu den wirtschaftlichen Interessen einer Firma gesehen, weshalb wohl oft zugunsten einer kurzfristigen Gewinnmaximierung ein indirekter (auch schon mal ein direkter) Druck ausgeübt wird, ein Risiko einzugehen. Ist dies erfolgreich und das Arbeitsziel wird erreicht, wird die Risikobereitschaft schnell zu einem legitimen Mittel, um Aufgaben zu bewältigen. Dies geht zulasten der arbeitenden Menschen und damit letztendlich zulasten der Produktivität.

Die Betrachtungen der vorwiegend menschlichen Begleiterscheinungen und des Unterstützungsbedarfs auf den sie hinweisen, ergab:

vorwiegend menschliche Begleiterscheinungen	verweisen auf Unterstützungsbedarf
Stress o Aushalten müssen o Gefährdung der Mitarbeiter o Überforderung o Zeitnot, Zeitdruck o Improvisieren o Fremdbestimmtheit	Reduktion der Belastungsfaktoren und Erweiterung Handlungsspielraums und der Ausgleichsmöglichkeiten.
Soziale Spannungen o Kritik an Kollegen o Meinungsunterschiede o Mangelnde Eigeninitiative /-verantwortung	Qualifikationen in sozialer Kompetenz
Reduzierter Informationsfluss o Informationsdefizit wahren o Informationsvorsprung wahren o Kommunikationsdefizit	Etablierter regelmäßiger Informationsaustausch

Tab. 11: Implikationen aus vorwiegend menschlichen Begleiterscheinungen

Für die Bewältigung vorwiegend menschlicher Begleiterscheinungen kommt es sehr auf die Unternehmenskultur an. Der verfügbare Handlungsspielraum sowie Möglichkeiten und Hindernisse mit schwierigen Situationen umzugehen, werden sichtbar. Bei der Entscheidung, ob überhaupt und welche Maßnahmen in Erwägung gezogen werden, ist es unbedingt notwendig zu bedenken, dass diese selbst potentielle Ursachen für weitere Fehlerereignisse sind.

(c) Praktische Implikationen aus den Konsequenzen für den Umgang mit zusätzlichen Belastungen

Um Maßnahmen zur Kompensation zusätzlicher Belastungen ableiten zu können, müssen aus den Konsequenzen von Fehlerereignissen Hinweise auf die zusätzlich benötigte Ressourcen benannt werden. Die ermittelten Konsequenzen werden den möglichen zusätzlichen Belastungen für das Arbeitssystem gegenübergestellt. Auch hier ist eine Trennung in überwiegend sachliche Aspekte und überwiegend menschliche Aspekte sinnvoll. Zunächst zu den sachlichen Konsequenzen und den daraus ermittelten zusätzlichen Belastungen für das Arbeitssystem:

vorwiegend sachliche Konsequenzen	verweisen auf zusätzliche Belastungen für das Arbeitssystem
o Zusätzlicher Planungs- u. Organisationsaufwand o Mehrarbeit o Ablaufstörung o Störung/ Unordnung auf der Baustelle	Erhöhter Arbeitsaufwand, der durch die Bereitstellung von Systemressourcen kompensiert werden kann.
Erhöhung des Risikos o für das Arbeitsergebnis o Mangel im Arbeitsergebnis o Zeitverzögerung/Gefährdung des Terminplans o Ausnahme wird zur Regel	Erhöhtes Risiko, muss bei Beibehaltung der Fehlerereignisbedingungen sorgfältig abgewogen werden, und sollte sowohl betriebswirtschaftlich als auch arbeits(ablauf)organisatorisch berücksichtigt werden.
Zusatzkosten	Erhöhter Kostenaufwand, der bei Beibehaltung der Fehlerereignisbedingungen betriebswirtschaftlich berücksichtigt werden sollte.

Tab. 12: Implikationen aus vorwiegend sachlichen Konsequenzen

Die zusätzlichen Belastungen für das Arbeitssystem aus den sachlichen Konsequenzen sind selbsterklärend. Auf welche Weise sie kompensiert werden (können), hängt stark von der Unternehmenskultur, den wirtschaftlichen Möglichkeiten und der Investitionsbereitschaft ab.

Die Betrachtung der vorwiegend menschlichen Konsequenzen ergab:

vorwiegend menschliche Konsequenzen	verweisen auf zusätzliche Belastungen für das Arbeitssystem
o Überlastung wird zur Regel o Zeitdruck, Streit, Unsicherheit o Gefährdung der Mitarbeiter	Stress
Motivationsverlust	Deutlich sinkende Energie für die Erfüllung der Arbeitsaufgaben
Kooperationsgefährdung, -verlust, -rückzug	Erhöhung des Risikos

Tab. 13: Implikationen aus vorwiegend menschlichen Konsequenzen

An dem Beispiel „Motivationsverlust" soll eine mögliche Implikation für die Praxis besprochen werden. Es handelt sich hierbei um eine zusätzliche Belastung für das Arbeitssystem, weil Mitarbeiter in Hinblick auf weitere Arbeitsaufgaben weniger Energie bereitstellen können und mit inneren Widerständen belastet sind. Dies kann für weitere Fehlerereignisse verursachen. Ein Aspekt von Motivationsverlust kann der Rückzug auf die eigene Arbeitsaufgabe ("Dienst nach Vorschrift") sein. Das hat zusätzlich zur Folge, dass sowohl die Leistungs- als auch die Kooperationsbereitschaft der Mitarbeiter und der Kollegen stetig sinken. Welche Strategie gewählt wird, mit menschlichen Konsequenzen aus Fehlerereignissen umzugehen, ist ebenfalls eine Frage der Unternehmenskultur. Mitarbeiter zu motivieren ("zurück ins Boot zu holen") kann sowohl als Führungsaufgabe verstanden werden, als auch allein den Möglichkeiten des jeweiligen Mitarbeiters überlassen bleiben. Entscheidet man sich hier anzusetzen, bedarf es einer genaueren Analyse der motivationalen Zusammenhänge im Unternehmen. Um angemessene Maßnahmen zu entwickeln und Motivationsverlust zu kompensieren, müssten motivationshemmende Zusammenhänge präzisiert werden und bereits vorhandene motivationsfördernde Impulse überprüft, modifiziert und gegebenenfalls ergänzt werden. Tatsächlich sind der Rückzug auf die eigene Aufgabe, ebenso wie Unzufriedenheit oder der kurzfristige Motivationsverlust durch eine Arbeitsstörung oder Lohnkürzungen latente Kostenfaktoren für jede Firma und eine Belastung für das gesamte Arbeitssystem. Die ermittelten Kategorien aus den drei Sortierungen sind unterschiedlich oft besetzt (siehe Anhang 2.1). Dies weist darauf hin, dass bestimmte Fehlerzusammenhänge häufiger wahrgenommen und berichtet werden als andere. Dem kann -muss jedoch nicht- ein

Zusammenhang mit der realen Häufigkeit zugrunde liegen. Abteilungsbezogen und über die hierarchischen Ebenen hinweg konnten ebenfalls unterschiedliche Schwerpunkte ermittelt werden, die für die Entwicklung von Veränderungsmaßnahmen gesondert berücksichtigt werden sollten (siehe Anhang 2.4). Die im Teil C dargestellten Fehlerzyklen (siehe 3.4.) können eine zusätzliche Hilfestellung sein, um Einfluss auf das alltägliche Fehlergeschehen zu nehmen. Z.B. die häufig ermittelte Kette von „Unzureichender Planung oder Arbeitsvorbereitung" als Ursache mit der Begleiterscheinung „Arbeiten mit mangelhaftem Material, Arbeitsmitteln, Arbeitsbedingungen" und der Konsequenz „Zusätzlicher Planungs- u. Organisationsaufwand" macht eine Thematik sichtbar, die von vielen Mitarbeitern wahrgenommen wird. In gerade diesen innerhalb des Unternehmens auf vielen Ebenen gleichermaßen als mangelhaft wahrgenommenen Bereichen mit Veränderungen anzusetzen, wird sicherlich auf hohe Akzeptanz stoßen. Zugleich werden hier Tendenzen sichtbar, die wiederkehrende Fehlerprozesse beschreiben. Vorhandenes Verbesserungspotential konnte über die gesamte Baufirma hinweg anhand der vorliegenden Kategorien, die sich aus den Sortierungen ableiteten, ermittelt werden. Zusammengefasst stellt sich das Verbesserungspotential wie folgt dar:

Abb. 25: Überblick „Verbesserungspotential"

Die Ergebnisse zeigen, dass es in der Praxis sinnvoll und möglich ist, Fehlerereignisse unabhängig von Produktmängeln oder Kundenreklamationen zu erheben. Es wird deutlich, an welchen Stellen im Arbeitssystem Mängel vorhanden sind, und wo es sich anbietet, eine genauere Analyse vorzunehmen, z.B. über die Qualität bestimmter Ereignisse und ihre Auftretenshäufigkeit. Als ein weiteres Ergebnis dieser Untersuchung lässt sich feststellen, dass Problemreports (QM) in der Praxis kein ausreichendes Instrument zur Fehlererhebung sind. Für ein gutes Fehlermanagement ist ein Unternehmen auf die Bereitschaft der Mitarbeiter angewiesen, von Fehlern zu berichten. Fehlerereignisse nutzbar machen zu können, erfordert eine grundsätzliche „Fehlerfreundlichkeit" und Angstfreiheit, denn Fehlermanagement braucht sichtbare Fehler. Solange persönliche Konsequenzen bis hin zur Entlassung zu befürchten sind, werden Mitarbeiter aus Selbstschutz nur wenige und stark selektierte (möglicherweise unbedeutende) Informationen über Fehler weitergeben. Die Möglichkeiten, aussagekräftige Informationen über Fehlerereignisse zu bekommen, damit ein Umgang mit und ein Nutzen von Fehlerereignissen überhaupt möglich wird, ist in vorhandenen wirtschaftlichen Organisationsstrukturen wahrscheinlich nur durch externe Personen und eine anonyme, qualitative Erhebung möglich.

2.3. Eine Fehlerereignisanalyse als Grundlage einer Nutzbarmachung von Fehlerpotentials in Arbeitsprozessen

Die vorliegende Arbeit hatte sich in ihrem praktischen Teil die Aufgabe gestellt, ein Konzept für eine nutzbringende Analyse von Fehlerereignissen zu erarbeiten. Als wesentliches Ergebnis liegt nun eine Schema vor, das auf der Grundlage interdisziplinärer wissenschaftlicher Überlegungen und Ansätze, Fehlerereignisquellen in einem Unternehmen zu ermitteln vermag. Es bleibt in weiteren Untersuchungen zu prüfen, ob dieses Konzept auch auf andere Arbeitszusammenhänge anwendbar ist. Die grundlegenden Annahmen für dieses Konzept sind:

(a) Fehlerereignisse stellen Ereignisknoten dar. Sie werden von arbeitenden Menschen wahrgenommen und sind von ihnen beschreibbar. In Fehlerereignissen werden Fehler sichtbar.

(b) dass die Fehler selbst erst durch eine gründliche Ereignisanalyse ermittelt werden können.

(c) dass die arbeitenden Menschen als Informationsquelle für vorhandenes Fehlerereignispotential durch keine andere Erhebungsmethode (wie auch immer geartete) ersetzbar sind.

Die entwickelten Schritte und das systematische Vorgehen einer solchen Analyse werden hier abschließend noch einmal schematisch dargestellt. Grundlage ist eine Fehlerereignisdefinition, die für die Erhebung und Auswertung der Daten genutzt wird. Sie basiert auf theoretischen Grundlagen, den Zusatzparametern „Kontext" und „Beurteiler" und einer (auf das jeweilige Untersuchungsfeld bezogenen) Voruntersuchung (Tab.14). In der Hauptuntersuchung wird die Informationsgrundlage geschaffen (Tab. 15), auf der eine nutzbringende Analyse und Anwendung der Ergebnisse möglich wird (Tab.16).

Die Ergebnisse einer solchen Analyse sind auf mehreren Ebenen verwertbar. Sie stellen kommunizierbares Fehlerereignispotential des untersuchten Arbeitsfeldes dar und können auf allen Organisationsebenen Grundlage für einen fehlerfreundlichen und nutzbringenden Umgang mit vorhandenem Fehlerpotential sein.

Die Definition „Fehlerereignis" für die Auffindung von Fehlerpotential		
basiert auf:		
Überlegungen zu:	zusätzlichen Parametern	und einer Voruntersuchung
„trivialen" Ereignissen und Fehlermanagement • Katastrophenanalysen • Forschung über fehlerkritische Aufgaben ergonomischen Forschungsansätzen • Praxeologie • Leistungsvoraussetzungen • Ergonomische Richtlinien, Standards menschlicher Unzuverlässigkeit • Handlungstheoretische Fehlertaxonomie • H-FMEA • Techniken zur menschlichen Zuverlässigkeitsmessung der Sinnhaftigkeit menschlichen Versagens • Human Error • Fehlleistungen nach Sigmund Freud Interaktionen im Bedingungsgefüge eines Untersuchungsfeldes • Ökopsychologie • Gestaltpsychologie • Organisationstheorie	• Kontext (Untersuchungsfeld) • Beurteilenden (arbeitender Mensch)	in einem vergleichbaren Untersuchungsfeld: RepGrid-Interviews mit einer repräsentativen Stichprobe, für den Erwerb von Vorwissen über: • den Bedeutungszusammenhang arbeitender Menschen von „Fehler" in einem solchen Untersuchungsfeld • die Besonderheiten in einem solchen Untersuchungsfeld • die Umgangssprache und die Fachsprache • den Arbeitsalltag im Untersuchungsfeld

Tab.14: Definition „Fehlerereignis" für eine Erhebung und Analyse des Fehlerpotentials

Hauptuntersuchung

Relevante Zusatzinformationen und mögliche
Präzisierung der Definition „Fehlerereignis"
- Organigramm
- Produktions- und Arbeitsabläufe
- Vorhandenes Fehlermanagement (QM)
- Kommunikationsstrukturen

Repräsentative Stichprobe, alle hierarchischen
Ebenen und Abteilungen umfassend (y)

Freie arbeitsplatznahe Interviews
(ca. 60 min), Anzahl (y)

Fehlerdefinierende Auswertung der Interviews:

(y) x Fehlerberichte = (z)

I. Fehler- und
Verbesserungspotential
(y) x (z) Fehlerberichte als
Grundlage für konkrete
Verbesserungsvorschläge

Ablaufbezogene Fehlerereignisanalyse:
Informationsgewinnung über Ursache (U),
Begleiterscheinung (B) und Konsequenz (K) aus
jedem Bericht.
(z) x Ursache + (z) x Begleiterscheinung +(z) x
Konsequenz
= Anzahl Informationseinheiten

II. Fehler- und
Verbesserungspotential
Fehlerquellen als Grundlage
für praktische Implikationen
in Hinblick auf:

Kategorienbildung jeweils über:
Ursachen Begleiterscheinungen Konsequenzen
„" „" „"
„" „" „"
„" „" „"

- mangelnde
  Systemressourcen (U)
- Unterstützungsbedarf (B)
- zusätzliche Belastungen (K)

Tab. 15: Untersuchung für die Ermittlung von Fehlerpotential

Nutzbarmachung des Fehler- und Verbesserungspotentials

I. (y) x (z) Fehlerberichte als Grundlage für konkrete Verbesserungsvorschläge

   (a) Erarbeitung von Verbesserungsvorschlägen und Ableitung von Empfehlungen: in anonymisierter Weise mit einem Experten

   (b) Ermittlung von am Untersuchungsfeld orientierten Zuständigkeiten für die Realisierung der Vorschläge und Empfehlungen

II. Grundlage für praktische Implikationen in Hinblick auf:

- mangelnde Systemressourcen (U)
- Unterstützungsbedarf (B)
- zusätzliche Belastungen im System (K)

   (a) Darstellung und Betrachtung des Fehlerpotentials:

- auf Organisationsebene
- auf Abteilungsebene
- auf Projektebene
- über hierarchische Ebenen hinweg

   (b) Ableitung von praktischen Implikationen für den Umgang mit dem ermittelten Fehlerpotential, in Hinblick auf:

- die Gestaltung von Arbeitstätigkeiten (Aufgaben, Abläufe)
- den Qualifizierungsbedarf
- den Veränderungsbedarf
- die Auswirkungen von Arbeit auf die Mitarbeiter und die Umwelt
- die Kommunikationsstrukturen und den Informationsfluss
- die Zuständigkeitsbereiche und deren Zusammensetzungen
- das Risiko für die Mitarbeiter und die Produkte/Dienstleistungen
- ...

Tab. 16: Nutzbarmachung des Fehler- und Verbesserungspotentials

Die Anwendung der Ergebnisse sollte darauf ausgerichtet sein, das Arbeitssystem als Element (Lebensraum) so anzupassen, dass sich der Mensch (selbst als ein Teil davon) als Individuum entfalten kann, das einen großen Teil seines Lebens in diesem Lebensraum verbringt. Das schließt aus, den arbeitenden Menschen als zentralen Teil eines soziotechnischen Systems funktional zu standardisieren.

3. Ausblick und weitere Überlegungen zur Fehlerforschung

Abschließend müssen noch einige zusätzliche Überlegungen, offen gebliebene Fragen und in der Untersuchung zusätzlich aufgetauchte Hinweise diskutiert werden. Insbesondere in Bezug auf den Begriff der Fehlerfreundlichkeit, der Definition von Fehlerereignissen und Fehlern, der Vermeidbarkeit und der Nutzbarmachung von Fehlerereignissen.

3.1. Das Missverstehen von Fehlerfreundlichkeit als Fehlertoleranz

Die Begriffe „Fehlerfreundlichkeit" und „Fehlertoleranz" liegen im Sprachgebrauch mittlerweile sehr nah beieinander und werden teilweise synonym benutzt. Dabei wurde der Begriff der „Fehlerfreundlichkeit" von Christine und Carl von Weizsäcker so definiert: „Fehlerfreundlichkeit bedeutet zunächst einmal eine besonders intensive Hinwendung zu und Beschäftigung mit Abweichungen vom erwarteten Lauf der Dinge" (von Weizsäcker & von Weizsäcker 1985, S.167). Die Autoren gehen von der Notwendigkeit und dem Nutzen des Fehlers aus. Aus evolutionstheoretischer Sicht schreiben sie, Fehler bloß zu überleben, sei nicht Fehlerfreundlichkeit, sondern Fehlertoleranz. Fehler bloß eintreten zu lassen, sei Fehleranfälligkeit. Die Fehlerfreundlichkeit steht aus ihrer Sicht in einem komplementären Verhältnis zu dem, was in der Biologie „Tüchtigkeit" heißt (von Weizsäcker & von Weizsäcker, 1986). Sie verweisen damit auf den notwendigen und engen Zusammenhang zwischen einer konstruktiven Auseinandersetzung mit Fehlern - im Sinne der Freundlichkeit - und dem Überleben von Arten.

Fehlerfreundlichkeit beinhaltet die Hinwendung zur Varianz des Verhaltens. Die Vielfalt zu erhalten und zu fördern und somit den Fehler als eigenständige und sinnvolle Leistung anzuerkennen, ist Fehlerfreundlichkeit. Jedes Unternehmen wird zunächst eine rein fehlerfreundliche Unternehmenskultur ablehnen, weil das Risiko zu groß scheint - z.B. durch Produktmängel als mögliche Konsequenz aus

Fehlerereignissen - ruiniert zu werden: Fehlerfreundlichkeit ja, aber in Maßen und in kontrollierbaren Bereichen, wie beispielsweise in der Entwicklung von neuen Produkten. In der Praxis wird demnach Fehlerfreundlichkeit abgelehnt, weil unkontrollierbare negative Konsequenzen im betrieblichen Alltag unverzeihbar sind. Daraus resultiert der Wunsch nach Fehlerrobustheit und der Umbau von Systemen in Richtung Fehlertoleranz.

Im Gegensatz dazu steht innerhalb eines Systems Fehlertoleranz für das Verkraften oder auch Verwerten von Konsequenzen, die aus Fehlern resultieren können. Die Anstrengung, ein System tolerant gegenüber Fehlern zu gestalten, trübt schnell den Blick auf systemische Schwächen. Standards, Kontrollmechanismen und Techniken, die ein System toleranter gegenüber Fehlern der einzelnen Systemelemente machen, schaffen auf der Mikroebene zunächst eine größere Systemsicherheit. Zugleich aber reduzieren sie die Möglichkeiten und Spielräume, in denen das System und darin handelnde Menschen sich flexibel aktuellen Bedingungen anpassen können, wodurch sich auf der Makroebene das Risiko erhöhen kann. Fehlerfreundlichkeit hingegen steht für die Vielzahl der Kombinationsmöglichkeiten innerhalb eines Systems, aus denen sich auch Fehlerkonstellationen ergeben können, die unvorhersehbare Folgen haben können.

Fehlerfreundlichkeit heißt, sich eigener (oder systemischer) Fehlsamkeit als grundlegende Eigenschaft bewusst zu sein, und den Umgang damit zu trainieren. Fehler abschaffen zu wollen oder Systeme zu schaffen, die fehlertolerant funktionieren, beinhaltet die Gefahr, Rückmeldungen über Nichtpassungen zu ignorieren und somit notwendige Veränderungen im Verhalten oder im System zu verpassen. Denn, „die Wahrnehmung bedient sich der Sinne, die auf Abweichungen besonders leicht anspringen. Die komplexe Auswertung, die Abweichungen gegenüber früher Erlebten registriert, stützt sich auf ein Gedächtnis. Auf das Gedächtnis und auf vorprogrammierte Gefahrenwahrnehmung stützt sich auch die Urteilskraft" (von Weizsäcker & von Weizsäcker 1985, S.168).

Computersysteme steigern ihre Funktionssicherheit durch Antizipation unerwarteter menschlicher Verfahrens- und Bedienungsweisen, die in Fehlerereignissen sichtbar werden. Durch Hinwendung zum Fehler werden erfolgreich Systemschwächen analysiert und durch Umprogrammierung (Systemanpassung) wird das vormals Falsche zum „Richtigen".

Wenn wir bei Fehlertoleranz stehen bleiben, fällt eine umfassende Analyse von Fehlerereignissen aus. Im Mittelpunkt des Interesses stünde dann nur noch die Robustheit gegenüber den Auswirkungen von Fehlern. Dann reduzierten sich die Möglichkeiten Informationen über notwendige systemische Anpassungen zu erhalten immer weiter und damit verbunden die Möglichkeit der Anpassung an sich.

Das Maß an Fehlerfreundlichkeit bestimmt erheblich, ob Fehlerereignisse und ihre zugrundeliegenden Fehler genutzt werden können. In der menschlichen Fähigkeit, etwas als „falsch" zu erleben oder zu empfinden, liegt ein enormes Potential für Erfindungen, Veränderungen und Verbesserungen. Die Bereitschaft, zugewandt sämtliche Bedingungen eines Systems kritisch zu hinterfragen, öffnet den Zugang zu einem konstruktiven Nutzen des Phänomens „Fehler".

Diese Grundhaltung fließt nicht erst in den Umgang mit Fehlerereignissen (Fehlermanagementstrategien) ein, sondern sie spielt bereits eine wesentliche Rolle dabei, was als Fehlerereignis wahrgenommen und bewertet wird. Schließlich ist die Fehlerereigniswahrnehmung auch davon geprägt, welche Definition (oder welches innere Abbild) ein Beobachter von „Abweichung" bzw. „Fehlerereignis" hat.

3.2. Schwierigkeiten bei der Fehlerdefinition

Schon die einfachste Definition von Fehler als „eine Abweichung von einem Soll-Wert", wird bei näherer Betrachtung ungenau. Mit einem Soll-Wert wird das sachlich Richtige, die erwartete Qualität des Ziels, das durch intendierte Handlung erreicht werden soll, beschrieben und festgelegt. Toleranzgrenzen geben an, ab welchem Grad der Abweichung ein fehlerhaftes Ergebnis oder ein unerwartet gutes Ergebnis vorliegt. Vom Fehler wird dann gesprochen, wenn die Abweichung negativ bewertet wird, also in eine bestimmte Richtung geht, obschon es für die Definition „Fehler" eigentlich gleichgültig sein müsste, in welche Richtung die Abweichung stattfindet.

Die Frage danach, wodurch und für wen eine Abweichung zu einem großen Fehler (oder einem kleinen Fehler) wird, macht die nächste Schwierigkeit für eine Definition sichtbar. Spätestens wenn es sich um einen etwas komplexeren

Zusammenhang handelt, in dem eine unerwünschte Abweichung vorliegt, wird deutlich, dass Fehler im Alltag immer im Auge des Betrachters definiert werden.

Es kommt also so etwas wie Interesse ins Spiel, bzw. die Bewertung wird abhängig davon, welche Auswirkung die Abweichung für wen hat. Interessensgeleitete Abbilder von der Wirklichkeit und den darin wahrgenommenen Abweichungen bestimmen Toleranzgrenzen. Es ist erst dieses Abbild, von dem aus bestimmt wird, was im Falle einer unerwünschten Abweichung als Fehler bezeichnet wird. Es konstruiert sich an und in der individuellen Wirklichkeit und den damit verbundenen Erwartungen an das Selbst und die Umwelt. Je nach Perspektive oder Konsequenz wird in diesem Abbild dann auch von einem kleinen oder großen Fehler gesprochen. Auf diese Weise umfasst die Wahrnehmungs- und Bewertungsgrundlage für Abweichungen als Fehler zumeist mehr als nur den konkreten Handlungsprozess, einen reinen Soll-Ist-Wert Vergleich oder ein zu erwartendes Ergebnis.

Am Beispiel der Akkordarbeit wird sichtbar, dass eine Abweichung in Richtung ´mehr Arbeit in derselben Zeit´ (Leistungssteigerung) für den Arbeitgeber sicherlich nicht als Fehler definiert werden würde, schon aber von den arbeitenden Menschen, wenn sie sich mit einem neuen Leistungsziel für denselben Lohn konfrontiert sehen. Für eine Fehlerdefinition ergibt sich daraus die Schwierigkeit, dass subjektive Wahrnehmung, sowie situative und rollenspezifische Bewertungsgrundlagen für Abweichungen nicht spezifizierbar sind, da sie u.a. ständigen Veränderungen unterliegen.

Hinzu kommt, dass, wenn der Handlungsprozess für die Zielerreichung eine große Komplexität aufweist, durch ständige Überprüfung, wie nah man dem Ziel jetzt gekommen ist, die Handlung reguliert und Handlungsschritte gegebenenfalls angepasst werden. Hierbei kann auch die Verschiebung des Ziels selbst (ursprünglicher Soll-Wert) notwendig werden, wenn Bedingungen wahrgenommen werden, die dies notwendig machen, um die Handlung abschließen zu können. Durch eine solche Anpassung des Soll-Wertes im Handlungsprozess entsteht quasi automatisch eine Abweichung vom ursprünglichen Soll-Wert. Handlungstheoretisch bewegen wir uns bei einer Handlungsregulation also ständig zwischen Fehler und Korrektur, bis der abschließende Soll-Wert erreicht ist. Dann müsste zwischen unerfüllten Soll-Werten, die über den Handlungsprozess hinweg beibehalten wurden, und Abweichungen von Soll-Werten während des Handlungsprozesses genauer unterschieden werden, da sonst jeder Handlungsregulation ein Fehler zugrunde liegen würde. Eine Fehlerdefinition muss sich demnach immer auf die Abweichung vom aktuell gültigen (gegebenenfalls sich verändernden) Soll-Wert beziehen. Dann stoßen wir allerdings stoßen wir dann wieder auf das Problem, wer letztendlich die Bewertung vornimmt. Der Handelnde selbst kann den Soll-Wert aufgrund der gegebenen Bedingungen und Möglichkeiten angepasst haben und aus dieser Perspektive das Ergebnis als sachlich richtig bewerten. Aus der Perspektive der Fremdbewertung kann es aber weiterhin eine nicht tolerierbare Abweichung vom ursprünglichen Soll-Wert bleiben, die als Fehler bewertet wird.

Eine Abweichung von einem Soll-Wert ist mit objektivierbaren oder messbaren Maßstäben, wie sie in der Regeltechnik, der Grammatik oder in mathematischen Logiken vorliegen, scheinbar eindeutig und benennbar. Der Arbeitsalltag hingegen besteht zumeist aus komplexeren Handlungen und Arbeitsergebnissen, an denen mehrere Mitarbeiter beteiligt sind. Eindeutige Soll-Werte im Konsens mit allen Beteiligten und über alle Bedingungen hinweg sind hier schwer zu definieren. Häufig genug taucht die Schwierigkeit auf, ob Handelnder und Bewertender aus demselben Kontext stammen, ob sie denselben Soll-Wert meinen und wer letztendlich beurteilt, ob eine Abweichung vorliegt. Dazu wurden schon zu Beginn dieser Arbeit einige Überlegungen angestellt.

Die Anwendbarkeit und Gültigkeit einer allgemein gültigen Fehlerdefinition muss demnach in unmittelbarem Zusammenhang damit gesehen werden, dass
(a) subjektive Wahrnehmung, situative und rollenspezifische Bewertungsgrundlagen für Abweichungen nicht spezifizierbar sind, da sie ständigen Veränderungen unterliegen.
(b) der aktuell gültige (gegebenenfalls angepasste) Soll-Wert berücksichtigt werden müsste.
(c) definiert ist, wer die Bewertung vornimmt, ob eine unerwünschte Abweichung vorliegt.
(d) Handelnder und Bewertender aus demselben Kontext stammen und sie denselben Soll-Wert meinen.

Die Berücksichtigung und Präzisierung dieser Parameter beschreiben die Enge oder Weite (und damit Intentionen und Interessen) eines jeden praktischen Verfahrens zur Erhebung und Analyse von Fehlerereignissen und Fehlern.

Darin liegt ein Problem für die Fehlerforschung und das etablierte Fehlermanagement. Denn es wird über Fehler im Allgemeinen gesprochen, obwohl meistens sehr spezifische Fehler und Zusammenhänge gemeint sind. Auf diesem Hintergrund haben sich deshalb wohl auch unterschiedliche Begriffe herausgebildet: Handlungsfehler, Fehlhandlung, Fehlleistung, Materialfehler, Messfehler, Produktfehler, die im jeweiligen Begriff den Zusammenhang ausdrücken, in dem Abweichungen erhoben, beforscht oder analysiert werden sollen. Um für spezielle Untersuchungs- oder Analysezusammenhänge zu definieren, was als Fehler gelten soll, werden entweder bestimmte Fehlertypen aufgezählt oder die Definition wird immer umfangreicher oder extrem reduziert. Das Resultat sind immer mehr begrenzt gültige, kontext- und/oder interessensbezogene Definitionsansätze. Auf diese Weise wird eher ein bestimmtes Interesse, dem ein bestimmtes Abbild von Fehler zugrunde liegt, leitend für die Erhebung, Bewertung und Analyse des Phänomens. Viele Fehlerereignisse und darin enthaltene Informationen bleiben dabei unbeachtet.

Der Bewertung eines Ereignisses als Fehler liegt ein überaus subjektives Abbild von der Wirklichkeit zugrunde. Das subjektive Fehlerabbild resultiert aus Kriterien, die den arbeitenden Menschen selbst, die situativen und die strukturelle Bedingtheiten, sowie ihre Wechselwirkungen reflektieren. Gerade deshalb enthalten diese vom arbeitenden Menschen wahrgenommenen und bewerteten Fehlerereignisse über den betrachteten Einzelfall hinaus valide und nutzbringende Informationen über den gesamten Kontext, in dem sie sich ereignen.

Es ist festzuhalten:
(a) Ein Fehlerereignis wird als Abweichung von einem Soll-Wert definiert,
(b) in der Wahrnehmung konstruiert sich ein subjektives Abbild.
(c) Die Funktion des Fehlers wird als möglicher und teilweise notwendiger Zwischenschritt für die Handlungsregulation gesehen und ist zugleich
(d) Indikator und Informationsquelle für Grenzen und/oder Mängel im jeweiligen Kontext.

Wenn ein Ereignis wahrgenommen und bewertet wird,, das eine Abweichung sichtbar macht, resultiert daraus ein Fehlerabbild (Fehlerentdeckung). Dieses fällt sowohl kontext- und perspektivenbezogen (a, b) als auch funktionsbezogen (c, d) in der Regel sehr unterschiedlich aus.

Das Fehlerabbild ist im feldtheoretischen Sinn eine Gestalt. Die Abweichung oder Nichtpassung, die von jemandem als Phänomen wahrgenommen wird, wird in einem spezifischen Kontext (psychischen Feld) in einen Kausalzusammenhang gestellt. Die Gestalt wird bewertet und analysiert. Die dem Ereignis zugrunde-liegende Ursache ist der Fehler, der im Ereignis sichtbar wurde. Um tatsächliche oder antizipierte Begleiterscheinungen und Konsequenzen ergänzt, wird das Phänomen Fehler weiter erschlossen. Das Fehlerabbild wird so zu einem „erschlossenen Phänomen", einem Konstrukt über die Wirklichkeit. Auf dieser Ebene kann eine Definition von Fehlerereignis als Konstrukt notwendig werden.

Aus den vorangegangene Überlegungen und auf der Basis der Ergebnisse der vorliegenden Untersuchung können folgende Definitionen für „Fehler" und „Fehlerereignis" abgeleitet werden:

Ein **Fehler** liegt in der Vorgeschichte eines Fehlerereignisses und wird in diesem sichtbar. Im Fehlerereignis transportieren sich Informationen über die Vorgeschichte, den Handlungsverlauf, die Bedingtheiten, die handelnde Person, das System und die Aus- und Wechselwirkungen. Die Informationen haben sachliche und menschliche Aspekte. Der zugrundeliegende Fehler kann selbst auch wieder Ereignisqualität haben.

Ein **Fehlerereignis** ist eine nachträgliche subjektive Bewertung eines Ereignisses aufgrund einer Abweichung, die außerhalb der aktuellen Toleranzgrenzen liegt und die für jemanden im Handlungsfeld eine unerwünschte Konsequenz hat. Das Fehlerereignis ist gekennzeichnet von einem Zusammenwirken beobachtbarer und nicht beobachtbarer Faktoren, die einzigartig zusammentreffen.
Die Bewertung erfolgt anhand des dabei entstehenden Fehlerabbilds, dem wiederum subjektive Konstrukte über die Wirklichkeit zugrunde liegen.

3.3. Zur Annahme der Vermeidbarkeit von Fehlern

Unerwünschte Konsequenzen aus Fehlern sollen nicht sein? Also dürfen Fehler nicht sein? Also müssen sie vermieden werden? Es kann nicht sein, was nicht sein darf: Also übersehe ich sie einfach?

Wie bereits beschrieben, bringt die Definition von Fehlern schon enorme Schwierigkeiten mit sich. Wie schwierig ist es dann erst, etwas zu vermeiden, das gar nicht so genau gefasst werden kann? Nach dem Motto: *„Wenn das Wörtchen wenn nicht wär,..."*. Wenn irgendetwas anders gewesen wäre, dann hätte sich dieser Fehler nicht ereignet. Hinterher sind wir alle schlauer.

In der Nachträglichkeit liegt die Verführung zu glauben, dass wir das, was wir jetzt können oder wissen, doch auch vorher schon zur Verfügung hätten haben können oder müssen, so dass sich der Fehler nicht ereignet hätte, wenn... Aber, wenn sich etwas ereignet hat, dann ist es geschehen und es war offensichtlich nicht zu vermeiden, sonst hätte ja jemand mit Absicht gehandelt, und dann sprächen wir nicht von einer unerwünschten Abweichung, sondern von Sabotage. Gerade weil hinterher - nachträglich - auf die Dinge geschaut wird, die das Zustandekommen des Fehlerereignisses vermeintlich hätten verhindern können, erscheinen Analysen oft wie Rechtfertigungen und werden an situativen Details vorgenommen.

Die Frage nach der Vermeidbarkeit wird dann schnell zum Kriterium, an dem nachträglich und rückwirkend Verantwortung, Schuld oder Veränderungsbedarf festgemacht wird. In Arbeits- und Ausbildungszusammenhängen oder in der Gerichtsbarkeit wird dies zur Grundlage von Bewertung und Strafmaß. An der Annahme, dass wir es eigentlich hätten besser machen können oder wissen müssen, aber es nicht getan haben[1], bildet sich das Schuldgefühl heraus.

Werden Fehleranalysen auf diese Weise durchgeführt, so wird schnell der Blick für die Bedingungskonstellationen und Wechselwirkungen versperrt, die über den Einzelfall hinaus gehen, und das eigentliche Biotop, in dem sich das Phänomen „Fehler" zeigt, bleibt unbeachtet.

---

1 Anton Magnus (1976) hat sich in diesem Sinne ausführlich mit dem Schuldbegriff auseinandergesetzt.

Dass Fehler unvermeidbar oder sogar notwendig sind, zeigt sich am deutlichsten bei der Bewältigung neuartiger Problemstellungen. Hier wird von der Notwendigkeit und somit auch von der Unvermeidbarkeit des Fehlers ausgegangen (z.B. neue Arbeitsaufgaben, Umgebungen, Lerninhalte u.ä.). Um den geeignetsten Handlungspfad zu erschließen, werden im explorierenden „trial and error"- Handeln mögliche Fehler vorausgesetzt oder sogar begrüßt,. Sie werden dann genutzt, um zu lernen, ermöglichen Orientierung im Problemlöseraum und geben Rückmeldung über den eigenen Fähigkeitsstand. W. Köhler (1913) machte hier noch eine Unterscheidung zwischen dem „schlechten Fehler" (wiederholter Fehler, weil kein Erkenntnisgewinn stattgefunden hat) und dem „guten Fehler" (keine Wiederholung, da Erkenntnisgewinn aus der Aktion gewonnen wurde).

Beim ersten Mal ist ein Fehler demnach ein „guter Fehler", wird er wiederholt, weil kein Erkenntnisgewinn stattgefunden hat, wird er nach Köhler zum „schlechten Fehler". Die darin steckende Idee der Vermeidbarkeit des „schlechten Fehlers" und somit die Unterscheidung selbst, bleiben problematisch, denn: die Frage, warum kein Erkenntnisgewinn stattgefunden hat, wird erst gar nicht gestellt, und bleibt somit unbeantwortet. Die Vorstellung, die hier offenkundig wird, ist die, dass man selbstverständlich aus Fehlern lernen könne bzw. müsse. Damit drehen wir uns aber im Kreis und landen erneut bei der Schuldfrage. Dieser Rückschluss ist in der Arbeitswelt oft anzutreffen: Einmal kann jeder den Fehler machen, aber beim zweiten Mal...

Wie genau aus Fehlern gelernt werden könnte und wie sie somit zukünftig oder generell vermieden werden könnten, bleibt unklar. Die Forderung nach dem sachlich Richtigen bleibt bestehen. Dem liegt die Vorstellung zugrunde, es gäbe eine Kausalkette mit kontrollierbaren Einflüssen und Wechselwirkungen.

In Abhängigkeit von Wissen und Können der handelnden Person und oft auch in Abhängigkeit von den situativen Bedingungen (sowohl bei Fremd- als auch bei Selbstbewertung) wird ein gewisser Grad an Unvermeidbarkeit eines Fehlers beim ersten Mal zugestanden. Zur Klärung des Grades an Vermeidbarkeit (oder Unvermeidbarkeit) wird gefragt, ob (a) die Person über das Wissen und Können verfügte, das erwünschte Ziel zu erreichen, (b) die Person unter den gegebenen Bedingungen anders hätte handeln können und (c) die Konsequenzen durch früheres Eingreifen gemildert oder ganz hätten verhindert werden können – es geht also wieder um Schuld und Schuldbefreiung.

Sind Wissen und Können nicht vorhanden, wird schnell vom unvermeidbaren Fehler gesprochen. Das mag für den arbeitenden Menschen zutreffen. Für jedweden Arbeitszusammenhang bleibt dann dennoch ungeklärt, wieso ein unzureichend qualifizierter Mitarbeiter für Aufgaben eingesetzt wurde, die für diesen Mitarbeiter nicht zu bewältigen waren. Also wäre das dann doch ein vermeidbarer Fehler - nur in einem anderen Kausalzusammenhang?

Ähnlich wie bei der Definition von Fehler haben wir hier viele Aspekte, die unscharf bleiben. Denn es bleibt sowohl in Hinblick auf die Unvermeidbarkeit als auch in Hinblick auf die Vermeidbarkeit offen, auf was genau sich diese eigentlich beziehen sollen: auf die Bedingungen, die Ursachen, den Handlungsprozess, auf die Konsequenz, den Weg zum Ziel, die handelnde Person oder auf alles zusammen? Und es bleibt unklar, ob sich die Vermeidbarkeit auf Vergangenes oder auf Zukünftiges beziehen soll. Je nachdem, worauf Wert gelegt wird, werden erneut verschiedene Interessen sichtbar.

Um die Energie negative Konsequenzen zu verhindern, die in der Vermeidbarkeitsannahme steckt, praktisch zu nutzen, lohnt es sich, genauer hinzuschauen. Dazu gehört es auch zu akzeptieren, dass hundertprozentige Kontrolle nicht möglich ist. Denn ganz gleich, ob die Beschäftigung mit Fehlern den Einzelfall oder das Bedingungsgefüge in den Mittelpunkt stellt, muss bedacht werden, dass es sich immer um eine spezielle und einzigartige Konstellation gehandelt hat, die dieses Sichtbarwerden eines Fehlers möglich machte. Denn die Situation lässt sich nicht wiederholen, weil es niemals zwei gleiche Situationen geben kann, nicht zuletzt auch deshalb weil die Zeit weiter läuft. Stattdessen kann der Einzelfall genutzt werden, um Informationen über vorhandenes Veränderungspotential zu sammeln.

Wenn man Einblick in die Fehlerereignisprozesse erhält und die Konstellationsbedingungen für die Ereignisse beschreibbar werden, können Einflussmöglichkeiten abgeschätzt werden. Auf dieser Basis können dann Überlegungen erfolgen, die Bedingungen zukünftig in eine Richtung zu beeinflussen, dass beispielsweise bestimmte Konsequenzen vermieden werden können oder bekannte Ursachen für vorangegangene Fehlerereignisse ausgeschlossen werden. Dann könnte der Auslösung eines speziellen Fehlerereignisprozesses vorgebeugt werden. Die Wahrscheinlichkeit -aber eben nur die- für ein bestimmtes, sachlich Richtiges kann so erhöht werden. Die Vermeidbarkeit richtet sich dann auf bestimmbare Fehler (Ursachen), die durch die Analyse von Fehlerereignissen ermittelt wurden. Fehlerereignisse bleiben davon unberührt. Neben der nachträglichen Klärung von Verantwortung und Schuld ist mit der Annahme der Vermeidbarkeit also sinnvoller Weise gemeint: Aus der Analyse des Vergangenen etwas zu verstehen, dessen Veränderung dazu führen könnte, dass bestimmte Konstellationsbedingungen, die zu einer Abweichung führten, sich nicht wiederholen (z.B. durch anderes Werkzeug oder anderes Material).

Eine derart präzisierte Annahme beinhaltet, dass das Fehlerereignis selbst nicht vermeidbar war. Denn wenn Veränderungspotential ermittelt wird, so beschreibt dieses zugleich auch genau die Bedingtheiten, die das Fehlerereignis wahrscheinlich bzw. unvermeidbar gemacht haben. Es zeigt die Schwächen des vorhandenen Systems auf. Die Annahme der zukünftigen Vermeidbarkeit bedeutet dann die gleichzeitige Anerkennung der Unvermeidbarkeit des Vergangenen, und damit wird die Negation des Systems (Ortmann 2003) mitgedacht und mitertragen. Eine nutzbringende Analyse des Phänomens „Fehler" kann dann frei von jeder Schuldfrage und jedem Vermeidungsanspruch durchgeführt werden.

Zusammenfassend kann also festgestellt werden, dass „Vermeidbarkeit" als Kriterium für die Definition von Fehler oder die Beschäftigung mit dem Fehler im Zusammenhang mit der Klärung einer Schuldfrage oder im Sinne der Prävention sinnvoll ist, ansonsten aber nur wenig sinnvoll und eher begrenzend zu sein scheint.

Für eine nutzbringende Fehlerforschung sollte das Phänomen „Fehler" zunächst frei von leitenden begrenzenden Interessen im Mittelpunkt stehen. So kann es dann zum Ausgangspunkt für eine Analyse und sich daran anschließende Vermeidbarkeitsbemühungen werden. Und selbst in der sich anschließenden Auswahl der Bedingtheiten, die beeinflusst werden sollen, sollten vielfache Interessen (z.B. Mitarbeiterziele, Unternehmensziele und wirtschaftliche, ergonomische, ökologische Belange) berücksichtigt werden, denn Wechselwirkungen finden statt.

Die Vermeidbarkeitsbemühungen bedürfen einer Präzisierung. In Hinblick darauf was denn nun eigentlich vermieden werden soll: Ursachen, Prozesse oder Auswirkungen -also auf die zugrundeliegenden Interessen, denn jede Zielsetzung impliziert ein anderes Vorgehen.

3.4. Die positive Funktion von Fehlerereignissen

Einen Zugang zum Phänomen Fehler zu finden und Möglichkeiten zu eröffnen und ihn zu nutzen, war das Anliegen dieser Arbeit. Auf dem Weg einer phänomenologischen Annäherung ist nun möglich, Fehler besser zu verstehen, Zusammenhänge und Veränderungspotential abzuleiten und Fehler als Ursache von Ereignissen zu begreifen. So unvermeidbar Fehlerereignisse sind, so nützlich sind sie auch. Der positive Nutzen des Fehlers und die Funktion der Fehlerereignisse stellen sich auf unterschiedlichen Ebenen dar:

(1) als unmittelbare Rückmeldung auf die aktuelle Handlung und das Funktionspotential des Handelnden,

(2) als Informationsquelle über den Tätigkeitszusammenhang und

(3) als Informationsquelle über das Bedingungsgefüge innerhalb des jeweiligen Tätigkeitsfelds.

Am offensichtlichsten wird die positive Funktion des Fehlers, der in einem Ereignis erlebt und wahrgenommen werden kann, wohl in der unmittelbaren Rückmeldung. Diese ermöglicht im konkreten Handeln oder beim Problemlösen einen Teil der das jeweilige Problem (die Zielerreichung) determinierenden Bedingungen zu entdecken und zu bearbeiten. In so einem Fall dient der Fehler gewissermaßen als Zwischenlösung für die eigentliche Problemlösung (Duncker 1935). Wie in dieser Untersuchung gezeigt werden konnte, stecken in Fehlerereignissen noch mehr Hinweise (z.B. über unzureichende Leistungsvoraussetzungen, über mangelnde Qualifikation u.ä.), die über das aktuelle Ziel (gestelltes Problem) hinaus auf andere determinierende Bedingungen (Probleme) hinweisen. Fehler, Fehlerereignisse, Probleme und Problemlösen sind also auf eine Weise miteinander verknüpft.

Daher zum Schluss noch ein Blick auf das Verhältnis zwischen Problem und Fehler. Unter Problem wird zunächst eine (schwierig) zu lösende Aufgabe verstanden. Das kann auch die Bewältigung von Konsequenzen aus Fehlerereignissen bedeuten. Wenn es Produktmängel oder Unfälle gibt, dann liegt ein Problem vor. Die Probleme, die zu lösen sind, heißen dann z.B. „wie erreichen wir weniger Reklamationen?" oder „wie erhöhen wir Sicherheit?". Ein Unfallereignis selbst ist ein Fehlerereignis. Eine Konstellation von Bedingtheiten hat zu einem Unfall geführt. Die Informationen, die das Ereignis enthält, die Vorgeschichte, der mögliche Sturz von einer Leiter und die anschließende Verletzung liefern Hinweise, um die Lösung für das Problem „wie erhöhen wir Sicherheit" angehen zu können. Die Hinweise dafür können von der Mikroebene (konkretes Tun des arbeitenden Menschen) über die aufgaben- und ausführungsbezogenen situativen Bedingungen bis hin zur Makroebene (Unternehmenskultur, Systemmängel) stammen, ausgewertet und auf diesen wiederum genutzt werden. Dies zu tun bedeutet, das Fehlerereignis und dessen Wahrnehmung durch den Menschen zum Ausgangspunkt weiterer Analysen zu machen. Ereignisse machen die Determiniertheiten des Handlungsraums sichtbar, in dem letztendlich Problemdefinition und Problemlösung stattfinden sollen.

Dafür wird das Fehlerabbild, das sich an den subjektiven Konstrukten über die Wirklichkeit bildet benötigt. Es liefert Expertenwissen über die Bedingtheiten des Handlungsfeldes, in dessen Kontext Probleme erkannt werden sollen. Diese Abbilder zu nutzen, um die Fehlerwirklichkeit daran zu rekonstruieren, gibt Einblick in vorhandene Probleme (z.b. Sicherheitsprobleme, Motivationsprobleme, Qualifikationsdefizite), für deren Lösung man sich entscheiden kann.

Ein Fehlerereignis zeigt Anpassungsbedarf an. Den zugrundeliegenden Fehler zu verstehen, daraus zu lernen und durch Anpassung ein Ziel zu erreichen, heißt gelernt und das Problem gelöst zu haben. Da die Ergebnisse dieser Arbeit eine Veränderung der Einstellung zum Fehlergeschehen implizieren, sei abschließend noch auf einige Einsichten, die in diesem Sinne in der Untersuchung gewonnen wurden und Hinweise auf ihre praktische Anwendung eingegangen.

◊ Aus Fehlern soll man lernen können, aber wie? Gemeint sind damit oft die Personen, denen der Fehler zugeschrieben wird, und im weiteren Sinne auch die Möglichkeit für jedermann, aus den Fehlern anderer zu lernen. Relativ einfach erscheint es bei Abweichungen von vorgegebenen Regeln, bei denen der Soll-Ist-Vergleich über Schablonen stattfindet. Typische Schablonen können Regelwerke für das Lösen von Mathematikaufgaben oder Funktionsweisen von Maschinen sein. Weicht das Ergebnis vom Soll-Wert über den Toleranzbereich hinaus ab, liegt ein Fehler vor. Der Weg zum richtigen Ergebnis kann regeltechnisch eingestellt oder regel(ge)recht trainiert werden. Aber -was für ein Lernen ist das? Gelernt wurde, durch Anwendung bestimmter Regeln den Soll-Wert zu erreichen, das „Warum" und „Wie" des Fehlers selbst bleibt davon unberührt. Dies ist eher eine Form des konditionierten Lernens (Skinner 1974), denn des erkenntnisorientierten Lernens (Bandura 1976, Bruner 1970, Aebli 1994).

Psychologische Theorien über das „Lernen" lassen sich bekanntlich grob in drei Gruppen aufteilen: (a) Verhaltensorientierte Lerntheorien, (b) Kognitive Lerntheorien und (c) Neurophysiologische Lerntheorien. Lernen ist eine „allgemeine, umfassende Bezeichnung für Veränderungen des individuellen Verhaltens auf bestimmte Reize, Signale, Objekte oder Situationen. Sie haben ihre Grundlage in (wiederholten) Erfahrungen, die automatisch registriert und/oder bewusst verarbeitet werden. Lernen ist nur dann gegeben, wenn ausgeschlossen werden kann, dass dieselben Veränderungen des Verhaltens auf (a) angeborene Reaktionstendenzen (z.B. Reflexe, Instinkte), (b) Reifungsprozesse oder (c) vorübergehende Veränderungen des Organismuszustandes (z.B. durch Ermüdung, Drogen, Pharmaka, biologische Bedürfnisse, Erkrankungen) zurückgehen" (Bower & Hilgard 1981, S.11). Demnach bezieht sich das Lernen auf ein Individuum, das etwas erlebt, nämlich Reize, Signale, Objekte oder Situationen. Das Phänomen Fehler als Abweichung von einem Soll-Wert kann Erlebnisqualität haben –oder eben auch nicht, je nachdem ob und was wahrgenommen wird. Nicht jedes Fehlerereignis, nicht jede Abweichung beinhaltet also einen Lernimpuls.

Auf der psychischen Ebene scheint es viele Variablen zu geben, die Einfluss darauf haben, ob Wahrgenommenes zum Lernimpuls wird oder nicht. Möglicherweise ist jede Verhaltensänderung und damit jedes Lernen zunächst an die Wahrnehmung eines Ereignisses und die subjektive Bewertung „fehlerhaft" geknüpft. Denn die Wahrnehmung einer Differenz, eines Unvermögens, einer Lücke, die es zu füllen gilt, kann es sein, was ein Motiv schafft, um zu lernen. Also erst das Bedürfnis, das entsteht, weil der aktuelle Zustand als „fehlerhaft" bewertet wird, motiviert zum Lernen. Dann ist die Frage nicht mehr, wie man aus Fehlern lernen kann, sondern man gelangt zu der Feststellung, dass es ohne Fehlerereignisse gar kein Lernen gäbe.

In diesem Gedankengang fehlt noch die Verknüpfung zum Impuls. Was charakterisiert einen Fehler, ein Fehlerereignis, dass ein Lernimpuls daraus resultieren kann und somit zum Lernen genutzt werden könnte? Um Kriterien entdecken zu können, die Fehlerereignisse kennzeichnen, die einen Lernimpuls mit sich bringen, müssen die Prozesse, die Lernen definieren, genauer betrachtet werden. „Die vermittelnden Prozesse des Lernens beziehen sich auf Veränderungen der Verhaltensmöglichkeiten oder -bereitschaften und bilden die latente Grundlage für im Situationsbezug manifeste Verhaltens-, Auffassungs- und/oder Denkweisen. Lernen und Gedächtnis stehen in engem Zusammenhang; Lernen bezieht sich auf Verhalten nach Erfahrungen bzw. Übung, Gedächtnis dagegen auf die Prozesse der Einspeicherung von Erfahrungsrepräsentationen und ihren Abruf im Dienst neuer Aufgaben bzw. der Bewältigung von Situationen" (Bower & Hilgard 1981, S.11). Lernen bezieht sich auf das veränderte Verhalten nach Erfahrungen. Eine erlebte Erfahrung, ein Erlebnis ist etwas, wovon ein Individuum berührt ist, etwas, das im Gedächtnis repräsentiert ist. Als Erlebnis werden vorzugsweise einschneidende, als existentiell bedeutsam umschriebene Episoden des Erlebens bezeichnet, die sich auf stark emotional getönte, unter hoher Ich-Beteiligung gesammelte Erfahrungen beziehen. Das könnte ein Kriterium sein, welches den Fehler, das Fehlerereignis auszeichnen muss, damit ein Lernimpuls erfolgen kann. Eine stark emotional getönte, unter hoher Ich-Beteiligung gesammelte Erfahrung, die eine unerwünschte Abweichung zum Gegenstand hatte. Zugleich wäre es ein Ansatz, der erklären könnte, warum Menschen „sehenden Auges" (wider besseren Wissens) das „Falsche" tun, und es offenbar doch so schwer ist, aus den Fehlern anderer zu lernen, denn: es hat zuvor keine Ich-Beteiligung am „besseren Wissen" bzw. an dem Ereignis der unerwünschten Abweichung gegeben.

Ein weiterführender Gedanke, der untersucht werden könnte, wäre dann: ist emotionale Beteiligung an einem Fehlerereignis Voraussetzung, um daraus lernen zu können.

◊ Ausgehend davon, dass Erleben mit Emotionen einhergeht, sollen hier noch einmal die Affekte betrachtet werden, die Handlungsstörungen begleiten (Boesch 1976) und somit im Zusammenhang mit Fehlern auftreten können. Handlungsstörungen sind Abweichungen vom geplanten oder erwarteten Handlungsverlauf und werden, sobald sie den Toleranzbereich verlassen, als Fehler bewertet. Dabei auftretende Affekte dienen im aktuellen Handeln der Evaluation des Ich. Die reflexive Funktion der Affektverarbeitung besteht dabei darin, die vierfache Affektbedeutung (objektiv-subjektiv; aktuell-grundsätzlich) nachzuvollziehen, und die sich daraus als notwendig ergebenden Umstrukturierungen der Handlung zu erbringen.

Über das eigene aktuelle Handeln hinaus können erlebte Situationen oder Reize, die auf das Individuum einwirken, eine Abweichung von erwarteten Bedingungen oder Ereignissen darstellen. Sie können als Handlungsstörungen in einem größeren Kontext bewertet werden (z.B. der Ausbruch eines Krieges).

Auch hier können es die Emotionen sein, die eine Bewertung der Abweichung einleiten und ein Fehlerabbild entstehen lassen. Gleich ob im direkten oder im weitern Bezugsrahmen, wenn Defizite und/oder Veränderung wahrgenommen werden, sind Emotionen und Erwartungen beteiligt: den eigenen Mangel erkennend sind sie auf das Subjekt gerichtet, als Bedürfnis oder Wunsch sich äußernd, oder sie sind auf die Sache, das Ereignis gerichtet, sich glücklich und zufrieden zu schätzen, daran beteiligt zu sein, oder es als Fehlerereignis abzulehnen.

Ein Bewusstsein eigener „Fehlbarkeit", das nicht auf Konkurrenten oder externe Bewertungen gerichtet ist, sondern sich an subjektiven Fehlerabbildern über die Wirklichkeit orientiert, ist ein Zugang zu der nutzbringenden Analyse erlebter Fehlerwirklichkeit und zum Lernen. Die von Boesch (1976) auf die Affektbedeutung bezogene vierfache Reflexion stellt dabei auch für Fehlerereignisse in Arbeitsprozessen einen Analyseweg dar: objektiv-subjektiv entspricht dann z.b. Qualifikationsmangel – individuelle Leistungsgrenze und aktuell-grundsätzlich z.b. situative Bedingungen - Systemmängel.

Diesen Weg zu gehen heißt eigene Fehlbarkeit als Fähigkeit zu schätzen, die es erst ermöglicht Anpassungsbedarf auf vier Bedeutungsebenen zu ermitteln. Diese Hinwendung zum Fehler ist Fehlerfreundlichkeit, die ein gehöriges Maß an Ambiguitätstoleranz braucht, um das Spannungsfeld, das sich auftut auszuhalten: handelnd eine unvermeintliche und notwendige Rückmeldung über Anpassungsbedarf (lernen und überleben) zu erhalten und den antizipierten und tatsächlichen Konsequenzen (und Unsicherheiten), die jedes Handeln begleiten. Boesch (1976) beschreibt dies als das Pathos, das unseren Alltag ausmacht.

◊ Wenn nun, wie in dieser Untersuchung, erlebte Fehlerereignisse berichtet und kontextbezogen untersucht werden, können Informationen über das System, darin existierende Soll-Werte, Bewertende, Handelnde, Handlungsbedingungen, Abweichungen und Fehlerquellen sichtbar werden. Die Organisation gibt mit ihren Rahmenbedingungen den Kontext vor, in dem Arbeitshandeln stattfindet. Gefüllt wird dieser mit einer Vielzahl von Individuen, die einzelne Subkontexte herstellen. Eine sich ständig verändernde Anzahl und Qualität von weiteren Bedingungsvariablen beeinflussen die Organisation und somit die darin arbeitenden Menschen. Die in den Einzelfällen transportierten Informationen können auf der Ebene des Tätigkeitsfeldes genutzt werden. Durch eine genauere, entindividualisierte Betrachtung über Einzelfälle hinaus kann der Anpassungsbedarf oder das Veränderungspotential beschrieben werden.

In etablierten Instrumenten zur Fehleranalyse werden üblicherweise Funktions-fehler ermittelt, und es wird versucht, sie zu beseitigen. Dies ist jedoch nur ein kleiner Bereich von Ursachen für Fehlerereignisse und wird vor allem dem arbeitenden Menschen und seinen Fähigkeiten (auch der, Fehlerereignisse zu verursachen) in keiner Weise gerecht. Bleibt das Lernen und damit einher-gehende Verhaltensveränderung auf die Reduktion von Funktionsfehlern be-schränkt, besteht die Gefahr, dass Fähigkeiten und Fertigkeiten und somit die Variabilität des menschlichen Verhaltens verkümmern (konditioniertes Lernen). Auf Gemeinschaften und Organisationen übertragen bedeutet es dann, dass ein System immer anfälliger für Fehlerereigniskonsequenzen wird, weil die Kompe-tenz zum korrigierenden Eingreifen oder zu vorwegnehmender Risikoein-schätzung verloren geht.

Damit .eine Organisation oder ein soziales System aus Fehlern erkenntnis-orientiert lernen kann, bietet sich eine Reflexion der Bedingtheiten auf der Er-scheinungsebene an, die in Form der individuellen Fehlerabbilder der Mitarbeiter oder Gruppenmitglieder zugänglich ist. Eine Form, die von einigen Führungs-kräften genutzt wird, wenn neue Mitarbeiter in ein Unternehmen eintreten. Da ihre Wahrnehmung für Abweichungen, Irritationen und Hindernissen noch nicht von Gewohnheit und Akzeptanz getrübt sind, liefern ihre Fehlerabbilder häufig gute Hinweise über einen Anpassungsbedarf, der von langjährigen Mitarbeitern alltäglich handelnd nicht mehr wahrgenommen werden kann.

Für ein Individuum ist der Fehler als solches, der sich im Fehlerereignis zeigt, ist bereits dadurch nützlich, dass er überhaupt sichtbar wird. Er bestätigt gewisser-maßen die Existenz des Individuums in einem bestimmten Kontext und den Vollzug einer Handlung, damit das ein bewertbares Ergebnis vorliegt. Jedes Individuum, das ein Handlungsergebnis bewertet, erlebt seine Existenz einge-bettet in einen Kontext, der Kriterien für eine solche Bewertung überhaupt erst möglich macht. Durch die Bewertung eines Ereignisses als Abweichung, als Differenz zu einem Soll-Wert, wird die bestehende Ordnung (die vorgebende Ordnung) bestätigt, und der bewertende Mensch erlebt das Handlungsergebnis als Teil dieser Ordnung. In diesem Sinne ist das Fehlerereignis ein notwendiger Teil eines jeden Systems, das durch den dazugehörigen Bewertungsvorgang Zugehörigkeit stiftet. Die negative Bewertung von Fehlerereignissen liefert die dabei die Energie, zu reflektieren und gegebenenfalls Veränderungen anzustreben oder sie führt dazu, restriktive funktions- und systemkonsolidierende Maßnahmen einzuleiten.

Den Menschen dabei als Teil eines Systems zu begreifen, ist ein also ein sinnvolles Konzept, denn Menschen stehen in ständiger Wechselbeziehung zu ihrer Umwelt. Wenn aber der arbeitende Mensch auf ein Systemelement reduziert wird, das ein bestimmtes Funktionieren sicherstellen soll, wird angenommen, dass die Struktur eines Systems eigentlich perfekt ist und nur eine Schwachstelle Mensch-Technik oder Mensch-Umwelt noch verbessert werden muss. Dann werden Systemmängel, die z.B. zu Produktfehlern führen, als Anlass genommen, um nur diese spezielle Schnittstelle weiter zu verbessern, jedoch nicht, um ein System an sich kritisch zu hinterfragen. Das wird bei einer funktionsorientierten Fehleranalyse quasi auch von vornherein vermieden, denn hier werden nur Rückmeldungen zur weiteren Analyse herangezogen, die sichtbar machen, an welcher Stelle der vorgegebene Systemzweck nicht optimal erfüllt wird. Den arbeitenden Menschen auf ein Systemelement zu reduzieren hieß das Spannungsfeld gar nicht erst betreten zu müssen.

Wird aber der arbeitende Mensch und sein Abbild von der Fehlerwirklichkeit zum Gegenstand einer Analyse, werden Schwachstellen der Mensch-Umwelt Schnittstelle sichtbar, die ohnehin als Teilmenge die Mensch-Technik Schnittstelle beinhalten. Dann kann mit dem Mut zur „Excellence" eine Schwachstelle über eine Schnittstelle hinaus am System reflektiert werden. Denn zu Überleben und/oder nach Verbesserung zu streben, heißt immer wieder kritisch auf allen Ebenen mit ihren Wechselwirkungen und Bedingtheiten Anpassungsbedarf zu realisieren. Und eben hier ist die positive Funktion des Fehlerereignisses am deutlichsten. Ob in Organisationen oder im Alltag: Ereignisse, die wir als „fehlerhaft" bewerten, machen eine Differenz sichtbar, die wiederum eine Reflexion auslösen kann und so zum Anlass werden kann, (überlebens)notwendige Veränderungen einzuleiten.

Teil E
Literaturverzeichnis und Anhang

1. Literaturverzeichnis

Aebli, H. (1980). *Denken. Das Ordnen des Tuns, Bd.1* . Stuttgart:.

Aebli, H. (1994). *Zwölf Grundformen des Lehrens. Eine allgemeine Didaktik auf psychologischer Grundlage* . Stuttgart.

Algedri, J. (1999). Verbesserte Wirtschaftlichkeit und Arbeitssicherheit durch systematisches Fehlermanagement. In Gersten, K. (Hrsg.): *Arbeitbund Technik in den neuen Bundesländern Band 6.* Bremerhaven: Verlag Neue Wirtschaft.

Algedri, J. & Bekiroglu, M. (2000). Fehlervermeidung mit System – Human- FMEA. In *QUALITY ENGINEERING, Heft 7-8/00.* (S. 14-16).

Algedri, J. & Frieling, (1998). *Integrierte Fehler- und Risikoanalyse durch die Weiterentwicklung der FMEA – Stand der Entwicklung und praktische Umsetzung.* Düsseldorf: VDI, VDI Berichte Nr. 1448.

Algedri, J. & Frieling, E. (2000). Integrierte Fehler- und Risikoanalyse. In Timpe, K.P.; Willumeit, H. P.& Kolrep, H. (Hrsg.): *Bewertung von Mensch, Maschine, Systemen.* Düsseldorf: VDI Verlag, (S. 161-170).

Algedri, J. & Frieling, E. Katschke, M. & Barchfeld, K.-H. (1999). Qualitätsverbesserung durch humane Arbeitsgestaltung – Effiziente Fehlervermeidung. In *QUALITY ENGINEERING Heft 5/99.* (S. 44-47).

Alsleben, K. & Wehrstadt, W. (Hrsg.) (1966). Praxeologie . Quickborn: Verlag Schnelle, Eberhard und Wolfgang Schnelle GmbH.

Anderson, J. R. (2001). *Kognitive Psychologie.* Heidelberg; Berlin: Spektrum.

Argyris, C. (1997). *Wissen in Aktion.* Stuttgart: Klett-Kotta.

Baecker, D. (1993). *Kalkül der Form.* Frankfurt/Main: Suhrkamp.

Baecker, D. (2003). *Organisation und Management. Aufsätze.* Frankfurt/Main: Suhrkamp.

Baecker, D. (2003). Seid fruchtbar und macht viele Fehler! *TAZmag, 24./25.Mai 2003.* (S. IV-V).

Bandura (1976). *Lernen am Modell. Ansätze zu einer sozialkognitiven Lerntheorie.* Stuttgart .

Boesch, E. E. (1976). *Psychopathologie des Alltags. Zur Ökopsychologie des Handelns und seiner Störungen.* Verlag Hans Huber Bern Stuttgart Wien.

Bower, G.H. & Hilgard, E.R. (1981). Theories of learning. Englewood Cliffs, N.J.: Prentice Hall.

Bruner, J. (1970). *Der Prozess der Erziehung.* Berlin.

Brunner, F.J.& Wagner, K. (1997). *Taschenbuch Qualitätsmanagement.* München Wien: Carl Hanser Verlag.

Deming, E. W. (1982). *Quality, Productivity and Competitive Position.* Massachusetts Institute of Technology, Massachusetts, USA..

DIN 1987: Frieling & Sonntag, (1999). *Lehrbuch der Arbeitspsychologie.* Verlag Hans Huber.

DIN ISO 8402:1995 (1995). Deutsches Institut für Normung

DIN EN ISO 8402 - *Qualitätsmanagement (Begriffe). August 1995.* Beuth Verlag, Berlin.

DIN ISO 9002 (1995). Modell zur Darlegung des Qualitätsmanagementsystems in Produktion, Montage und Wartung *Qualitätsmanagementsysteme.*

Dörner, D. (1987). On the difficulties people have in dealing with complexivity, in: J. Rassmussen (Ed.) *New Technology and Human Error.* New York: Willy & Sons Ltd., (S.97-100).

Dörner, D. (1992). *Die Logik des Misslingens. Strategisches Denken in komplexen Situationen.* Reinbek.

Duncker, K. (1935). *Zur Psychologie des produktiven Denkens.* Berlin: Springer.

Dürkheim, E. (1966). Über die Anomie.In: Mills, C.W. (Hrsg.): *Klassik der Soziologie. Eine polemische Auslese.* Frankfurt a.M., (S.394-436).

Emery, F.E. (1959). *Characteristics of Socio-.Technical Systems.* Document No.527, London:Tavistock Institute of Human Relations.

Federn, P. (1933). Die Ichbesetzung bei den Fehlleistungen *IMAGO Zeitschrift für psychoanalytische Psychologie, ihre Grenzgebiete und Anwendungen, Heft 4.* Band XIX.

Firnstahl, T. W. (1990). Mitarbeiter garantieren die Produktqualität *HARVARDmanager, Heft 1/1990.* Hamburg .

Fitts,P.M. & Jones, R.E. (1947). *Psychological aspects of instrument display.* Dayton, O: U.S. Air Force, Air Material Command, Wright-Patterson Air Force Base, (Mem. Rep. TSEAA-694-12A).

213

Fitts,P.M. & Jones, R.E. (1961). *Analysis of Factors Contributing to 460 Pilot Errors Experiences in Operating Aircraft Controls. In: Wallace, H. (Ed.) Selected Papers on Human Factors in the Design an Use of Control Systems.* New York.

Flanagan, J.C. (1954). The Critical Incident Technique *Psychological Bulletin, No.51.* (S.327-358).

French, J.R.P., et al (1962). A programmatic approach to studying the industrial environment and mental health *Journal Soc. Issues, 18.* (S.1-47).

Frese, M. (1998). Managementfehler und Fehlermanagement. *Personalführung 2.*

Frese, M. & Sabini,J. (1985). *Goal-directed behaviour. The concept of action in psychology.* Hillsdale, NJ:Erlbaum.

Frese, M. & Zapf, D. (Hrsg.) (1991). Fehler bei der Arbeit mit dem Computer: Ergebnisse von Beobachtungen und Befragungen im Bürobereich *Schriften zur Arbeitspsychologie; Nr. 52.* Bern: Verlag Hans Huber.

Freud, S. (1973). *Zur Psychopathologie des Alltagslebens.* Frankfurt am Main: Fischer Taschenbuch Verlag GmbH.

Freud, S. (1954). *Gesammelte Werke in Einzelbänden.* Frankfurt am Main, Hamburg: Fischer Bücherei.

Frieling, E., Facaoaru, C., Bendix, J., Pfaus, H.& Sonntag, K. (1993). *Tätigkeitsanalyseinventar. Theorie, Auswertung, Praxis. Handbuch und Verfahren.* Kassel: Ecomed Verlagsgesellschaft.

Fromm, M. (1995). Repertory Grid Methodik. Ein Lehrbuch. Weinheim: Deutscher Studienverlag.

Fromm, M. (1999). Cluster- und Hauptkomponentenanylysen von Repertory Grid Daten. In M. Fromm, *Beiträge zur Psychologie der persönlichen Konstrukte.* Münster u.a.: Waxmann, (S. 99-123).

Fuhrer, U. (1990). Person- Umwelt- Kongruenz. In L. Kruse, C.F. Graumann & E.-D. Lantermann (Hrsg.): *Ökologische Psychologie. Ein Handbuch in Schlüsselbegriffen.* München: Psychologie Verlags Union, (S. 143-153).

Genter, D. und Stevens, A.L. (Ed.) (1983). *Mental Models.* Hillsdale, NJ: Erlbaum.

Gliszczynska, X. (1966). Genetische Klassifikation des praktischen Fehlers. In K. Alsleben & W. Wehrstedt (Hrsg.): *Praxeologie.* Quickborn: Verlag Schnelle, Eberhard und Wolfgang Schnelle GmbH. (S. 105-117).

Gollwitzer, P. W. (1996). Das Rubikonmodell der Handlungsphasen. In J. Kuhl & H. Heckhausen (Hrsg.): *Enzyklopädie für Psychologie: Motivation, Volition und Handlung. Themenbereich C, Serie IV.* Göttingen: Hogrefe, (S. 531-582).

Gollwitzer, P. W. & Malzacher, J. T. (1996). Absichten und Vorsätze. In J. Kuhl & H. Heckhausen (Hrsg.): *Enzyklopädie für Psychologie: Motivation, Volition und Handlung. Themenbereich C, Serie IV*. Göttingen: Hogrefe, (S. 427-468).

Graf, O. (1960). *Arbeitspsychologie*. Wiesbaden.

Greif, S., Bamberg, E., Semmer, M. (Hrsg.) (1991). *Psychischer Streß am Arbeitsplatz*. Göttingen: Hogrefe.

Gruber, H.& Mierdel, B (2001). *Leitfaden zur Gefährdungsbeurteilung*. Bochum: Verlag Technik & Information. 5. vollständig überarbeitete Auflage.

Hacker, W. (1986). Arbeitspsychologie. In: Ulich, E. (Hrsg): *Schriften zur Arbeitspsychologie, Band 41*. Bern: Huber .

Hacker, W. & Vaic, H. (1973). Psychologische Analyse interindividueller Leistungsdifferenzen als eine Grundlage von Rationalisierungsbeiträgen. In: Hacker, W. Quaas, W., Raum, H. & Schulz, H.-J. (Hrsg.) *Psychologische Arbeitsuntersuchung: Zur Methodik arbeitspsychologischer Rationalisierungsbeiträge*. Berlin: Verlag der Deutschen Wissenschaft.

Heckhausen, H. (1986). *Intentionsgeleitetes Handeln und seine Fehler*. München: Max-Planck-Institut für psych. Forschung.

Heinz, K., Lolling, A., Menk, J. (2000). Verfahren zur Bewertung der menschlichen Zuverlässigkeit. In: *Zeitschrift für Arbeitswissenschaft, Heft 3-4/2000*. Stuttgart: GFA-Press ERGON.

Helmreich R.;& Schaefer, H.G. (1998). Team performance in the operating room. In: Bogner MS, (ed.): *Human error in medicine*. Hillside, NJ: Lawrence Erlbaum.

Helmreich, R.W. (2001). Fehler sind meist eine Frage der Unternehmenskultur In: *Psychologie Heute, Januar 2001*. (S. 68-69).

Helmreich, R.; W., Klinect, J.R. & Merritt, A.C. (2001). Culture, error, and crew resource management. In: Salas E, Bowers CA, Edens E (Eds): *Improving Teamwork in Organizations. Applications of Resource Management Training*. Associates Inc.: Mahwah, New Jersey: Lawrence Erlbaum.

Helmreich, R. W., J.A; Gregorich, S.E & Chidester, T.R. (1990). *Preliminary results from the evaluation of cockpit resource management training: performance ratings of flight crews*. Aviat Space Environ Med. 61:576-9.

Helmreich, R. W. (1997). Teamwork gegen Flugzeug-Crash. Auszug aus Kommunikationstraining gegen menschliches Versagen im Cockpit. *Spektrum der Wissenschaft, Ausgabe 7*.

Henniges, D., Marwitz, A. von der, Algedri, J. (1998). Optimierte Arbeitssystemgestaltung – Verbesserter Arbeitsschutz reduziert Fehler. In *Quality Engineering, Heft 11/98*. (S. 16-18).

Hettinger, T., Kaminsky, G. & Schmale, H. (1980). *Ergonomie am Arbeitsplatz. Daten zur menschengerechten Gestaltung der Arbeit.* Ludwigshafen Rhein: Friedrich Kiel Verlag GmbH.

Hoyos, C. Graf & Ruppert, F. (1999). Fragebogen zur Sicherheitsdiagnose (FSD). In H. Dunckel (Hrsg.), *Handbuch psychologischer Arbeitsanalyseverfahren.* Zürich: vdf Hochschulverlag an der ETH, (S. 125-146).

Hussy, W. (1998). *Denken und Problemlösen.* Stuttgart, Berlin, Köln: W. Kohlhammer GmbH.

Imai, M. (1992). *Kaizen. Der Schlüssel zum Erfolg der Japaner im Wettbewerb.* München.

Janet, P. (1928). *Les médications psychologiques, Vol. II, III.* Paris: Alcan (S. 36-37).

Jegerow, F.G. (1945). *Psychologie der Lesefehler auf verschiedenen Unterrichtsstufen, Ausgabe I.* Mitt. D. Akad. D. Päd. Wiss. D. RFSFR.

Kaminske, G. & Braur, J.-P. (1992). *Qualitätsmanagement von A bis Z.* München: Hanser Verlag.

Kelly, G. A. (1991). *The Psychology of Personal Constructs. Vol 1: A Theory of Personality.* London, New York: Routledge. (Reprint, orig. Publ. New York: Norton, 1955).

Kern, I. & Nijhoff, M. (Hrsg.) (1977). *Husserl, Edmund. Grundprobleme der Phänomenologie.* The Hague, Netherlands .

Kiessling, A. (1939). Fehler und Fehlhandlungen *Industrielle Psychotechnik.* Heft 16 (S. 123-129).

Kobi, E. (1994). Fehler. In: *Die neue Schulpraxis, 64, 2.* (S. 5-10).

Koffka, K. (1935). *Principles of Gestalt Psychology.* New York: Harcourt&Brace.

Köhler, W. (1959). Gestalt psychology today. In: *American Psycholgist 14:727-34.*

Köhler, W. (1969). *The Task of Gestalt Psychology.* Princeton, N.J.: Princeton University Press.

Köhler, W. (1913). *Intelligenzprüfungen an Menschenaffen.* Berlin.

Kotarbinski, T. (1961). *Grundfragen der Praxeologie oder der Lehre vom wirksamen Handeln.* Beograd: Serbische Akademie der Wissenschaft und Künste.

Kotarbinski, T. (1966). Was nützt die Praxeologie? In: Alsleben, Kurt & Wehrstadt, Wolfgang (Hrsg.) *Praxeologie*. Quickborn: Verlag Schnelle, Eberhard und Wolfgang Schnelle GmbH.

Kuhl, J. (1996). Wille und Freiheiterleben: Formen der Selbststeuerung. In J. Kuhl & H. Heckhausen (Hrsg.) *Enzyklopädie für Psychologie: Motivation, Volition und Handlung. Themenbereich C, Serie IV*. Göttingen: Hogrefe, (S. 665-765).

Leontjev, A.N. (1977). *Tätigkeit, Bewußtsein, Persönlichkeit*. Stuttgart .

Leplat, J. (1982). Accidents and incidents production: methodes of analysis. In: *Journal of occupational Accidents, 4*. (S.299-310).

Lewin, K. (1963). *Feldtheorie in den Sozialwissenschaften. Ausgewählte theoretische Schriften*. Bern und Stuttgart: Huber.

Lewin, K. (1982). Carl Friedrich Graumann (Hrsg.), Bd. 4 Feldtheorie *Kurt Lewin Werkausgabe*. Bern: Huber; Stuttgart: Klett Kotta.

Lolling, H. K. & Menk, J. (2000). Verfahren zur Bewertung menschlicher Zuverlässigkeit *Zeitschrift für Arbeitswissenschaft, 54*. (S.234-242).

Lück, H. E. (2001). *Kurt Lewin. Eine Einführung in sein Werk*. Weinheim und Basel: Beltz Verlag.

Luczak, H, Volpert, W. (Hrsg.). (1997). *Handbuch Arbeitswissenschaft*. Stuttgart: Schaeffer-Poeschel Verlag.

Luczak, H. (1998). *Arbeitswissenschaft*. Springer, Berlin.

Luhmann, N. (1994). *Soziale Systeme*. Suhrkamp.

Luhmann, N. (1995). *Funktionen und Folgen formaler Organisationen*. Berlin.

Magnus, A. (1976). *Wandlung des Schuldbegriffs*. Dorn.

Mansaray, N. (2000). *Wenn Führungskräfte irren. Die 20 gefährlichsten Manager-Fehler*. Wiesbaden.

Mead, G. H. (1968). *Geist, Identität und Gesellschaft*. Frankfurt a.M..

Mead, G. H. (1980). *Gesammelte Aufsätze I*. Frankfurt a.M..

Mehl, K. (1993). Über einen funktionalen Aspekt von Handlungsfehlern – Was lernt man wie aus Fehlern. In: *Fortschritte der Psychologie, Bd. 8*. Münster, Hamburg: Lit Verlag.

Meister, D. (1977). Methods of Predicting Human Reliability in Man-Mashine Systems *Human Factors 6*. (S. 621-644).

Meringer, R. (1900). Wie man sich versprechen kann *Neue Freie Presse, Ausgabe 23.08.1900*. Wien. (S. 6-7).

Meringer, R. (1908). *Aus dem Leben der Sprache. Versprechen, Kindersprache, Nachahmungstrieb.* Berlin: Behr.

Methodenhandbuch H-FMEA (2001). *Human Fehlermöglichkeits- und Einflußanalyse.* Universität Gesamthochschule Kassel: Institut für Arbeitswissenschaft.

Metzger, W. (1967). *Stimmung und Leistung. Die affektiven Grundlagen des Lernerfolgs.* Münster.

Metzger, W. (1975). Gestalttheorie und Gruppendynamik *Gruppendynamik, 6.* (S.311-331).

Miller, G. A., Galanter, E.& Pribram, K. H. (1973). *Strategien des Handelns.* Ernst Klett Verlag.

Miller, G.A., Galanter, E., Pribram, K.H. (1960). *Plans and Structure of Behavior.* New York.

Mittelstaedt, R. E. (2005). *Will your next error be fatal?*. Wharton School Publishing.

Müller, G.E. (1923). *Komplextheorie und Gestalttheorie. Ein Beitrag zur Wahrnehmungspsychologie.* Gottingen: Vandenhoeck & Ruprecht.

Münsterberg, H. (1914). *Grundzüge der Psychotechnik.* Leipzig: J.A. Barth.

Murray, Henry A. (1962). Towards a classification of action. In: *Toward a classification of interaction In: Parsons, T.& Shils, E. (Ed.) Toward a general theory of action.* New York and Evanston: Harper & Row publisher, (S. 434-464).

Murrell, K.F.H. (1965). *Ergonomics- Man in his Working Environment.* London.

Nalimow, V. (1975). *Theorie des Experiments.* Berlin: VEB Deutscher Landwirtschaftsverlag.

Nickel, G. (1972). Grundsätzliches zur Fehleranalyse und Fehlerbewertung. In G. Nickel (Hrsg.) *Fehlerkunde. Beiträge zur Fehlerbewertung und Fehlertherapie.* Berlin: Cornelsen-Velhagen & Klasing, (S. 8-24).

Nitsch, J.R (1981). *Stress. Theorien, Untersuchungen, Maßnahmen.* Bern.

Norman, D.A. & Shallice, T. (1980). *Attention to Action: Wiled and Automatic Control of Behavior.* University of California, San Diego, La Jolla: Center of Human Information Processing CHIPP 99.

Norman, D. A. (1980). Menschliches Versagen. In *PSYCHOLOGIE HEUTE, August 80.* (S. 65-71).

Norman, D. A. (1981). Categorization of Action Slips. In *Psychological Review, Volume 88, Number 1, January.* USA. (S.1-15).

Norman, D.A. (1988). *The Psychology of Everyday Things.* New York: Basic Books.

Ogden, C. K. & Richards, I. A. (1923). *The meaning of meaning.- A study of the influence of language upon thought and of the science of symbolism.* London: Kegan Paul, Trench, Trubner & Co.

Ohrmann, R. & Wehner, T. (). *Sinnprägnante Aussagen zur Fehlerforschung – Eine formal klassifikatorische und inhaltlich historische Darstellung aus Quellen verschiedener Einzeldisziplinen für den Zeitraum von 1820 bis 1988.* Sozialverträgliche Technikgestaltung (Bericht), Fördernummer 42.

Ortmann, G. (2003). *Regel und Ausnahme. Paradoxien sozialer Ordnung.* Suhrkamp Verlag Frankfurt.

Parsons, T. (1962). Values, Motives, and System of Action Parsons, T.& Shils, E. *(Ed.) Toward a general theory of action.* New York and Evanston: Harper & Row publisher, (S. 47-234).

Peirce, C. (1988). Naturordnung und Zeichenprozeß. Alano Verlag/Rader Publikationen, Aachen.

Perrow, C. (1992). *Normale Katastrophen. Die unvermeidbaren Risiken der Großtechnik.* Frankfurt/Main; New York: Campus Verlag.

Piaget, J. (1976). *Die Äquilibration der kognitiven Strukturen.* Stuttgart: Klett Cotta.

Proshansky,H.M., Ittelson, W.H., Rivlin, L.G. (Ed.) (1970). *Environmental Psychology. Man and his physical setting.* New York.

Rasmussen, J. (1987). The definition of human error and a taxanomy for technical system design. In: Rasmussen, J., Duncan, Keith&Leplat,J *New Technology and Human Error,.* London: Wiley .

Rasmussen, J. (1987). Trends in human reliability analysis. In *Ergonomics 28.* (p. 1185-1195).

Reason, J. (1977). Skill and error in everyday life. In M. Howe (Ed.) *Adult learning.* London: Wiley, (S. 21-44).

Reason, J. (1979). Actions not as planned. The price of automatization. In: G. Underwood & R. Stevens (Eds). *Aspect of Consciousness, Volume I: Psychological Issues.* London: Wiley.

Reason, J. (2003). *Human Error.* Cambridge University Press.

Reer,B., Straeter, O.& Mertens, J. (1996). *Evaluation of Human Reliability Analysis Methods Adressing Cognitive Error Modelling and Qualification.* Institut für Sicherheitsforschung und Reaktortechnik, Jül-3222.

Rice, A.K. (1958). *Productivity and Social Organisation: The Ahmedabad Experimet.* London:Tavistock.

Richter, G. (2001). *Psychologische Bewertung von Arbeitsbedingungen.* Wirtschaftsverlag NW, Verlag für neue Wissenschaft GmbH.

Rigby, L. (1976). The Nature of Human Error. In: *Annual technical Conference Transaction of the ASQC.* Milwuakee.

Rohmert, W. & Landau, K. (1979). *Das arbeitswissenschaftliche Erhebungsverfahren zur Tätigkeitsanalyse (AET).* Bern: Hans Huber.

Röhr, M. (1983). *Statistik, Band 2.* Thun und Frankfurt am Main: Verlag Harri Deutsch.

Sack, F. (1972). Definition von Kriminalität als politisches Handeln: der labeling approach. In: *Kriminologisches Journal 1/1972.*

Sack, F. (1973). Fragen und Probleme der Rechtsanwendung aus soziologischer Sicht. In:Albrecht, G., Daheim, H.-J., Sack, F. (Hrsg.): *Soziologie. Sprache und Bezug zur Praxis. Verhältnis zu anderen Wissenschaften.* Opladen.

Schmale, H. (1994). Spannung - die strukturierende Funktion der Differenz. In: Grassi, E.&Schmale, H. (Hrsg.):*Arbeit und Gelassenheit.* München: Fink.

Schmale, H. (1995). Psychologie der Arbeit . Stuttgart: Klett-Cotta.

Schmidtke, H. (Hrsg.) (1973). *Ergonomie 1. Grundlagen menschlicher Arbeit und Leistung.* München Wien.

Schneider, K., Wegge, J. & Konradt, U. (1993). Motivation und Leistung. In J. Beckmann, H. Strang & E. Hahn (Hrsg.): *Aufmerksamkeit und Energetisierung.* Göttingen: Hogrefe, (S. 101-123).

Schütz, A. (1974). *Der sinnhafte Aufbau der sozialen Welt. Eine Einleitung in die verstehende Soziologie.* Frankfurt a.M.

Schwarz, G. (1927). Über Rückfälligkeit bei Umgewöhnung. 1.Teil: Rückfalltendenz und Verwechselungsgefahr (Untersuchungen zur Handlungs- und Affektpsychologie) *Psychologische Forschung, Heft 9.* IV (S. 86-150).

Schwarz, G. (1933). Über Rückfälligkeit bei Umgewöhnung. 2.Teil: Über Handlungsganzheiten und ihre Bedeutung für die Rückfälligkeit (Untersuchungen zur Handlungs- und Affektpsychologie, XVI). *Psychologische Forschung, 18.* (S.143-190).

Selz, O. (1922). *Über die Gesetze des geordneten Denkverlaufs. 2.Teil, Zur Psychologie des produktiven Denkens und des Irrtums.* Bonn: Cohen.

Semmer, N. (1990). Stress und Kontrollverlust. In: F.Frei & I. Udris (Hrsg.): *Das Bild der Arbeit.* Bern: Huber. (S.190-207).

Senders, J. W. (1980). Wer ist wirklich Schuld am menschlichen Versagen? In: *PSYCHOLOGIE HEUTE, August 80*, (S. 73-78).

Senders, J. W.; Moray, N.; Smiley, A. (1985). *Modelling Operator Cognitive Interaction in Nuclear Power Plant Safty Evaluation. Bericht für das Atomic Energy Control Board.* Canada: Ottawa.

Sexton, J.B; Thomas, E.J. & Helmreich, R. (2000). Error, stress, and teamwork in medicine and aviation: cross sectional surveys . BMJ. 2000. 320:745-9.

Simon, H.A. (1994). *Die Wissenschaften vom Künstlichen.* Wien: Springer Verlag.

Skinner, B. (1974). *Die Funktion der Verstärkung in der Verhaltenswissenschaft.* München.

Spearman, C. (1928). The Origin of Error *Journal of General Psychology, Heft 1,* (S. 29-53).

Straeter, O. (2005). Modellierung menschlichen Verhaltens in komplexen Arbeitssystemen. In: *Ergonomie Aktuell, Ausgabe 006.* (S.22-26).

Straeter, O. (1999). Methodik zur Untersuchung menschlicher Zuverlässigkeit in technischen Systemen *At, Automatisierungstechnik 4/99.* (S.171-178).

Strohm, O. (2001). Qualitätskriterien für arbeitswissenschaftliche Beratungsleistung. Gestaltung betrieblicher Veränderungsprozesse. Was zeichnet erfolgreiche Projekte aus? In: *Arbeitswissenschaft als Dienstleistung. Dokumentation der Herbstkonferenz 11.-12.10.2001.* Dortmund: GfA-Press, (S.49-60).

Swain, A. D. (1973). An error cause removal program for industry. In: *Human Factors,* 15, (S. 207-221).

Swain, A. D & Guttman, H.E. (1983). *Handbook of Human Reliability Analysis with Emphasis on Nuclear Power Plant Applications.* Albuquerque.

Swain, A. D. (1989). *Comparative Evaluation of Methods for Human Reliability Analysis. GRS-71.* Köln und Garching: Gesellschaft für Reaktorsicherheit (GRS).

Thau, G. (1976). Menschliche Fehler in komplexen technischen Anlagen. In IFU-Kolloquium des TÜV-Rheinland (14.11.1974 *Praktische Anwendungen der Ergonomie in industriellen Prozessen.* Köln. (S. 73-83).

Trimpop, R.M. (2001). *Organisationaler Wandel im Arbeits-, Verkehrs-, Gesundheits- und Umweltschutz.* Wirtschaftsverlag NW Bundesanstalt für Arbeitsschutz und Arbeitsmedizin.

Trist, E.&Bamforth, K. (1951). Consequences of the Longwall method of coal getting. *Human Relations, 4.* (S. 3-38).

Tucholsky, K. (1931). Alias Kasper Hauser. *Weltbühne* 14. 7.4.1931.

Ulich, E. (1970). Periodische Einflüsse auf die Arbeit (Jahres-, Wochen- und Tagesschwankungen) In: Mayer, A., Herwig, B. (Hrsg.): *Betriebspsychologie Handbuch der Psychologie Bd. 9.* Göttingen, (S. 278-301).

Ulich, E. (1974). Die Erweiterung des Handlungsspielraums in der betrieblichen Praxis. In: *Industrielle Organisation, 43.* (S.6-8).

Ulich, E. (1998). *Arbeitspsychologie.* Schäffer-Poeschel Verlag, Stuttgart.

VDI Richtlinie 4006 (2003). *Menschliche Zuverlässigkeit. Methoden zur quantitativen Bewertung menschlicher Zuverlässigkeit.* Beuth Verlag GmbH.

Volpert, W. (1964). *Handlungsstrukturanalyse als Beitrag zur Qualifikationsforschung.* Köln: Pahl-Rugenstein Verlag.

Volpert, W. (1984). Das Konzept des Behavior setting und die Methodik einer ökologischen Arbeitspsychologie. *IfHA-Berichte Nr.3.* TU Berlin.

Volpert, W. (1994). *Wider die Maschinenmodelle des Handelns. Aufsätze zur Handlungsregulationstheorie.* Wolfgang Pabst Verlag.

Volpert, W., Oesterreich, R. Gablenz-Kosakovic, S., Krogoll, T. & Resch, M. (1983). *Verfahren zur Ermittlung von Regulationserfordernissen in der Arbeitstätigkeit (VERA).* Köln: TÜV Rheinland.

von Weizsäcker, E. U. & von Weizsäcker, C. (1985). Fehlerfreundlichkeit. In K. Kornwachs (Hrsg.): *Offenheit-Zeitlichkeit-Komplexität.* Frankfurt am Main: Campus, (S. 167-201).

von Weizsäcker, E. U. & von Weizsäcker, Christine (1986). Fehlerfreundlichkeit als evolutionäres Prinzip und ihre mögliche Einschränkung durch Gentechnologie. In Kollek, Regine & Tappeser, Beatrix & Altmer, G. (Hrsg.): *Die ungeklärten Gefahrenpotentiale der Gentechnologie.* München: Schweitzer, S. 153-166.

von Weizsäcker, V. (1997). *Gesammelte Schriften 4. Der Gestaltkreis. Theorie der Einheit von Wahrnehmen und Bewegen.* Frankfurt/M: Suhrkamp Verlag.

Wasser, H. (1995). Psychoanalyse als Theorie autopoietischer Systeme *Zeitschrift „Soziale Systeme",* Ausgabe 2/95, Deutschland .

Wehner, T. (1984). Im Schatten des Fehlers – Einige methodisch bedeutsame Arbeiten zur Fehlerforschung *Bremer Beiträge zur Psychologie Nr. 34.* Bremen: Universität, Studiengang Psychologie .

222

Wehner, T. & Endres, E. (1993). Über die Analyse unerwarteter Ereignisse und deren Verhältnis zu Kooperation im Produktionsalltag *Harburger Beiträge zur Psychologie und Soziologie der Arbeit, Nr. 5.* TUHH .

Wehner, T. & Stadler,M. (1996). Gestaltpsychologische Beiträge zur Struktur und Dynamik fehlerhafter Handlungsabläufe. In: *Enzyklopädie der Psychologie.*

Weick, K.E.& Sutcliffe, M.E. (2001). *Managing the unexpected. Assuring High Performance in an Age of Comlexity.* San Francisco.

Weimar, H. (1923). Wesen und Arten der Fehler (Teil II-IV) *Zeitschrift für päd. Psychologie, Heft 24.* Teil II S. 84-98, Teil III (S. 267-282), Teil IV (S. 353-372).

Weimar, H. (1925). *Psychologie der Fehler.* Leipzig: Klinkhardt.

Weimar, H. (1939). *Fehlerverhütung und Fehlervermeidung.* Düsseldorf: Hoch.

Weimar, H. (1942). Die psychologische Erfassung und Einteilung der Leistungsfehler. : *Z.f. päd. Psychol. Und Jugendk., 43.* (S.48).

Weiner, B. (1985). An Attributional Theory of Achievement Motivation and Emotion. In: *Psychological Review, 92, Number 4.* Los Angeles: American Psychological Association, Inc.; University of California, (S. 548-573)

Weingardt, M. (2004). *Fehler zeichnen uns aus.* Julius Klinkhardt.

Wertheimer, M. (1945). *Productive Thinking.* New York, London.

Westkämper, E. (1996). Null-Fehler-Produktion in Prozessketten. Maßnahmen zur Fehlervermeidung und -kompensation . Berlin-New York.

Wiener, Earl L. (1977). Controlled Flight into Terrain Accidents: System-Induced Errors *Human Factors, 19.* (S.171-181).

Wiener, Earl L. (1987). Automation routine can produce cockpit inattentiveness *Washington Post, Ausgabe 23.08.1987.* Washington (S. 1).

Wilke, H. (1994). *Systemtheorie II. Interventionstheorie.* Stuttgart, Jena.

Winch, P. (1974). *Die Idee der Sozialwissenschaft und ihr Verhältnis zur Philosophie.* Frankfurt/M..

Wörterbuch Psychologie (2002). München: Deutscher Taschenbuchverlag GmbH &Co.KG.

2. Anhang

2.1. Codierungstabellen

Die Tabellen enthalten die Codenummer der jeweiligen Kategorie, die Kategoriebezeichnung und die Häufigkeiten (f_i) mit der sie besetzt sind.

2.1.1. Ursachen

Tabelle für die ermittelten Ursachen mit den jeweiligen Häufigkeiten(f_i):

Code	Kategorie	f_i
1	Unzureichende Planung oder Arbeitsvorbereitung	105
2	Fehlende Standards für Arbeitsmittel, unzureichende Arbeitsbedingungen	57
3	Kalkulatorische Engpässe	67
4	Konkurrenzbedingte Engführung	43
5	Rationalisierungsbedingte Personalengpässe	66
6	Unzureichender Informationsaustausch	61
7	Mangelnde gegenseitige soz. Verantwortung	32
8	Unaufmerksamkeit	18
9	Überlastung	32
10	mangelnde Kooperation	51
11	konservatives Führungsverständnis	64
12	Fehlende, unzureichende, vernachlässigte Qualifizierung	37
13	Zusatzaufgaben	14
14	Zeitmangel	36
15	Mangelnde Transparenz der Projekte, des Arbeitseinsatzes	34
16	ungenauer Vertragstext	10
17	Mangelnde Koordination	26
18	Termindruck	28
19	unterschiedliche Leistungsmaßstäbe	28
20	Kürzung der Lohnzuschläge	6
21	Meinungsverschiedenheiten	10
22	Interessenskonflikt	17
23	Nichteinhaltung von Vorschriften	20
24	Vergessen	5
25	Personalwechsel	12
26	Verzögerung durch Nachunternehmer	10
27	fehlende Kontrolle	22
28	unklare Zuständigkeiten	15

Tab. 17: Codierungstabelle der ermittelten Ursachen

2.1.2. Begleiterscheinungen

Codierungstabelle der ermittelten Begleiterscheinungen mit Häufigkeiten (f_i):

Code	Kategorie	f_i
1	Meinungsunterschiede	43
2	Informationsdefizit wahren	26
3	Informationsvorsprung wahren	20
4	Informationsmangel	54
5	Kommunikationsdefizit	59
6	Mangelnde Eigeninitiative/ Eigenverantwortung	12
7	Kritik an Kollegen	66
8	Arbeiten mit mangelhaftem Material, Arbeitsmitteln, Arbeitsbedingungen	63
9	Arbeitsablaufbehinderung	79
10	Überforderung	47
11	Fremdbestimmtheit	27
12	Aushalten müssen	115
13	Kompetenzgerangel	16
14	Planabweichung	53
15	Zeitnot, Zeitdruck	31
16	Improvisieren	75
17	Regelverstoß	27
18	Nachlässigkeit	10
19	Unzufriedenheit mit der Entlohnung	24
20	Personalmangel	26
21	Gefährdung der Mitarbeiter	52
22	Die Praxis weicht von der Stellenbeschreibung ab	13

Tab. 18: Codierungstabelle der ermittelten Begleiterscheinungen

2.1.3. Konsequenzen

Codierungstabelle der ermittelten Konsequenzen mit Häufigkeiten(f_i):

Code	Kategorie	f_i
1	Zusätzlicher Planungs- und Organisationsaufwand	95
2	Motivationsverlust	120
3	Zusatzkosten	44
4	Ablaufstörung	64
5	Mangel im Arbeitsergebnis	53
6	Mehrarbeit	79
7	Gefährdung der Mitarbeiter oder des Arbeitsergebnisses	74
8	Kooperationsgefährdung, -verlust, -rückzug	111
9	Stress: Zeitdruck, Zusatzaufgabe, Streit, Unsicherheit, Improvisieren	154
10	Unordnung auf der Baustelle	16
11	Zeitverzögerung/ Gefährdung des Terminplans	25
12	Überlastung/ Ausnahme wird zur Regel	86

Tab. 19: Codierungstabelle für die ermittelten Konsequenzen

2.2. Ergebnisse aus der Voruntersuchung

Nr. 1
• Mehrarbeit vor Ort (ext. Mehrarbeit)
• Kolonne muss sich selbst gut einschätzen (sich selbst gut einschätzen)
• Unwiderruflich (geringer Aufwand)
• Kurzzeitige Auswirkung (ständig)
• Eigene Leute einschätzen (angewiesen auf andere)
• Tagesgeschäft (weitreichend)
• Nicht so teuer (teuer)

Nr. 2
• halbbewusst (unbewusst)
• Mangelnde Sorgfalt in der Vorbereitung (mangelnde Betreuung des Mitarbeiters)
• Fehleinschätzung (Vernachlässigung)
• Selbstverursacht (fremd verursacht)
• Ablaufbewertung (Materialbewertung)
• Vorbereitung (Ausführung/ Ablauf)
• Firmen intern (extern)

Nr. 3
• nur manchmal (könnte ständig passieren)
• Sollte einmalig sein (an Fehler bedingt den anderen)
• Stress (es gibt noch ein lachendes Auge)
• Da gibt es Ärger (Arbeitsunterbrechung)
• Da hat man draus gelernt (nicht vorhersehbar)
• Hektik, Dusseligkeit (höhere Gewalt)

Nr. 4
• Guter Grund für Pause (stiftet Unfrieden)
• Wenn es schnell gehen soll in der Firma (unter den Leuten)
• Kann jeden betreffen (kann nur mich betreffen)
• Entsteht Wut (entstehen Unfälle)
• unachtsam (Verschleiß)
• Menschlich betroffen (technisch)

Nr. 5
• Führungsbezogen (Kollegenbezogen)
• Abklärungsangelegenheit (Unvorhergesehenes)
• Nicht mehr gegebene Aufmerksamkeit (Info nicht wichtig genug genommen)
• Plötzliches, unvorhergesehenes Ereignis (Ausbeutung)
• Zeitdruck, Ärger, Stress (Angst vor bleibenden Schäden)
• zu wenig eigenes Verantwortungsbewusstsein (Gleichgültigkeit)
• Selbstüberschätzung (Angst vor Verantwortung)

Nr. 6
• Arbeitsablaufproblem (menschlich schwierig)
• Dann Scheiß-Arbeit (Pech gehabt)
• Kleineres Übel (Panik)
• viel Geld (Glück gehabt/ viele Nerven)
• Zeitverlust (Glück gehabt)
• Teurer Spaß (sinnlos)

Nr. 7
• Einfluss möglich (unvorhersehbar)
• Einfluss auf den aktuellen Ablauf (Einfluss auf die Arbeitsmoral)
• Unklarheit steht im Raum (weiß man was auf einen zukommt)
• Umplanung (Problemlösung sofort)
• Persönlicher Fehler (Fremdeinfluss)
• arbeitstechnisch (menschlich)
• Hohe Kosten (geringe Kosten)

Nr. 8
• Selber rechtfertigen müssen (andere müssen sich bei mir rechtfertigen)
• Eindeutige Tatsache (vorher was Unwahres)
• Klären mit der Geschäftsleitung (Terminverschiebung)
• Mit Emotionen verbunden (Mehrarbeit)
• Kein gutes Gefühl (mit Arbeit verbunden)
• Internes Problem (externes Problem)

Abb. 26: Überblick der Ergebnisse aus der Voruntersuchung

2.3. Zusammengefasste ermittelte Fehlerereignisse

Die Liste mit Fehlerberichten ist fortlaufend nummeriert. Sie sind zusammengefasst oder wörtlich übernommen, gefolgt von den Codierungen aus den Sortierungen nach Ursache (U), Begleiterscheinung (B) und Konsequenz (K).

lfd.Nr.	Fehlerereignis	U	B	K
1	*Der Bewährungsplan ist so, dass beim Betonieren ein Mann mit Funke und Taschenlampe im Pfeiler steht und nicht alles sehen und nicht ganz nach unten kann, Probleme für das Rütteln.*	1	16	7
2	*Die Führung für die Stangen bei der Verschalung sind zu knapp, beim Herausnehmen muss viel geruckelt und gezerrt werden, da Beton mit einläuft.*	3	8	5
3	*Manchmal muss man eine Stange drin lassen, dadurch fällt zusätzliche Arbeit für die Sanierung an.*	2	14	6
4	*Die Ösen an den Führungen für die Stangen der Verschalung sind nicht stabil genug. Beim Herausnehmen oder geht manchmal etwas kaputt.*	2	8	5
5	*Die Schalung für die Brückenpfeiler wird sehr stark beansprucht. Dadurch entsteht eine lange Sanierungsarbeit der Schalung, diese ist nicht so vorgesehen.*	3	14	6
6	*Es sind zu wenige Schrauben in den Schalungsbrettern Diese brechen heraus und müssen ersetzt werden. Es ist schwierig die vorgesehene Ansicht (Sichtbeton) zu erhalten.*	6	9	5
7	*Die Erfahrung mit solch einer Schalung fehlt. Man gibt sein Bestes.*	12	4	9
8	*Durch schlechtes Wetter, kann man keine Sanierung an den bereits gegossenen Pfeilern machen. Und da wo Beton rausläuft, ist es garantiert porös und es muss nachgearbeitet werden.*	3	12	5
9	*Der Regen macht es unmöglich die Schalung trocken zu kriegen und somit gut vor zu wachsen. Dadurch bleibt Beton daran kleben, sie geht schlechter ab, das Gesamtbild wird schlechter und sie wird stärker beansprucht.*	1	9	5
10	*Man kommt nicht hinterher um alles ordentlich zu machen.*	14	15	5
11	*Hier wird mit einem Kärcher der Beton von der Schalung gereinigt. es gibt noch ein Speziallösemittel, wäre einfacher, aber das ist wohl zu teuer.*	6	8	6
12	*Eine Bedienungsanleitung für die Schalung hab ich noch nie gesehen.*	6	4	9
13	*Oben auf den Pfeilern kann man durch das Geländer durch rutschen, wenn an mit beiden Händen arbeiten muss.*	28	21	12
14	*Einklinken können ist wohl nicht so auf dem Bau hier vorgesehen, wer ängstlich ist...normal hab ich gedacht, das gehört schon dazu.*	27	21	7
15	*Am Freitag Nachmittag gearbeitet wie "blöde" und dann festgestellt, dass die Schalung nicht zu gemacht werden konnte, weil das Bewährungseisen nicht richtig paßte.*	27	9	2
16	*Diesen Freitag hat die Schalung wieder nicht gepaßt, die Türken, die neu von dem Subunternehmer zum Flechten da waren, haben das wohl nicht richtig verstanden.*	26	9	11
17	*Wie lange ich auf der Baustelle bleibe? - weiß wohl keiner so genau.*	15	4	9

lfd.Nr.	Fehlerereignis	U	B	K
18	*Hoffe darauf noch viele Jahre einen Arbeitsplatz bei der Firma zu haben.*	4	12	9
19	*Wenig Kontakt zu dem Bauleiter, der guckt durch, was Pflicht ist und der Rest läuft über den Polier.*	11	7	6
20	*Ich weiß nicht genau von welcher Niederlassung diese Baustelle ist.*	6	4	8
21	*Es gibt noch eine andere Baustelle, die mit Leuten versorgt werden muss, da fehlen hier dann manchmal welche.*	5	20	4
22	*Zu Beginn der Baustelle fehlten Folien, so dass die Pläne draußen nach zwei Tagen nicht mehr zu lesen waren.*	1	8	4
23	*Stahltransporte wurden abends um 22:00 Uhr gebracht. Um 20:00 Uhr kommt ein Anruf bleibt mal da und dann im Sturm abladen bei schlechter Beleuchtung.*	6	5	8
24	*Die Stahlbauer hätten die Träger abladen müssen und die kamen viel zu früh, weil sich auch der Baustellenbeginn um ein viertel Jahr verzögert hat.*	17	14	10
25	*Die inzwischen angerosteten Stahlträger müssen jetzt zusätzlich abgebürstet werden.*	1	14	9
26	*Das ist erst der Anfang, ich erwarte noch Schlimmeres.*	3	12	2
27	*Die Eisenflechter haben keine Leistungsmenge in den Verträgen, es entsteht immer wieder ein Stau im Arbeitsfluß mit den Eisenflechtern.*	19	9	4
28	*Dann wird ein Plan gemacht, wo kein Mensch mehr in die Pfeiler rein kommt und es wird KEIN selbst verdichtender Beton besorgt.*	1	8	4
29	*Da fragt der Bauleiter mich dann noch: Wie ich da rein komme.*	1	7	8
30	*Zuerst kein Container da, in dem man sich die Hände waschen konnte um Mittag zu essen..*	1	8	2
31	*Zu Beginn beim Fundamente machen war nur ein Notstromaggregat da und ab 16:00 war es dunkel. Die Ausleuchtung war eh schon schlecht und dann fiel auch noch beim Betonieren der Strom aus.*	1	8	7
32	*Es sind zu wenig Flechter da, zweimal wurde die Schalung aufgestellt und es war noch kein Eisen drin, dann ist die Biegemaschine kaputt...*	26	20	4
33	*Die anderen (Flechter-Subbis) trödeln umher und wir müssen uns dann tierisch beeilen.*	26	14	9
34	*Wenn es ab 4,5 Uhr dunkel wird bringt es nichts Überstunden zu machen. Das ist hier nicht wie in der Stadt. Die einen sehen was, dann eben die anderen nichts. Überstunden müssen Sinn machen und nicht nur der Überstunden wegen.*	14	8	3
35	*Der junge Bauleiter hat das nicht begriffen, dass man so einen Pfeiler nicht mit drei Mann machen kann, da bist du nur am fliegen- hoch und runter. Wir haben es gleich mit mehr Mann gemacht.*	21	7	8
36	*Planänderungen in der Bewährung haben zu einem Stau im Ablaufplan geführt.*	1	14	3
37	*Gefährlich ist der Wind, wenn der unter so eine große Platte greift, kannst du dich nur noch auf den Boden werfen.*	5	21	7
38	*Nervig ist, wenn der Polier sagt es reicht und es stellt sich raus ich hatte recht und es reicht doch nicht. Plattengöße, Länge der "toten Männer"*	21	12	8
39	*Bauleiter steht am Fenster mit einem Fernglas und beobachtet die Leute.*	11	7	7
40	*Wenn der Bauleiter das Wesentliche tun würde, dann bräuchte der uns nicht zu beobachten.*	7	7	8

lfd.Nr.	Fehlerereignis	U	B	K
41	*Wie das gesamte Bauwerk werden soll, hab ich noch nicht gesehen, hat mir auch noch keiner erklärt.*	11	3	2
42	*Ich hatte echt Lust auf diese Brücke, aber das hat stark nachgelassen und unter diesen Arbeitsbedingungen hören wir uns nachher noch an, dass die Ossis nicht gut arbeiten.*	2	12	2
43	*Es hat wochenlang gedauert, bis wir das Fahrzeug, dass wir brauchten endlich bekommen haben, solange haben wir uns bei den anderen durch geschnorrt. Was man braucht muss zügiger kommen.*	3	8	1
44	*Man weiß nicht wie lange man bleibt, was anderes gibt es nicht und wer soll das hier fertig machen?*	15	3	9
45	*Es geht gerade wieder nicht voran, weil die benötigten Pressen nicht angeliefert werden, der Stahl liegt jetzt rum und kann nicht eingebaut werden.*	17	14	11
46	*Aus den Baubesprechungen resultieren enorme Nacharbeiten, die eine Menge Schreibkram bedeuten*	19	10	1
47	*Ich meine ich müßte mehr draußen sein und den Polier unterstützen, er durchschaut das Bauwerk noch nicht so wie ich.*	6	5	9
48	*Die Pläne, die vom technischen Büro geliefert werden haben sehr lange Prüfläufe, mind. 6 Wochen. Eigentlich dürfen wir nur nach geprüften Plänen arbeiten, es wird schon nach nicht geprüften Plänen gearbeitet.*	18	17	12
49	*Teilweise werden Pläne zu spät eingereicht.*	24	14	11
50	*Die Schriftgröße auf Plänen entsprach nicht der DIN Norm.*	23		9
51	*Ärger über Lieferverzögerungen bestimmter Bauteile, z.B. Rollen mit Gliederketten.*	17	9	11
52	*Man selbst beeilt sich und wird durch Fremdverzögerungen wieder ausgebremst.*	17	14	2
53	*Man meint immer mit der Arbeitsleistung das könnte besser gehen, wenn man die Leute so sieht.*	19	7	8
54	*Am Ende stellt man fest es dauert doch alles immer länger.*	1	14	11
55	*Das es länger dauert zu Beginn ist schon irgendwie mit einkalkuliert worden, jedoch sicherlich nicht ausreichend.*	3	11	1
56	*Für das Vorschubgerüst gab es bei der Kalkulation ein paar bessere Skizzen, je genauer wir jetzt werden, desto mehr Details kommen dazu, es wird immer komplizierter.*	1	14	1
57	*Die Fahrerei und nicht zu Hause sein, das ist schlimm, mit kleinen Kindern ist das nicht schön.*	5	10	2
58	*Auf jeder Baustelle die selben Reibereien. Polier und Bauleiter haben sachlich oft unterschiedliche Auffassungen. Der Polier stellt immer gleich 4 Mann hin, wo drei ausreichen würden. So unrecht hatte der dann vielleicht doch nicht.*	22	1	8
59	*Es gibt immer Ärger auch mit dem Personal. Einige sind halt unterbezahlt und alle kriegen das selbe Geld.*	20	19	2
60	*Die Umwandlung in Akkordverträge ist schwierig, man muss das dann mit allen machen.*	3	19	9
61	*Wie wissen selber noch nicht wie die Arbeit funktionieren soll, wie können wir dann von den Gesellen verlangen, dass die uns sagen wie viele Stunden die dafür brauchen, für den Akkordvertrag.*	14	16	1

lfd.Nr.	Fehlerereignis	U	B	K
62	*Mit dem Gerüst hätte man vorher anfangen müssen, schöner wäre gewesen die Teile fertig angeliefert zu bekommen.*	1	11	1
63	*Die Phase von irgend etwas aufstellen ist immer gefährlich, da ist noch nichts da, woran man "Sicherheit" befestigen könnte.*		21	7
64	*Die Gesellen sollten mehr auf die Gesundheit achten, kein Alkohol, keine Zigaretten und ausgewogene Ernährung. Bessere Arbeitsklamotten und nicht in den nassen Sachen weiterarbeiten.*	2	6	7
65	*Insgesamt wird zu wenig in der Weiterbildung getan.*	12		7
66	*Die Unterweisung im Unfallschutz kommt zu kurz, Raum für alle fehlt; man nimmt sich nicht die Zeit; man rechnet was das kostet wenn die Leute in der Zeit nicht arbeiten.*	3	17	12
67	*Im Winter müßten externe Lehrgänge angeboten werden, für alle.*			
68	*Es gibt so viel, was man sich immer erarbeiten muss, Chemie, Sicherheit, Kunststoffe, da sind die Poliere auch überfordert, Nur die Beipackzettel...*	12	10	9
69	*Die Geschäftsleitung kümmert sich zu wenig um die Baustellen, hier ist noch keiner draußen gewesen.*	14	2	8
70	*Zu wenige Gespräche mit den Gesellen auf der Baustelle, ich kenne die auch nicht.*	22	5	2
71	*Die Zeit zwischen Beginn der Baustelle und den fertigen Plänen ist zu knapp, man dürfte eigentlich erst mit der Baustelle anfangen, wenn die Pläne fertig sind.*	18	16	1
72	*Wir mussten hinten arbeiten und frühstücken ohne Waschcontainer.*	1	8	2
73	*Wir sind je 10 Leute in einem Container mit einem kleinen Kühlschrank, der ist viel zu klein.*	23	8	2
74	*Der Kran musste warten, weil ich meine Arbeit nicht rechtzeitig fertig bekommen habe. Ich musste zwischendurch für die Betonbauer noch einen Rahmen schweißen.*	13	9	4
75	*Wenn wir schon bei Minusgraden arbeiten müssen, müßte man auch mal früher Feierabend bekommen, Schlechtwetter hab ich noch nie bekommen, seit das wieder eingeführt wurde.*	4	21	12
76	*Bei Regen und Kälte arbeiten macht keinen richtigen Sinn, die Fläche zum Schweißen muss sauber, trocken und angewärmt sein; Das Arbeitstempo wird dann immer langsamer*	1	9	7
77	*Es hat zwei Wochen gedauert, bis wir endlich das Zelt bekommen haben in dem wir schweißen können.*	1	8	1
78	*Das Zelt ist vom Wind zerfetzt und steht da jetzt so herum. Das Wichtigste haben wir aber schon geschweißt.*	5	8	10
79	*Den Gesamtplan hat mir keiner erklärt, aber man hat dann schon so seine Vorstellungen*	6	3	7
80	*Das Änderungen kommen, und Träger wieder umgebaut werden müssen, dass passiert schon.*	1	14	4
81	*Wenn man einen ganzen Träger auf Strecke schweißt, dann hat man das Gefühl, das nimmt kein Ende.*	5	12	2
82	*Ein Arbeitskollege hat mir den Weg zur neuen Baustelle beschrieben.*	15	4	1

lfd.Nr.	Fehlerereignis	U	B	K
83	*Ich habe von Heute auf Morgen erfahren, dass man nach Baustelle 4 soll. Wenig Information über das, was da los ist, wie lange man bleiben soll und was man machen soll.*	15	4	9
84	*Eigentlich müssen wir das Akkordangebot annehmen, wegen sonst Kurzarbeit. Aber die Art von Arbeit...*			2
85	*In der Firma interessiert das keinen ob man Familie oder Freundin hat.*	7	5	8
86	*Selbst hat man alle Sicherheitsausrüstung zum Schweißen dabei. Die Betonleute, die das mal kurz machen, die haben nichts am Mann und sind damit sehr luschig.*	23	21	7
87	*Den Tag über noch mit einer schweren Brandwunde gearbeitet.*	7	21	7
88	*So wie die Alten hier auf der Baustelle, so will ich nicht enden.*	7	12	2
89	*Eine verdrehte Ansicht vom Plan angeschaut und ein Teil falsch eingeschweißt.*	8	18	5
90	*Kollege, der meinen Fehler in Ordnung bringen müßte, hatte es besonders schwer, weil ein Schneidbrenner nicht auf der Baustelle war. Den braucht man eigentlich selten.*	24	8	6
91	*Ich sollte für einen halben Tag nach Travemünde geschickt werden, da hab ich gesagt, nee.*	5	17	6
92	*Ich hab das Gefühl das geht immer weiter weg mit den Baustellen und es wird immer mehr abgezogen, Wassergeld, Schmutzgeld, Wintergeld.*	4	19	2
93	*Heute muss man auf Container und so warten, früher stand das alles schon da.*	1	12	2
94	*Wenn man auf Montage schlafen muss in den Containern, kein Holz und so, ein bißchen gemütlich muss das schon sein.*	2	8	2
95	*Den Bauleiter aus der Schlosserei kenn ich bis heute nicht. Ich bin seit 12 Jahren dort.*	7	5	8
96	*Ärger über Absprachen mit dem Bauleiter, wenn die was bestellen oder ordern, die Sachen nicht kommen, die sich nicht ausreichend um die Subunternehmer kümmern.*	6	7	8
97	*Auf den Baustellen vorher hatte ich mehr Spielraum. Der ist jetzt sehr eingeschränkt worden, dafür viel mehr Papierkram, liegt wohl an dem jungen Bauleiter.*	10	13	2
98	*Termine vor die Nase gesetzt bekommen, an die ich mich halten soll und wenn die mit dem Material über die Bauleiter nicht rankommen, sind wir gekniffen. Überstunden einerseits andererseits kommen die Sachen nicht ran.*	17	14	2
99	*Der Stahlbau hätte in HH stattfinden sollen, dann hätten wir viel Zeit und Geld gespart*	1	11	1
100	*Die Planänderungen kommen nur häppchenweise*	9	1	
101	*Teilweise wünsche ich mir Subunternehmer aus der Region. Diese fahren jetzt auch eine Stunde Morgens und versorgen auch noch andere Baustellen.*	3	11	
102	*Die Verträge mit den Subunternehmern habe ich so gut wie nicht gesehen.*	6	4	1
103	*Bei den Flechtern wurde nicht auf die Verlegeleistung geachtet.*	7	4	
104	*Der Erdbauer hält Zusagen nicht ein, mit fadenscheinigen Ausreden, wir wissen, der hat woanders noch zu tun.*	10	14	1
105	*Informationen über Bestellungen werden nicht weitergegeben, teilweise erfahre ich das, wenn der LKW auf der Baustelle steht, oder so wie die Erhebung durch Sie.*	6	4	9
106	*Auf die Pressen warten wir seit Anfang Januar und ich werde vom Bauleiter immer wieder vertröstet.*	6	9	11

lfd.Nr.	Fehlerereignis	U	B	K
107	*Es gehen immer nur Teilschritte. Der Gesamtablaufplan funktioniert nicht mehr.*	3	14	11
108	*Falschen Beton bestellt und den Wagen zurückgeschickt. Die Sortennummer mit der, die für den nächsten Tag geplant war verwechselt. Schadenfreude produziert.*	8	18	4
109	*Man wird zum Schreibtischtäter. Ich schiebe Sachen vor mir her, weil ich Vorort draußen wichtiger finde und mache dies dann später am Abend.*	14	22	12
110	*Immer wieder müssen neue Leute eingearbeitet werden, ich muss denen alles neu erklären, weil ich nicht weiß, was die schon können und wie die arbeiten.*	25	9	9
111	*Lehrling erscheint nicht zur Arbeit nach dem Wochenende oder wenn es Geld gegeben hat.*	7	20	6
112	*Scheiß enge Termine, Jede Woche 1 Fundament, 1Stütze, 1Überbau. wie man darauf gekommen ist, am Schreibtisch entstanden und entworfen.*	6	15	12
113	*Die Jungs bekommen zu wenig Geld.*	4	19	2
114	*Viele Probleme sind nicht mit einkalkuliert, ob dies mit den Subbis abgesprochen ist Bewährungsprobleme, Pressenlieferung*	17	14	1
115	*Leute sollten in ihrer Aufgabe nachgeschult werden. Auch die Poliere, z.B. Aktenführung*	12	10	
116	*Ich mach das so wie ich das kann, wenn die oben quatschen, sollen die das erst mal besser machen.*	21	13	8
117	*Düstere Vorausschau für diese Baustelle.*	3	12	5
118	*Lieber mit mehr eigenen Leuten arbeiten als mit Subunternehmern. Die Befürchtung ist da.*	5	11	
119	*Die Nachunternehmerqualität ist schlecht.*	3	7	3
120	*Die Arbeitsvorbereitung und die BL sind zu geizig in den Unterkünften für die Gesellen.*	3	8	8
121	*Das Maß verwechselt, weil ich die Spalten verwechselt habe. Dadurch wurde nicht tief genug ausgehoben. Andersrum wär schlimmer gewesen.*	8	18	5
122	*Bei Wind hört man schlecht, zu Beginn war keine Funke da, die braucht man eigentlich immer.*	2	8	7
123	*Es gibt Kräne, die genau die Last anzeigen. Hier wäre das sinnvoll, wo ich ständig Lasten heben muss, die an der Grenze sind, die Gewichte kann ich nicht schätzen, da muss ich mich auf den Endschalter verlassen.*	2	8	9
124	*Die Träger liegen so, dass sie umgelagert werden müssen. Das Gewicht ist zu groß für einen Kran, da mussten wir mit zwei Kränen ran. Je drei Tonnen.*	1	9	7
125	*Die Anschläger träumen machmal ein bißchen. Sie verfolgen den Weg der Ketten nicht weiter, die da unten hören auf, wenn sie ihre Last ausgehängt haben, da muss ich sehr aufpassen.*	8	21	7
126	*Wenn es läuft, dann kommt man nicht zum Pause machen; da kommt man nicht runter, nur wenn zwischendrin mal Luft ist.*	14	21	12
127	*Rückenprobleme hab ich schon, wenn keine Funke da ist, muss ich mich raushängen und das Fenster auf haben, das zieht dann.*	2	21	7
128	*Die Ausgleichsbewegung fehlt, man kann nicht alle 4-5 Std. eine Pause machen*	14	21	12

lfd.Nr.	Fehlerereignis	U	B	K
129	*Ein Tieffliegerflugzeug, zehn Meter über dem Ausleger, ich dachte der schießt mir in den Rücken.*	1	4	7
130	*Es sind zu wenig Anzeigen in dem Gerät. Wie weit das Gehänge unten ist, wie schwer die Lasten sind, ist schon schwierig, wenn man nicht in die Baugrube gucken kann, bis man einen findet, der einem die Last abnimmt.*	1	8	7
131	*Die Scheibenwischer am Kran sind kaputt bzw. fehlen.*	2	8	7
132	*Ich kann es ja bloß weitersagen, dass die Scheibenwischer fehlen und abwarten.*	28	12	2
134	*Die Gesamtpläne kenne ich nicht, ist auch nicht meine Aufgabe, man guckt schon mal rein in die Pläne, bei den Stahl- oder Betonbauern.*	11	4	8
135	*Ein Subunternehmer hat sich beschwert, weil ich angeblich die Leute nicht bedient hätte. Die sind dann nach Hause gegangen. Sowas passiert schon mal, da wird man als schlecht hingestellt.*	10	12	4
136	*Es gibt Führungskräfte, die ignorieren die Pausen für die Kranfahrer.*	7	21	12
137	*Den Ostleuten werden 10% Lohn geräubert.*	20	19	8
138	*Die Ostleute müssen betriebsintern unterschreiben, dass sie nur die halbe Auslöse bekommen.*	3	19	12
139	*Bei Sturm muss trotzdem weitergearbeitet werden, die Betoniergeschwindigkeit muss eingehalten werden.*	18	12	12
140	*Wir sind schon seit Anfang Januar zu wenig Leute um das zu schaffen.*	5	20	12
141	*Man hat unmögliche Arbeitsbedingungen.*	7	12	9
142	*Der Stahl hätte besser in HH bearbeitet werden sollen.*	3	11	3
143	*Ich weiß nicht wie lange ich hier bleibe, vier Wochen hat man gesagt.*	15	4	9
144	*Keine richtige Arbeitsanweisung. Aus dem Siel gekommen und einen Aktenordner bekommen. Ich hatte keine Ahnung womit das hier losgeht.*	1	5	9
145	*Ich werde mich nicht auf Akkord einlassen, wir vier alleine können das sowieso nicht schaffen.*	9	5	1
146	*Man setzt sich nicht mit den Praktikern zusammen, um die Arbeitsabläufe zu planen.*	11	5	1
147	*Material wird zur Seite gelegt, noch nicht gebraucht, hin und her gestapelt- unabhängig davon, wie es gebraucht wird. Das kostet Energie.*	1	9	1
148	*Für die Schlosser war kein Arbeitsplatz vorbereitet, der musste unter erschwerten Bedingungen erst selbst eingerichtet werden.*	1	8	1
149	*Hier in 5-6m Höhe sind keine Schutznetze vorhanden.*	3	21	7
150	*Um das zerfetzte Zelt kümmert sich keiner.*	5	8	10
151	*Die Arbeitsvorbereitung hat sich nicht darum gekümmert, dass Schlosserarbeiten auf einer Winterbaustelle ausgeführt werden müssen.*	3	8	1
152	*Wenn man hier denkt und da denkt, dann passieren Fehler. Ein Vierkantrohr verkehrt angepaßt. Es konnte jedoch auch so benutzt werden.*	9	10	7
153	*Das Praktische wird bei der Planung des Arbeitsablaufs oft nicht mit gedacht.*	6	14	1

lfd.Nr.	Fehlerereignis	U	B	K
154	Ich habe vor den Zeichnungen gestanden und versucht mir selbst ein Bild zu machen. Dann werden Zeichnungen nachgereicht und es kommen keine guten Erklärungen dazu.	6	5	2
155	Die Leute müßten ihren Neigungen entsprechend gefördert werden. Personalgespräche fehlen, die vom Abteilungsleiter ausgehen. Vorarbeiter und Poliere müßten befragt werden und Pläne für die Personalentwicklung aufgestellt werden.	12	7	
156	Für uns unten ist es gefährlich, dass der Scheibenwischer am Kran nicht funktioniert.	2	21	7
157	Viele Kollegen ärgern sich, tun aber nichts, es fehlt die Eigeninitiative.	11	6	8
158	Genervtes geht über den Polier. Der Bauleiter kommt eh nicht und wieso soll der Geselle in seiner Freizeit zum Bauleiter gehen?	11	5	8
159	Erfahrene Mitarbeiter werden nicht in die Projektplanung mit einbezogen.	11	5	1
160	Die Motivation über Geld ist zurückgegangen. Akkord ist eine noch größere Quälerei. Es gibt unrealistische Forderungen und keinen Spielraum mehr.	12	2	
161	Jeden zweiten Tag Ärger über den Bauherren, der ist Beamter in Vollendung	10	12	9
162	Der Rand an den Plänen muss exakt 1,5cm sein, sonst ist das nicht korrekt. So extrem habe ich das noch nicht erlebt.	23		3
163	Die Bauaufsicht vor Ort (Ingenieurbüro) muss seine Daseinsberechtigung vor dem Bauherren nachweisen.	10	13	8
164	Ein Herr in unserem technischen Büro ist deutlich geworden, dass man sich nicht vom Bauherren schikanieren läßt.	6	1	9
165	Den Auftrag für einen sehr harten Preis bekommen. Es kommen viele Kleinigkeiten, die Geld kosten hinzu. Pläne, Pfeile...	1	14	1
166	Man kann ihn nur mit seinen eigenen Mitteln schlagen.	21	5	9
167	Schon jetzt mit der Zeitplanung hinten dran. Aus einer 5Tage Woche muss eine 6Tage Woche werden.	18	15	12
168	Wir müssen über einen Akkordvertrag ein Erfolgsversprechen geben.	19	16	3
169	Statt 10 Zeichnungen wie geplant sind es bereits 50 Zeichnungen geworden.	1	14	3
170	Die Baustraße hat 3 Mio. gekostet, damit sie gut wird. Der Bauherr hat nur 2 Mio. bezahlt. Verzögerungen sind durch Verschätzungen und die Gegebenheiten entstanden.	1	14	3
171	Material und Personal werden bis an die Grenze beansprucht, um es nicht wirtschaftlich zu halten.	3	10	12
172	Schnee, Eis und Unwetter haben uns nicht abgehalten.	18	2	12
173	Es gibt unterschiedliche Auslegungen der VOB zum Thema "außergewöhnliche Wetterverhältnisse".	16	1	12
174	Vollständig verschätzt darin, wie lange es für die ersten Pfeiler brauchte.	1	14	11
175	Die Bewährung und die Flechterei vollkommen umgestellt, damit es schneller geht (Widerspruch !!!)	1	2	3
176	Wir hätten den abgegebenen Preis nicht abgeben sollen.	3	11	3
177	Die Alternative zu diesem harten Preis wäre gewesen nichts zu tun. Da hängen Arbeitsplätze dran (Widerspruch)	4	12	12

lfd.Nr.	Fehlerereignis	U	B	K
178	*Der Polier hat angerufen und wollte so gerne auf diese Baustelle (Widerspruch !!)*	6	2	
179	*Das letzte Mal war ich kurz vor Weihnachten draußen, sonst versuche ich es aber alle 3-4 Wochen zu schaffen.*	14	2	8
180	*Die Gewerblichen kenne ich nur zum Teil, sind auch neue Gewerbliche da, der BL kennt die aber logischer Weise (Widerspruch !)*	14	5	
181	*Es gibt keine Aufträge mehr zu einem guten Preis.*	4	12	2
182	*Bei der Bewährungsverlegung haben wir eine geeignete Firma eingestellt. (Widerspruch !)*	19	2	3
183	*Qualität ist in der Firma, aber die Quantität fehlt. 7 Flechter sind einfach zu wenig.*	5	20	5
184	*Die Planer fangen erst an zu planen, wenn es los geht; wissen nicht richtig, was sie bauen wollen, aber wann sie fertig sein wollen.*	1	4	1
185	*hab innerlich gekocht, die Leute sind die Besten die wir haben, die müssen sich besprechen, der Bauherr macht die schlecht. "Bridgeclub"*	11	12	9
186	*Bin eher Bauleitung als Polier, viel Schreiben, zu wenig draußen.*	13	22	6
187	*Die eigentliche Arbeit -Vorplanung- bleibt liegen.*	14	15	1
188	*Ein Polier hat sich das Bein gebrochen, jetzt gibt es eh schon mehr Baustellen, vieles ist liegen geblieben und jetzt noch das viele hin und her gefahren.*	5	20	12
189	*Arbeitshandschuhe vergessen zu bestellen. Jemand sagt was und willst es dir merken und 5x klingelt das Telefon.*	9	10	4
190	*Man kriegt das alles irgendwie hin...zwei Baustellen sind eigentlich schon zuviel.*	5	10	12
191	*Poliere und Bauleiter sind knapp in der Sanierung, Personal auch.*	5	20	12
192	*Weil die Leute bis 11:00 auf einer anderen Baustelle waren, sah die Besetzung auf dieser so mau aus, das kann man dem Bauherren aber nicht sagen.*	5	12	9
193	*Die Leute auf dieser Baustelle zusammenziehen, aber man weiß nicht was Morgen ist, vielleicht kommt da etwas Vüüiieeellll wichtigeres.*	15	4	9
194	*Manches ist nicht nachvollziehbar. Hals über Kopf was völlig neues, Wechsel zwischen den Baustellen, es brennt an drei Stellen und noch ein völlig fremdes Gebiet. Alles ist dann scheiße gelaufen.*		10	5
195	*Mitten im "Brennen" das falsche Material benutzt und aus 100.000 Umsatz werden wegen Mängeln 0,25 Mio. Minus. Warum mussten wir das machen?*	4	15	3
196	*Vieles ist auf dieser Baustelle anders gelaufen, als ich es gemacht hätte. Es waren z.B. viel zu wenig Schrauben, Dübel und anderes Material da.*	1	8	1
197	*Ich hätte Inventur machen müssen. Eine Checkliste habe ich von der anderen Firma, bei unserer Firma gibt es sowas glaub ich nicht.*	2	9	1
198	*Baubegleitende Planung und keine Freiräume mehr für die Umsetzung, unrealistische Termine*	4	15	9
199	*Es kommen Pläne, nach denen die Gesellen nicht arbeiten können, die Bewährungen sind als winzige Striche eingetragen.*	2	8	4
200	*Man muss sich sehr genau auskennen, um mit diesen Plänen arbeiten zu können.*	2	8	9
201	*Die Mitarbeiter können nicht angemessen entlohnt werden, man quält die Leute und kann das nicht über einen angemessenen Bonus in Ordnung bringen.*	3	19	12

lfd.Nr.	Fehlerereignis	U	B	K
202	*Die Möglichkeiten über einen Akkordvertrag werden nicht genutzt, weil die Bauleiter zu faul dazu sind. Das ist mit Arbeit verbunden.*	14	7	8
203	*Es braucht eine Person mehr, wenn Akkord gearbeitet wird, die dies verwaltet.*	5	20	3
204	*Bei bestimmten Preisen aus der Kalkulation fällt der Akkord von vornherein flach, weil es sich gar nicht lohnt.*	3	19	2
205	*Man wird betriebsblind für die Sicherheit wenn man oft über die Baustelle rennt.*	27	21	7
206	*Der SIGE Mann geht alleine über die Baustelle und bringt dann die Anmerkungen als Anklage in die Baubesprechung, das nervt, eigentlich ist der keine Hilfe.*	10	12	9
207	*Die Baubetreuung wird vom Polier mitgemacht. In der Sanierungsabteilung ist das so, der BL ist der Kaufmann und den Rest macht der Polier.*	19	22	12
208	*Die Planer und Architekten sind zu faul um den Bau mal einmal richtig zu inspizieren. Später stellt man dann anderes fest, Massen sind anders, Überraschungen und Nachträge*	5	20	12
208	*Man braucht einen zweiten Mann, einen angehenden Polier, jemand der Arbeit abnimmt auf den Sanierungsbaustellen.*	3	7	1
209	*Wenn jetzt noch zwei, drei Baustellen dazu kommen, wer soll das machen, wie soll das werden?*	5	10	12
210	*Es fehlen Pläne, es dauert zu lange um ranzukommen, oft sind sie nicht gut und müssen umgeändert werden*	1	8	4
211	*Das externe Büro, das für unsere Firma die Ausführungspläne macht arbeitet schlecht.*	3	8	1
212	*Das Büro für die Ausführungspläne arbeitet nach einer Pauschale, muss jetzt dauernd neue Pläne machen ist zeitlich selbst in Bedrängnis das ist wie eine Spirale, die sich hochschaukelt.*	3	9	9
213	*Es ist ein Problem, dass eher ein guter Junggeselle entlassen wird als ein schlecht arbeitender Familienvater.*	7	1	6
214	*Nach 12 bis 15 Jahren in der Firma gilt jemand plötzlich als schlecht.*	19	5	3
215	*Manche gelten überall als schlecht, die ich gut finde.*	19	1	9
216	*Zusammenscheißen von Leuten ist angesehen, bei Bauherren und überhaupt.*	11	1	2
217	*Vor oder nach Arbeitsbeginn arbeite ich vieles, wofür Ruhe gebraucht wird.*	14	22	12
218	*Da wird man auf Termine festgenagelt, die als Skizze entworfen waren, das was zwischendrin geschieht (an Hinderungen) bleibt unberücksichtigt.*	3	5	8
219	*Der Bauherr hängt sich an Einzelterminen auf, sieht aber nicht, was schon an Ausweicharbeit geleistet worden ist, im Sinne des Gesamtprojektes.*	6	7	9
220	*Autos stehen außerhalb der Baustelle im Halteverbot, weil auf der Baustelle zu wenig Platz ist, man ist auf good will der Polizei angewiesen.*	1	8	
221	*Der kleine Draht hält die Bewährungsstangen zusammen, dies reißt die Hände auf- mit Handschuhen fehlt das Fingerspitzengefühl.*	2	21	7
222	*Die Bewährungspläne sollen katastrophal sein, ich bin nicht so ein Planleser. Die Kollegen ärgern sich immer darüber.*	12	2	6
223	*Es gibt 10 verschiedene Möglichkeiten Bewährung einzubauen, nach der Zeichnung ist der Weg vorgegeben. Warum so kompliziert, wenn es auch einfacher geht?*	6	8	2

236

lfd.Nr.	Fehlerereignis	U	B	K
224	*Wer malt denn sowas überhaupt? Ist am Schreibtisch was ganz anderes als draußen im Gefecht. Damit muss man wohl leben, der Zeichner und der, der es ausführt.*	6	12	1
225	*Ich hab mal gefragt, warum? Da haben die gesagt, das ist nicht deine Sache zu denken - das hat mich enttäuscht, nichts erklärt zu kriegen !*	11	3	2
226	*Schöner Scheiß, alles wieder raus nehmen und neu machen, ist dann so eine Gradwanderung und dann schummelt man ein bißchen- improvisiert.*	14	16	7
227	*Wenn man nach Vorschrift arbeitet, dann kommt man nicht weiter.*	23	16	12
228	*Was vorher in 2 Jahren gebaut wird, wird jetzt in 8-9 Monaten gebaut. Die Qualität wird immer schlechter, Allergien-Schimmelpilz...; das paßt alles nicht, und ich Kleiner soll alles nach Vorschrift machen- es ist ja soviel Sicherheit eingebaut heute.*	18	16	2
229	*Die älteren Poliere unterstützen die Sicherheit nicht so, das merk ich als Sicherheitsbeauftragter.*	12	21	7
230	*Das eigentliche Büro kennen nicht so viele, es gibt Leute, die waren noch niemals im Büro.*	7	5	8
231	*Unsicherheit für die eigene Planung, ich weiß nicht was nächste Woche ist, kann von heute auf morgen gehen.*	15	4	9
232	*Man erfährt erst zwei Stunden vor Feierabend wenn es woanders hin geht, eine Unsicherheit bleibt immer da, ob man bleibt, wenn eine Baustelle mal gut läuft.*	15	3	9
234	*Mehr über Beton lernen, was es da so gibt.*	12		
235	*Bei neuen Geräten gibt es zu wenig Einweisung; beim neuen Kompressor sucht man wie blöd nach den Knöpfen. Es gibt keine rechte Zeit zum Lesen von Bedienungsanleitungen.*	14	9	4
236	*Einheitliche Maschinen auf der Baustelle, nur Hilti oder nur Bosch, bei dem Mischmasch paßt oft kein Schlüssel.*	2	9	4
237	*Um einen Auftrag zu erfüllen muss man oft drei, vier andere Sachen machen (z.B. Schlüssel suchen), die Zeit ist nicht mit einkalkuliert, der andre findet alles vor und ist angeblich schneller.*	13	9	2
238	*Ich besorge die extra teuren Handschuhe, weil die wesentlich besser sind. Gegen die Anweisung, die billigeren zu kaufen.*	2	17	12
239	*Alles auf der Baustelle ist immer schwer, geht auf die Knochen und die Gesundheit. Nichts läuft glatt.*	12	2	
240	*Man muss abstumpfen, manchmal an was schönes denken, was wegstemmen oder fegen, da kann man abschalten, Tagträume haben.*	9	12	7
241	*Die Mitarbeiter pflegen- Sportmöglichkeiten schaffen, Mitgliedschaft in Wellness oder Saunalandschaft ermöglichen.*			
242	*Zu wenig Schulung für Mitarbeiter, in Abläufen allgemein und für die jeweilige Baustelle. Ganzen Plan zeigen, nicht nur Teilstücke.*	11	3	7
243	*Wenn der Vorarbeiter da ist, muss der die Pläne lesen, das klappt dann.*	12	2	12
244	*Ich weiß nicht, warum wir das (diesen Auftrag) machen.*	15	11	8
245	*Ich hab von Eisen nicht soviel Ahnung, hab ich mir auch keine Mühe gegeben. Zeichnungen gucken und so, dass kann ich nicht. Mitmachen ja, aber...*	12	2	6
246	*Ich möchte den Kranfahrer machen, der Polier sagt: da kommen andere Leute vorher.*	5	12	2

lfd.Nr.	Fehlerereignis	U	B	K
247	Die Abbruch Subbis sind nicht so auf Sicherheit bedacht und gefährden auch die Stamm-Mitarbeiter. darauf muss viel geguckt werden.	10	21	6
248	Schlechte Arbeitsbedingungen im Pilon der Baustelle 1.	1	21	7
249	Hier kann man nicht richtig loslegen, in vier Wochen soll man fertig sein.	1	15	2
250	Die Decke oben stand ein viertel Jahr leer. Nun neue runde Einschalungen für Säulen, die innen aber eckig sein sollen- was ein Quatsch. Ich weiß nicht was das soll.	6	8	2
251	Viel Zusatzarbeit dadurch, dass ein unpraktisches Schalungssystem genommen werden muss.	1	8	9
252	Es wird zusätzlich Abfall produziert, weil die Schalung der Säulen aus Wegwerfmaterial ist.		11	3
253	Man muss sich erst mal reinfummeln in dieses Schalungssystem, man hat nichts zum abstützen und befestigen.	6	4	4
254	Es war wenig an Material und Maschinen vorhanden als wir auf die Baustelle kamen.	1	8	1
255	Man muss schon am Wochenende arbeiten, und dann kommt da noch so ein Bauleiter an und sagt, "Sie wollen also am Wochenende arbeiten"- wir müssen die Zeit aufholen, die vorher verdaddelt wurde !	18	7	12
256	Ich weiß nicht was vorher hier auf der Baustelle gelaufen ist.	6	4	9
257	Gestern haben wir bei der Arbeitsvorbereitung Pläne gefunden, die sich widersprechen. In einem steht 60cm in dem anderen 40cm, also haben wir andere Arbeit vorgezogen.	27	9	4
258	Dann kriegt man n Zettel und steht da oben im Wind und Regen, da sagen dann viele Gesellen bei der Zeichnung nee- das kann ich nicht; n Tag vorher müßte man ne Skizze kriegen, dann kann man sich das besser vorstellen, in der Baubude schon mal angucken.	1	6	2
259	Raucher und Nichtraucher sind in den Unterkünften und Buden nicht getrennt.	7	21	7
260	Das Desinteresse der Gesellen nervt.	11	6	8
261	Ob Schlechtwetter gemacht wird oder nicht, darum muss ich mich als Vorarbeiter immer kümmern, das schieben die auf mich ab.	28	22	9
262	Beim Betreten oder Verlassen der Baustelle ist man ohne Helm. Der Ausgang liegt so, dass man durch die Baustelle muss, das ist gefährlich. Der Ausgang müßte an einer anderen Stelle sein oder man muss den Helm immer mitschleppen.		21	12
263	Ein Waschcontainer für 15 Leute, 1 Klo und 1 Waschbecken, das ist viel zu wenig. Nach Feierabend kann man sich nicht frisch machen. Der Container steht einmal quer durch die Baustelle.	1	8	10
264	Wenn man krangebunden arbeitet, dann muss man schon mal warten.	17	9	4
265	Wenn man warten muss, stehen manche Leute einfach bloß rum, ich sag das dann dem Polier, beim Gemeinschaftsakkord schleppt man die mit durch.	19	7	6
266	Zwei die rum stehen zusammen, steigern sich gegenseitig, innerlich kocht man, aber ich kann nicht sachlich mit den Leuten reden. Ich mach dann das Doppelte, man resigniert.	19	10	2

lfd.Nr.	Fehlerereignis	U	B	K
267	Die Differenz in der Entlohnung zwischen Vorarbeiter und Geselle muss größer sein, es gibt Zulagen auf der Abrechnung. Die meisten mögen nicht danach fragen, ich auch nicht.	3	19	2
268	Dreimal nach dem Akkordvertrag gefragt. Es ist bekannt, dass dieser Bauleiter normalerweise nichts gibt.	15	19	2
269	Manche Poliere behandeln die Leute wie Leibeigene, ohne jeden Respekt.	11	7	8
270	Wie lange wir auf der Baustelle bleiben, weiß ich nicht.	15	4	9
271	Der Grund, warum etwas so scheinbar kompliziert gebaut werden muss ist nicht bekannt. Aufwendiges bewähren und flechten an einem Versatz auf dem Dach.	6	3	2
272	Bei Beschichtungen weiß ich noch zu wenig, da wird gesagt, mach du man...	12	10	9
273	Lärm, Dreck, Staub, dass können sich manche nicht vorstellen, diese Arbeitsbedingungen, wenn die Fenster drin sind.	6	21	7
274	Im Pilon bei 5 Jahre abgestandener Luft gearbeitet und der Kollege hat es mit den Bronchien bekommen.	1	21	7
275	Als Sanierer auf dem Neubau sind wir die Dummen, die meinen, wir hätten keine Ahnung.		13	8
276	Die Gesellen können nicht vernünftig Zeichnungen lesen, die müßten das eigentlich von der Ausbildung her können, machen das aber nicht.	12	7	6
277	Ich bin Einzelkämpfer hier, kann mit den Leuten gut- soll aber nicht gut mit den Leuten, bin als Führungsperson hier. Soll distanziert mit den Leuten umgehen, das geht aber nicht, wenn man mit arbeitet.	11	12	9
278	Bewährungspläne kann ich nicht richtig.	12	2	6
279	Zwischen den einzelnen Gewerken geht es chaotisch zu.	17	5	9
280	Wenn es regnet fällt der Baustrom dauernd aus, da muss einer am Stromkasten stehen. Gibt ne Kettenreaktion, bei einem kaputten Kabel.	17	9	4
281	Keine Zeit um die Baustelle mal richtig aufzuräumen.	14	15	10
282	Gerüstbauer fragt ob er hier mal abladen darf, ist morgen bestimmt wieder weg- ist nicht weg- und ich muss ne Lücke suchen zum abladen, bin nicht oben um die Leute einzuteilen und keiner macht den Kübel mit Beton auf- schon is Chaos.	17	9	10
283	Leiter rauf, Leiter runter drei mal und du bist erledigt. 6 Stockwerke und mit dem Handy hin und her geschickt werden.	3	8	12
284	Mit dem Bauleiter richtig zusammen gerasselt.	21	1	9
285	Der Bauleiter will mich in mehr Führung reinziehen, ich will das aber nicht.	19	22	8
286	Wenn Leute abgezogen werden müssen, dann mach ich deren Arbeit fertig. Es ärgert, wenn die ihre Arbeit nicht fertig bekommen haben und ich selbst bin viel schneller.	19	7	2
287	Ich kann die Leute verstehen, die arbeiten für den nackten Stundenlohn, Interesse und Leistung gehen runter.	20		8
288	Es nervt, wenn es zeitlich nicht hinkommt und der Abnehmer ist schon da. Der sieht dann, dass statt 20er 18er gebohrt werden und 2cm gespart werden, das wird dann so ausgeknautscht, weil es fertig werden muss.	18	16	7
289	Es fehlen Leute, die eigenständig arbeiten können.	12	7	6

lfd.Nr.	Fehlerereignis	U	B	K
290	*Die Auftragsvereinbarung ist so schlecht, dass Arbeitsleistung nicht bezahlt werden kann.*	4	19	2
291	*Der Lohn ist eigentlich Ok, aber der Unterschied für die, die vorher Akkord bekommen haben und ihre Finanzplanung darauf abgestimmt haben eben nicht. Da fehlen DM 5000,- im Jahr.*	20	19	2
292	*Unter der Berufsgenossenschaft und der Bauherrenseite leiden wir, weil wir nicht so arbeiten können, wie wir möchten.*	19	9	2
293	*Hätte ich gewußt, dass die Arbeit im Alter genauso ist wie in jungen Jahren, hätte ich was anderes gemacht.*	7	12	2
294	*Die neuen Schalungsweisen hab ich noch nie gemacht, darin bin ich nicht firm. Ich brauch 2 Tage andere 2 Stunden, das hab ich mir dann abgeguckt. Der Vorgängerpolier hat das nicht weitergegeben.*	6	3	4
295	*Falsche Arbeitsanweisung gegeben, die Schalung ist auseinander gegangen. Ich habe Erfahrungswerte, die mir zur Hand gehen. Man verlangt von Leuten Sachen, die die gar nicht wissen können, weil Erfahrung fehlt.*	6	10	4
296	*Ich leide darunter, dass ich die Sicherheitsvorschriften nicht 100% einhalten kann, das gibt dann immer Ärger mit der BG.*	21	9	
297	*Die Gefahr ist einem bewußt, aber man erkennt sie nicht.*	8	21	7
298	*Löcher sollen immer von unten abgedeckt werden, das ist zu unbequem das wegzuräumen, werden aber immer wieder von oben abgedeckt.*	8	21	7
299	*Die Kluft zwischen Arbeiter und Leitung ist zu groß geworden. BL diskutieren nicht mehr mit den Arbeitern oder trinken ein Bier. Keine Zeit mehr für persönliche Begegnung.*	11	5	8
300	*Die Personalnummer ist das Kennzeichen geworden. Es wird nur noch nach Nummer gearbeitet.*	7	12	2
301	*Man kann den Leuten nichts mehr versprechen, weil nichts mehr da ist.*	3	12	2
302	*Keine Einweisung in die Arbeit bekommen, weil der Polier Sorge hatte, dass dann der Einfluß zu groß wird.*	11	3	2
303	*Wir schleppen seit Jahren Leute durch, die nichts machen.*	19	7	3
304	*Die EDV führt ein neues Programm ein und fragt vorher nicht, was die Bauleiter brauchen können.*	1	5	8
305	*Wenn etwas schief geht, kriegt der Bauleiter die schuld, wenn etwas klappt kriegt der Polier das Lob.*	11	12	2
306	*Fragen nach dem WARUM sehen die hier nicht so gerne, der Polier ist hier das Höchste.*	11	5	2
307	*Bei einem Einheitspreis kann man keine Akkorde mit den Leuten vereinbaren.*	3	1	9
308	*Wie soll ich mit zwei Mann den Polier bezahlen, der rumsteht? Das Geldverständnis der Poliere reicht nicht aus.*	22	7	2
309	*Da kriegt man eine Baustelle und oft zu wenig Information im Vorfeld.*	1	4	9
310	*Der Rechtsanwalt in der Firma ist nicht so brauchbar. Er antwortet nur juristisch und berät einen nicht praktisch. z.B. wenn der Subbi die Arbeit einstellt*	12	7	9

lfd.Nr.	Fehlerereignis	U	B	K
311	*Der Bauleiter muss die Subbis knebeln, dadurch, dass er Geld zurückhält oder zu anderen "illegalen" Mitteln greift.*	3	16	12
312	*Der Abteilungsleiter unterschreibt "köstliche" Termine.*	3	7	9
313	*Die Personalplanung hat der Herr Zacharias nicht im Griff, man ist immer wieder überrascht, wer Urlaub hat.*	15	4	1
314	*Einen Vorschlag, wie man die Urlaubslisten führen könnte interessiert keinen.*	11	5	2
315	*Erst heißt es wir sollen eigene Leute einsetzen, die kriegen wir nicht, dann plötzlich wieder Subbis, dann doch wieder eigene Leute. Man vergrault sich so auch Subbis.*		13	1
316	*Wenn es los geht auf der Baustelle habe ich das Gefühl es macht meinem Chef Spaß mich unter Druck zu setzen.*	11	7	2
317	*Die Abteilung bestimmt, ob ich Subbis einsetze oder eigene Leute, die greift da in die Arbeitsbeziehungen zu den Subbis ein.*	11	13	1
318	*Es kommt eine neue Schalung, mit der hat noch keiner gearbeitet, ich soll eigene Leute nehmen und Theo 2 sagt mir, wir haben keine eigenen Leute. Wie soll ich jetzt schnell n Subbi bekommen?*	12	20	1
319	*Das Problem ist, was abgemacht worden ist unabhängig vom Leistungsverzeichnis. Nebenabsprachen sind die Überraschungen. (Meckert soll den Abbruch machen)*	6	4	1
320	*Von den eigenen Leuten hat keiner den Spritzenschein, also doch wieder keine eigenen Leute.*	12	12	1
321	*Der Nachunternehmer wurde beim Bauherren verschwiegen.*	5	16	6
322	*Hier kann ich nichts ändern, ich muss mich mit den Überstunden abfinden, ich komme privat zu gar nichts mehr.*	5	12	12
323	*Ich muss nicht mehr 14 Stunden am Tag arbeiten, dann laß ich den Scheiß eben laufen.*	9	22	8
324	*Ich muss die Rechnungen unterschreiben, obwohl ich sie gar nicht alle prüfen kann; vom Einkauf kommt keine Information, wenn ein Lieferschein fehlt und dann gibt es immer wieder Ärger.*	14	5	1
325	*In der Bauleiterrunde wurde über eine Abmahnung berichtet, aber der Zusammenhang nicht genau erklärt - Gerüchte*	7	5	8
326	*An dem Nimbus der Poliere müßte was passieren. Man kann doch auch den Leuten, die man loswerden will Abfindungen anbieten.*	11	13	3
327	*Der Abteilungsleiter müßte sich mehr informieren, Leute z.B. zu sich zitieren, die mal ne Etage höher holen.*	7		
328	*Leistungsabhängige Entlohnung einführen, auch mal hingehen zu den Leuten, auf die Baustelle.*	19		
329	*Der Bauhof finanziert sich dadurch, dass er bei den Containern noch was draufschlägt.*	22	16	5
330	*Theo3 auf dem Hof sagt zu mir, ne geht heute nicht mehr, hab schon ne halbe Stunde Feierabend.*	19	6	9
331	*Eventuelle Nachträge müssen von Nachlässen ausgeschlossen werden. Das schafft mein Chef seit Jahren nicht.*	3	7	3

lfd.Nr.	Fehlerereignis	U	B	K
332	*Nerv mit den Nachbarn und daraus resultierender Baustopp. Der vorige Abbrecher war schon 4 Monate zu gange, das wußte ich nicht.*	1	9	11
333	*Theo1 als Nach- bzw. Mitunternehmer ist schwierig, ich habe keine Weisungsbefugnis.*	27	16	11
334	*Der vorherige Polier hat die ganze Zeit nur andere Baustellen gemacht und diese sehr vernachlässigt.*	5	10	6
335	*Ich habe Subunternehmer 2 beschissen.*	18	16	9
336	*Weiterbildungspflicht für die Poliere, die keine Ahnung haben fehlt. Kostenbewußtsein, die sind der verlängerte Arm der Geschäftsführung.*	19	7	6
337	*Wenn ich die Rechnung auf den Rechner buche ist sie schon weg und ich habe keine Einsicht mehr. Wenn man anschließend danach befragt wird, dann muss man in die Firma ins Archiv rennen.*	2	9	9
338	*Vorschlag für eine Archivierung der Rechnungsdaten mit einem direkten Zugriff für die Bauleiter wurde einfach abgelehnt.*	11	5	2
339	*Wir sollen Terminpläne machen, aber das Terminplanprogramm MS Projekt kriegt nur der Abteilungsleiter.*	2	8	1
340	*Wenn man etwas verbessern will, bekommt man Knüppel zwischen die Beine geworfen.*	11	12	2
341	*Persönlich auf Körperverletzung verklagt worden, wegen des Lärms.*	23	12	9
342	*Zwischen Auftraggeber und unserer Firma gibt es Streit wegen der Auslegung des Leistungsverzeichnisses, dass der Architekt des AG geschrieben hat. Ich vertraue da meinem Polier und Bauleiter.*	16	2	9
343	*65 db werden angeblich gemessen und 60db sind erlaubt. Stemmethoden auf Hydraulik umgestellt, dauert jetzt doppelt so lange.*	16	14	11
344	*Das "erschütterungsfrei" aus der Ausschreibung wird sehr unterschiedlich interpretiert.*	16	1	4
345	*Der RA sagt wir dürfen uns in die Verhandlungen mit den Mietern nicht einschalten, jetzt müssen die "langen" Verwaltungswege eingehalten werden.*	23	12	1
346	*Wenn der große Auftrag an Baustelle2 dazu kommt haben wir große Personalprobleme.*	5		
347	*Auf der Baustelle 3 war zu wenig Personal da, da hat man an der falschen Stelle gespart, statt einen Polier in den Urlaub gehen zu lassen, hätte man einen dazu holen müssen, jetzt gibt es riesen Kosten für die Mängelbeseitigung.*	5	11	3
348	*Ich habe einen Polier überfordert, obwohl er es mir gesagt hat und dieser hat einen Hörsturz erlitten.*	7	10	6
349	*Der, der am wenigsten belastet ist, kriegt die nächste Baustelle. Frei ist keiner.*	5	12	12
350	*Bis 18:00 Uhr arbeiten ist keine Seltenheit, wir sind unter Termindruck und versuchen das Beste.*	18	15	12
351	*Wir sind auf das Material der Lieferanten angewiesen, obwohl man gerne mal sagen möchte, dein Termin war um 7:30 jetzt ist es 8:30 - fahr wieder nach Hause.*	17	14	2
352	*Kann die Pausen nicht machen, ich geh dann weg, zum Bäcker, und Mittag fällt sowieso dann aus.*	14	21	12
353	*Die eigenen Leute laufen am Rande mit, das meiste läuft mit den Subbis.*	14	5	7

lfd.Nr.	Fehlerereignis	U	B	K
354	Neun Etagen immer rauf und runter zu Fuß!	3	8	12
355	Der Abbruch Etage für Etage mit der Hand dauerte zu lange, da wurde das Verfahren umgestellt.	1	14	3
356	Der Stress ist jetzt, die ganzen Gewerke zu koordinieren.	17	10	9
357	Der Rohbau müßte fertig sein, ist es aber nicht.	26	14	11
358	Die Folgearbeiten werden gemacht, obwohl der Rohbau noch nicht fertig ist, das macht Zusatzarbeit.	18	14	9
359	Der Betonbauer ist zu blauäugig an das Ganze herangegangen. Der hat schlechte Schalungstische benutzt und eine schlechtes Deckensystem. dadurch gab es viele Probleme und Verzögerungen.	3	9	1
360	man hat immer wieder überlegt den Subunternehmer vom Hof zu jagen, und es selber zu machen. Man hätte ihn nach den zwei Untergeschossen wegschicken sollen und das ganze mit eigenen Leuten machen sollen.	3	7	1
361	Ich bin nicht Weisungsbefugt und darf dem Subbi nicht rein reden, ich tu es aber trotzdem, sonst läuft es nicht	22	17	12
362	Ich überschreite ständig meine Kompetenz, das ist Arbeitnehmerüberlassung.	22	17	12
363	Ein Container für Abfall hätte getauscht werden müssen, ich habe vergessen den zu bestellen.	24	14	4
364	Ich hatte schon Albträume von der Baustelle.	9	10	7
365	Hier auf der Baustelle ist einfach kein Platz.	3	8	1
366	Ich sage den Subbis, dass das nicht hält, die hören nicht auf mich, und die Wand kommt runter, - das frustriert.	23	12	5
367	Es gibt hier eigentlich nicht eine Etage, die so ist, wie sie sein soll.	27	14	5
368	Es kann nicht immer alles auf dem Rücken des Poliere ausgetragen werden, mehr wie sagen kann man auch nicht.	5	10	12
369	Die Qualität der Container ist sehr unterschiedlich, vorher weiß ich nicht was kommt.	2	4	
370	Durch den Krach der Bauarbeiten unter dem Baubüro wird man ständig aus dem Konzept gebracht.	1	8	9
371	Wir machen immer weniger mit eigenen Leuten, wir sollten wieder mehr mit eigenen Leuten machen.	5	11	
372	Ich glaub nicht, dass die eigenen Leute wirklich teurer sind, wenn die Subbis Scheiße bauen, dann müssen das die eigenen ja auch in Ordnung bringen.	4	11	8
373	Die Ausbildung läuft nicht gut, man kümmert sich zu wenig, sie haben auch keine Zeit auf sonner Baustelle mal was zu zeigen.	5	10	1
374	Wir haben die Wände ohne Schalung bewährt, weil die Anderen nicht voran kamen.	26	16	7
375	Die Leute (eigene und Subbis) haben sich gegenseitig fertig gemacht, da musste ich noch Frieden stiften.	10	16	6
376	Bauleiter weiß nicht wo er die Leute hinschicken soll, mehr mit eigenen machen, wenn es dann blüht, haben wir zu wenig eigene Leute!	3	11	8
377	Bei einigen Mitarbeitern hapert es an der Einstellung, auch Alkoholprobleme.	7	7	6
378	Die jungen Bauleiter hören zu wenig auf den Polier.	11	5	8

lfd.Nr.	Fehlerereignis	U	B	K
379	*Wichtige Gespräche, wie Angebotsverhandlungen sollten aufgenommen werden.*	10		9
380	*Üblicherweise sind wir und der Bauherr Gegner.*	4	1	8
381	*Trotz GMP-Modell will der Bauherr hier Designerstücke haben, da gibt es Reibereien.*	16	1	9
382	*Baubegleitende Planung macht keinen Spaß, manche finden das GMP-Modell eben sportlich.*	4	7	8
383	*Den Zeitaufwand für die Baugrube völlig falsch eingeschätzt, der Kollege kennt diese Art von Arbeit nicht.*	12	5	11
384	*Den Terminplan für die Baugrube nicht genau kontrolliert.*	18	2	5
385	*Widerspruch in der Ausschreibung zu der Wärmedämmung, exakte Angabe (3-8cm) vs. technisch Notwendig (10-12cm).*	1	1	1
386	*Wärmeschutz nach Plan einbauen, heißt später höhere Heizkosten als notwendig, schlechtere Qualität.*	23	1	5
387	*Wenn wir "Bedenken" anmelden, bringen wir den Bauherren in Schwierigkeiten.*	4	12	9
388	*Sechs Stunden Baubesprechung für Treppenläufe, Geländer u.ä. = Bemusterung*	2	12	3
389	*Man muss den Gewerblichen in angemessener Form mitteilen, dass sie selbst von Fremdunternehmen profitieren.*	15	3	
390	*Man bekommt keinen qualifizierten Nachwuchs.*	12	7	6
391	*Eigentlich habe ich hier andere Aufgaben, als Baustellen zu betreuen.*	5	22	6
392	*Erfahrungen, die der eine hat kommen nicht so in die andere Abteilung rüber.*	6	3	8
393	*Der Polier der krankgeschrieben ist kommt vorbei und teilt die Arbeit ein.*	5	17	7
394	*Bütt mit Wasser ist umgekippt und die Lache ist so da.*	10	12	6
395	*Wir hätten die andere Firma bei den Einschalarbeiten mehr unterstützen können, dann wäre der Termindruck nicht entstanden.*	10	11	1
396	*Die Subbis haben die Fertigwände so 0,8,15 hingestellt, musste alles von uns nachgearbeitet werden.*	27	9	3
397	*Verzögerungen dadurch, dass wir auf die Subbis warten mussten, bis die kamen, um die Wände zu stellen, sonst hatten wir das mit im Vertrag.*	3	9	1
398	*Wir hätten das besser gemacht als der Subunternehmer.*	25	7	5
399	*Die machen ein Geheimnis daraus, wann man von der Baustelle wegkommt.*	15	5	2
400	*Lernen mit Computern umzugehen, Disketten für Schalungsberechnungen verwenden.*	4		
401	*Die Menschenführung fehlt bei einigen Herren, die meinen, dass wir nur Tiere sind, die ausführende Kraft.*	11	7	8
402	*Morgens gleich angepflaumt werden, das verunsichert für die Arbeit.*	11	12	2
403	*Von alleine wird einem nichts erzählt, wenn man die Zeichnungen kriegt, kriegt man so ein bißchen mit.*	6	3	8
404	*Den Treppenlauf verkehrt herum reingelegt und betoniert, die Stufen paßten nicht; nach Feierabend wieder in Ordnung gebracht.*	8	18	6
405	*Die Putzer können 2-3 Worte Deutsch.*	25	7	1
406	*Wir hätten die Schalung der Subbis nach Feierabend gelöst; fast Massenschlägerei.*	10	1	9
407	*Wenn keiner guckt, helfen wir uns jetzt auch untereinander (mit den Subbis).*	23	17	9

lfd.Nr.	Fehlerereignis	U	B	K
408	*Wir haben gegeneinander gearbeitet, hätten die die Schalung weiter rübergestellt, oder 1,50m mehr gemacht, wäre es für uns wieder einfacher gewesen.*	10	11	6
409	*Nur Subunternehmer reinholen, die Arbeit machen, die wir selber nicht ausführen können.*		7	8
410	*Die Stromversorgung ist knapp kalkuliert und manchmal wird es kalt im Container.*	2	12	12
411	*Die Subunternehmer wissen nicht, wo die Stromversorgung liegt und so werde ich immer angesprochen und renn schnell.*	6	5	6
412	*Trotz Krankheit versuchen den Subunternehmer in den Gängen zu halten.*	5	16	9
413	*Die Pläne, die die Gewerke nutzen könnten, sind noch nicht da, der Polier muss just-in -time arbeiten.*	1	22	9
414	*Die Vergabe an die Subunternehmer ist sehr kurzfristig, manchmal zu spät.*	4	16	9
415	*Als Polier muss man oft erst den richtigen Weg finden für die Gewerke, auch gegen die vorliegenden Pläne.*	13	16	6
416	*Der Subunternehmer hat zu wenig Fachpersonal.*	12	7	5
417	*Bauleiter vom Subunternehmer verdreht Tatsachen und lügt.*	10	1	9
418	*Die Gesellen des Subunternehmers spazieren auf der Schalung herum zum Betonieren.*	27	17	7
419	*Es wurde "schlanker" Beton genommen, die Abdeckung zu früh rausgenommen und drauf rumgelaufen- jetzt Mondlandschaft.*	27	17	5
420	*Die Poliere haben keinen Einfluß auf die Subunternehmerwahl.*	11	5	2
421	*Bei den Gesellen fehlt es an Einsatzbereitschaft und Überstundenbereitschaft.*	10	6	8
422	*Unsere Firma bildet zu wenig weiter, als Poliere und speziell für Dachdecken, Wasserdichtigkeit, auch für die Vorarbeiter.*	2	12	9
423	*Die Vorarbeiter dürfen nicht aus der Weiterbildung rausgelassen werden.*	11	12	8
424	*Immer ca. 20 Überstunden im Monat*	5	10	12
425	*Im Treppenhaus ist ne andere Höhe als die Deckenhöhe, die Decke wurde zu hoch betoniert, die Neigung der Treppe stimmt nicht mehr.*	27	14	5
426	*Wenn zuviel Beton eingebaut wurde, muss man pfuschen und hoffen, nicht erwischt zu werden.*	23	17	5
427	*Das gesamte Geschoß ist 9cm zu hoch; der Subbi hat versucht es mir in die Schuhe zu schieben.*	27	16	9
428	*Ein Geselle von den Subbis sitzt verletzt und unbehandelt in der Bude. Ich habe ihn weggeschickt, obwohl ich das nicht darf.*	7	17	9
429	*Wir sind als Poliere viel zu wenig zusammen.*	25	12	8
430	*Bei den Versammlungen trägt die Geschäftsleitung immer was vor.*	11	5	2
431	*Bei den jungen Bauleitern fehlt die Praxis.*	12	7	9
432	*Es gibt viele Poliere, die kenne ich überhaupt nicht, ich weiß gar nicht wo ich die hinstecken soll.*	7	2	8
433	*Geschoß aus Fertigteilen steht ohne Beton drin, ist sehr schwankig; vorne schiebt man eine Stütze rein und hinten rutscht was weg.*	23	16	5
434	*Ob mir einer zuhört, wenn ich dazu meine Meinung sage...?*	11	12	2

lfd.Nr.	Fehlerereignis	U	B	K
435	*Subunternehmer 3 läßt Wasser in den Beton rein laufen, damit der sich besser verteilt und man die Decke mit zwei Leuten machen kann.*	5	17	5
436	*Der Bauleiter ruft an, dass auf keinen Fall Leute nach Hause geschickt werden dürfen, trotz Regen.*	10	1	8
437	*Stahlkorb wird angeliefert, ich weise auf die fehlende Schürze hin, falls mal was runter fällt; wurde angeblafft, dass interessiert hier keinen.*	11	21	8
438	*Bauleiter kommt um 6:15 hinein und will schon die Arbeit besprechen, sonst achtet er auch penibel auf jede Minute.*	19	7	9
439	*Bei der Vergabe des Gesellenbriefs war kein Firmenvertreter anwesend.*	7	7	2
440	*Die Stückliste der Schalungswand ist so exakt, dass als eine Mutter kaputtgegangen ist, nichts mehr weiterging.*	3	9	4
441	*Der Handkreissäge auf der Baustelle hinterhergelaufen, Blatt ist stumpf, Blatt suchen, Blätter finden, sind auch stumpf...*	2	9	4
442	*Ich bin zwar Polier, arbeite jetzt wieder als Geselle, wie das weitergeht weiß ich nicht, wenn nicht, such ich mir was anderes.*	11	5	8
443	*Gesellen haben absichtlich ignoriert, dass eine Höhenleiste eingebaut werden musste und wußten dann beim Betonieren nicht mehr wie hoch sie müssen.*	10	6	5
444	*Alte Gesellen treten viel ruhiger, weil sie abgesichert sind, das färbt auf die jüngeren ab.*	10	7	8
445	*Viele Poliere müssen fachlich was dazu lernen.*	12	4	5
446	*Dünnere Arbeitshandschuhe, weil die besser sind und länger halten.*	2	8	2
447	*Dieser besondere Schatz, das familiäre sollte erhalten bleiben.*	4		
448	*Die Anderen haben es am schlimmsten, es ist unser Kran, unser Zeug, wenn der Elektriker schon so daher kommt, wird das eh nichts.*	10	9	8
449	*Die Gummijacken taugen nichts, von innen naß oder von außen naß, das ist die Wahl!*	2	8	7
450	*Der Zeichner macht viel Mist, es fehlen Dinge auf der Zeichnung.*	1	8	1
451	*Jede Etage ist auf einem Zeichnungsblatt. Das entspricht nicht dem Arbeitsablauf und macht vieles schwieriger.*	1	16	9
452	*Wir sind im Keller noch nicht ganz fertig und sollen schon im Erdgeschoß anfangen.*	15	14	1
453	*Auf den Zeichnungen fehlen Stückzahlen oder Positionen.*	1	8	4
454	*Wenn es mit den Zeichnungen gar nicht weitergeht, dann muss man den Zeichner kommen lassen und kann nicht weiterarbeiten.*		1	9	4
455	*Auf den Plänen haben wir schon Index E oder F; viel Zeit wird verbraucht, und es scheint so langsam.*	1	14	2
456	*Die Arbeit ist sehr kompliziert, es braucht sowieso schon 30% mehr Zeit.*	1	15	2
457	*Die Eisen müssen hin und her (erst 3x, jetzt 2x) gelagert werden, dabei geht das Papierschild kaputt, im Regen sowieso und man muss auch noch die richtigen Positionen suchen.*	2	16	6
458	*Am Montag fährt der Kran den ganzen Tag Sand, wir können nicht richtig arbeiten und müssen dann am Samstag arbeiten.*	10	9	6

lfd.Nr.	Fehlerereignis	U	B	K
459	*Oben nicht weiter, hinten nicht weiter und dann sind wir später wieder zu wenige, wenn alle gleichzeitig weitermachen sollen.*	17	14	2
460	*Ein zweiter Kran fehlt, damit man flüssig arbeiten kann.*	3	9	2
461	*Es wird Material angeliefert, dass nicht weiterverarbeitet werden kann.*	1	11	10
462	*Die Gesellen auf dem Bau werden zu wenig gelobt.*	11	12	2
463	*Bin in der Zwickmühle, ich muss eigentlich immer zuviel Arbeit ranholen, damit ich genug hab für die Flechter.*	3	16	9
464	*Wir sollten im Dezember anfangen, konnten aber erst Mitte Januar anfangen.*	4	14	11
465	*Der ganze Bau hat sehr konfus angefangen.*	1	9	4
466	*Es sind 20- 30t Eisen da, ich brauch aber nur 5t zum verlegen.*	1	11	10
467	*Es wird immer alles von einer Zeichnung bestellt, da muss sehr viel zwischengelagert werden, das ist ein einziges Chaos.*	1	9	10
468	*Die Schnitte sind nicht gut dargestellt auf der Zeichnung.*	1	8	9
469	*Die Bewährungsführung ist sehr kompliziert, der Zeichner sagt selber, das hätte man einfacher machen können.*	2	16	1
470	*10m Eisen in eine Verbundwand einbauen müssen geht gar nicht. Zeichner kommt, sagt, dann schneid es halt ab, geht auch und wird abgenommen, da frag ich mich dann auch...*	1	16	3
471	*Zwei Wände, die mit Eisen verbunden werden müssen, auf zwei verschiedenen Zeichnungen mit unterschiedlichen Anschlüssen, das ist schief gegangen. Von 12 Blättern kann ich nach 10 Wochen erst 3 abrechnen.*	1	12	5
472	*Wartestunden kann ich schon gar nicht aufschreiben.*	3	19	12
473	*Es macht keinen Spaß mehr auf dem Bau, man kann Jugendlichen auch nicht mehr erzählen auf den Bau zu gehen.*	9		2
474	*OBL sagt, mein Platz ist 5 Jahre länger sicher als Ihrer.*	1	12	8
475	*Ich kann den angebotenen Preis nicht halten, wegen der vielen Änderungen, Verzögerungen und Hindernisse.*	13	16	3
476	*Ein Zeichnungsfehler aus dem Tiefgeschoß wurde auf das Erdgeschoß übertragen, die Bügel am Fahrstuhl fehlen.*	27	8	1
477	*Wir mussten drei Wochen auf den Wasseranschluß warten, zu wenig Licht im Winter, quasi im Dunkeln das Kranfundament gemacht.*	2	9	7
478	*Telefon gab es erst Mitte Januar.*	2	9	9
479	*BL kam mit Zetteln aus dem QM, alle sollten die Sicherheitsbelehrung unterschreiben, haben uns geweigert.*	21	1	8
480	*Die Wege auf der Baustelle sind versperrt. Man muss über die Straße laufen.*	1	9	12
481	*In der Firma wird keine Rücksicht auf das Privatleben genommen.*	7	12	8
482	*Freitags kommt einer um halb eins und will, dass wir länger arbeiten, man nimmt sich doch auch was vor.*	7	1	2
483	*Ich wurde vom Polier als kleines Kind dargestellt, als ob ich das noch nie gemacht hätte.*	11	12	2
484	*Ältere Poliere sehen Jüngere nicht als vollwertig an.*	11	12	8

lfd.Nr.	Fehlerereignis	U	B	K
485	*Wie man es in den Wald hinein ruft, so schallt es heraus; das ist dann auch so eine Art Trotzreaktion.*	10	5	9
486	*Der Bauleiter sieht nur noch seinen Kram, der Polier nur noch seinen.*	18	5	12
487	*Bei der Ausbildung der Bauleiter hatten die Menschenführung wohl ausgeklammert.*	12	7	8
488	*Am letzten Tag erst erfahren, dass es einen Wechsel gibt.*	15	4	8
489	*Ein paar Stunden drin hocken bei Regen und dann wieder raus, das bringt doch nichts.*	3	12	2
490	*Das Vorarbeiten müßte man auch mal für sich abbummeln können, nicht nur für die Firma.*	22	12	8
491	*Flexiblere Arbeitszeiten, einige würden bestimmt auch gerne eine 3/4 Stelle arbeiten.*	7	12	12
492	*Trotz verletztem Handgelenk den ganzen Tag noch gearbeitet.*	7	21	7
493	*Unter dem Helm juckt es, wenn man den den ganzen Tag trägt, da fehlen Lüftungsschlitze.*	2	8	9
494	*Es wird oft nicht als Arbeitszeit gesehen, wenn man den Arbeitsplatz sauber macht. Wenn das ein Geselle macht, ist das eh zu teuer.*	28	20	7
495	*Es dauert so seine Zeit bis man sich mit den wechselnden Kollegen zusammengerauft hat.*	25	12	6
496	*Ich soll den Bauablauf kennen und berücksichtigen, krieg aber immer nur einen Teilplan.*	6	4	2
497	*Ich mach nur noch das, wofür ich eingeteilt werde.*	10	5	8
498	*Man verschätzt sich bei den Fertigteilen, die passen dann doch nicht so und dann braucht man schon mal ne Stunde und die nächste Lieferung steht schon da.*	1	9	4
499	*Gibt Stau, wenn nur ein Kran da ist und 10 Leute mit Sachen arbeiten, die einen Kran brauchen.*	3	9	4
500	*Das mit dem Kran hat keiner dem Bauleiter gesagt, würde der hören? Der ist doch studiert...*	11	3	6
501	*Der BL geht über die Baustelle und redet mit keinem.*	10	5	8
502	*Wer sagt sooo einem Mann (BL) Bescheid, und wir kriegen einen Anranzer.*	19	7	2
503	*Ich wollte Polier werden über REHA und bekam eine Ablehnung von unserer Firma, ohne Erklärung.*	7	5	8
504	*Schalungssysteme müssen auch den Gesellen als Schulung gezeigt werden.*	12	4	
505	*Wenn der Vater Polier ist, wird der Sohn es in unserer Firma auch ganz schnell.*			8
506	*4-5 Leute , die sich verstehen, sollten als Team auf die Baustellen gehen, dann geht es schneller und besser.*	17	12	
507	*Es wäre gut einem Polier zugeordnet zu sein.*	15	12	
508	*Die Entfernungen zwischen Wohnort und Einsatzort werden zu wenig berücksichtigt.*	7	12	2
509	*Statiker, Planer und andere haben lange gerechnet um eine spezielle Sturzhöhe zu ermöglichen, nun entscheidet sich der Bauherr um und alles hätte einfacher und billiger sein können.*	10	14	2
510	*Die geänderte Höhe muss jetzt in allen Plänen nachgetragen werden.*	13	16	1
511	*Keller auf Index L; Erdgeschoß auf Index J*	1	14	1

lfd.Nr.	Fehlerereignis	U	B	K
512	*Zwischen März 2001 und Auftragsvergabe im November hat der Bauherr nichts mit dem Bauamt abgeklärt.*	27	16	1
513	*Man kann die ständigen Änderungen gar nicht genau erfassen in Hinblick auf ihre Auswirkungen auf Bauablauf und Kosten.*	9	12	3
514	*Mit dem Büro Planeingangstermine vereinbart, die nicht eingehalten werden, die Änderungen des BH werden teilweise auch einfach vorgeschoben.*	10	13	9
515	*Die Nachbarn haben verhindert, dass die Baustelle optimal eingerichtet werden kann. Keine Lagerfläche auf den Containern möglich.*	10	14	10
516	*Man kann dem Bauherren nicht deutlich machen, was die Änderungswünsche tatsächlich für Konsequenzen haben auf Termin und Kosten, keine Zeit das zu durchdenken.*	14	16	3
517	*Im Vertrag steht ein anderes Dach als Sinn macht. Bei Gußasphalt kommen wir nicht mehr ran und wir haben 10 Jahre Gewährleistung.*	27	16	1
518	*Ich habe Anmerkungen bei der Kalkulation gemacht, die wurden aber zum größten Teil nicht berücksichtigt, jetzt haben wir die Probleme.*	11	12	1
519	*Das war wohl das erste Mal, das ein Bauleiter in die Kalkulation mit eingestiegen ist.*	11	5	
520	*Zu Beginn gab es nur Entwurfspläne, die baubegleitende Planung und die Baugenehmigungen machen Probleme.*	1	8	1
521	*Der Polier war drei Wochen nur so auf der Baustelle, ich hätte den eigentlich erst später gebraucht.*	1	11	2
522	*Kurz vor Arbeitsbeginn noch herausgefunden, dass das alte Fundament nicht aus Mauerwerk sondern aus Beton war. Die alten Pläne sind in der Kalkulation hängen geblieben.*	6	4	1
523	*Die Reibungsverluste aus der Kalkulation sind groß.*	4	12	2
524	*Die Arbeitsvorbereitung läßt zu viele Details für die Baustellen übrig. (Anschlüsse, Schwellen Dach-Tür u.ä.)*	1	16	1
525	*Die Details sind die Schwachstellen und stehen oft noch nicht fest. Echte Probleme*	1	4	1
526	*Den Gesellen ist nicht klar, was die erwartete Grundleistung für den Grundlohn ist.*	19	5	6
527	*Bei der Übergabe zwischen zwei Polieren ist das schief gegangen. Der eine hat noch nicht betoniert, fehlte Bewährung, der andre hat es einfach zugeschüttet. Neue Statik war nötig.*	25	5	5
528	*Ich weiß gar nicht, was genau in die Formulare vom QM eingetragen werden soll. Es fehlen Beispiele.*	6	16	9
529	*Es fehlt Wissen über die Mängelentstehung bei anderen Gewerken, die ich auch überwachen soll.*	28	4	5
530	*Ich habe Material abgerufen, das noch nicht gebraucht wurde, um den Bauleiter auflaufen zu lassen.*	10	5	10
531	*Es ist nicht klar, wer entscheidet, ob Schlechtwetter ist oder nicht.*	22	13	8
532	*Subunternehmer 2 Maurer arbeiten Akkord, wir wußten davon gar nichts.*	15	4	8
533	*Wir mussten über eine Stunde auf Mörtel warten, da kann man auch gar keinen Akkord arbeiten.*	17	9	4

lfd.Nr.	Fehlerereignis	U	B	K
534	*Wegen des Krans schaffen wir heute nicht das, was geplant war, keine Steine gekriegt und den Mörtel können wir wegschmeißen.*	17	9	9
535	*Wir mussten das Gerüst wieder in Ordnung bringen (Arbeitsschutz), obwohl vorher Subunternehmer damit gearbeitet haben, gibt kaum normale Tage, ständig was dazwischen.*	11	12	8
536	*Eigentlich müssen wir die Steine vernünftig Mischen, damit keine Placken entstehen; das geht hier nicht, nehmen so n bißchen von der Seite weg, da kann man nicht Akkord arbeiten.*	18	17	5
537	*In einem Abschnitt haben wir erst sehr spät erfahren, wie hoch wir eigentlich mauern müssen, hatten nur noch 5 Schichten, um das auszugleichen, ging nicht gut.*	6	16	9
538	*Nur ein Polier für 20, 30 Leute.*	5	20	6
539	*Kein Ansprechpartner für die Leute unserer Firma mehr vor Ort.*	5	12	2
540	*So wie heute, so feucht wie es ist, darf eigentlich gar keine Isolierung angebracht werden. Die soll vollkommen trocken sein, wenn sie eingebaut wird.*	18	17	5
541	*Kommt vor, dass andere anfangen zu mauern, wir dann übernehmen müssen und 2-3cm zu hoch kommen am Ende.*	25	18	5
542	*Heute werden wieder Deckenplatten abgeladen, da kriegen wir den Kran nicht. Da können wir Funken soviel wir wollen.*	17	11	4
543	*Unterzüge einschalen immer mit zwei Leuten, es sei denn einer ist krank.*	5	20	12
544	*Man wird immer wieder mit den Kollegen auseinander gerissen, höchstens ein Jahr bleibt man zusammen.*	25	12	
545	*Akkord geht hier nicht. Das Material was wir brauchen haben wir nicht in der Nähe, müssen uns das von nebenan holen oder unten ausschalen und hochschleppen, viel Getrage.*	1	9	6
546	*Für die veranschlagte Zeit ist nicht eingerechnet, das man das Material von weiter anschleppen muss.*	19	12	6
547	*Nicht schnell genug fertig gewesen, so dass die Platten nicht raufgelegt werden konnten, nebenbei gelagert werden mussten. Die Flechter konnten nicht rauf,..der Anschluß ist vorbei.*	17	15	4
548	*Es wird erwartet, dass wir acht Stunden durchziehen, das geht gar nicht, wenn wir mal ehrlich sind.*	9	1	12
549	*In dieser ARGE wird mit zweierlei Maß gemessen. Die Subunternehmer werden mehr bekümmert.*	7	12	2
550	*Der Beton wurde spät bestellt. Der Polier weiß, dass um 16:00 Feierabend ist, und bestellt so knapp(27 statt 30qm), dass nachbestellt werden muss und wir länger bleiben müssen.*	17	9	8
551	*Auf dem Papier haben wir Vorarbeiter, aber die werden hier wohl nicht eingesetzt.*	5	20	6
552	*Wie mit Straßenbanden, in der ARGE will der eine besser als der andere dastehen.*	10	12	2
553	*Um 13:00 Uhr merk ich das klappt nicht, um 14:00 Uhr kommt der Beton auch noch pünktlich. Normalerweise kommt der eh zu spät.*	17	15	4
554	*Der Beton kam um 11:10 statt um 9:30 und nach 18 m³ war gar kein Beton mehr da, STAU!*	17	9	4

lfd.Nr.	Fehlerereignis	U	B	K
555	Die älteren Poliere machen glaub ich einfach mehr Dampf in den Werken, da passiert das nicht so oft.	19	7	
556	Die Handgelenke sind vom Schleppen übermüdet, ständige Sehnenscheidenentzündung.	9	21	12
557	Bei hohem Frost Balken betoniert, wenn das nach zwei Wochen noch weich ist, weiß ich dass das nicht richtig hält. Sagen- nee bin dann der Querulant.	23	7	8
558	Wir betonieren Stützen, haben Nachts Frost und sollen am nächsten Tag ausschalen, ich find das falsch.	18	17	5
559	Vor der Kreissäge ist es naß und schmodderig, da kann man leicht mal wegrutschen, wird von den Arbeitsmännern nicht mit saubergemacht.	28	21	7
560	Auf der Baustelle spielen Kinder.	27	21	
561	Die Schlingen, die Flechter auf der Baustelle liegen lassen sind gefährlich, die anderen Gewerke sollen ihren Scheiß wegräumen.	28	21	7
562	Es fehlt leichte Arbeitsschutzkleidung für den Sommer.	2	8	7
563	Morgens kriegt man den Kran eh nicht, da muss man abends alles für den nächsten Tag mit vorbereiten.	13	14	6
564	Gehe nicht zu deinem Fürst eh du nicht gerufen wirst.	11	5	8
565	Betriebl. Vereinbarung, und du musst; einen normalen Arbeitstag kenn ich kaum noch.	7	10	2
566	Es darf nur eine bestimmte Stundenzahl geschrieben werden, da gehen auch schon mal Überstunden verloren...		12	2
567	Ich komme oft nicht dazu einzukaufen und den Haushalt noch zu schaffen, wenn man so alleine lebt.	7	12	8
568	Besser Verdienende behandeln mich wie einen billigen Gesellen...	11	12	8
569	WIR sagt er (BL) aber ich muss doch die Decke betonieren.	10	1	8
570	Früher als Zimmermann war die Arbeit anspruchsvoller.	4	12	2
571	Das ist normal, dass man auf Beton warten muss, auf den letzten Wagen immer.	26	9	2
572	Man kriegt keine Rückmeldung, ob auf der Baustelle im Betonbereich Mängel aufgetreten sind. Wüßte ich schon gerne, man hat ja seinen Stolz.	6	4	2
573	Wenn der Tag ist, wo Beton ist, kommt Streß, da ist dann nicht mehr viel Zeit zum kontrollieren.	18	15	5
574	Normalerweise liegt zuviel rum, zwei räumen auf, dann schmeißen die wieder alles runter. Nur einige packen ihr eigenes Zeug wieder zusammen.	28	7	6
575	Fummelarbeit kommt dazwischen, Schalter, Durchbrüche u.ä. ist in den Fertigteilen nicht vorgesehen. Von der Fläche schafft man nichts. Dann muss der Beton eben umbestellt werden.	17	16	4
576	Die Winterbekleidung kam 2-3 Wochen zu spät. Das ist auch nicht so gutes Zeug.	2	8	8
577	Die Subunternehmer haben den Kran und wir müssen warten.	17	9	3
578	Wir arbeiten dort, wo der Kran gar nicht richtig hinkommt, 6m davor, wir müssen den Rest mit der Hand ranschleppen.	1	20	6
579	Bei uns läuft das geordneter, Spind, Kleiderhaken, Betriebsrat...	19	1	2

lfd.Nr.	Fehlerereignis	U	B	K
580	Das Material fehlt, hier wird von den Subunternehmern alles versteckt; wir kommen nicht dran.	10	17	4
581	Sonst wären wir zu dritt gewesen, es fehlt einer zum Material ranholen.	5	20	6
582	Angeordnete Überstunden und es wird den Leuten erst gesagt, wenn sie auf die Baustelle kommen.	11	12	8
583	Bei den Maurern im Hochbau ist kein Vorarbeiter.	5	12	6
584	Heute reicht das wohl, wenn man einen Hammer trägt, früher hat man einen Facharbeiterbrief verlangt.	12	7	6
585	Uns läßt man in Ruhe, wir müssen uns alles erfragen.	10	3	2
586	Der Polier vorher hat Bescheid gesagt, sorgt für euch; jetzt können wir Funken soviel wir wollen -kein Kran.	5	9	4
587	Hier kriegt man nicht gesagt, was eigentlich gebaut wird.	15	4	2
588	Bei Schichtarbeit ist zu wenig Werkzeug da, um vernünftig zu arbeiten.	2	8	4
589	Glatteis im Winter ist auf der Baustelle ein Problem.	2	21	7
590	Den Freitag, den man zum Ausgleich frei hat, da muss man schlafen- hat man auch nichts davon !	9	10	12
591	3 Deckenplatten falsch herum eingebaut. 3000DM pro Platte !	8	18	3
592	Nachunternehmer halten Termine nicht.	16	14	11
593	Stahlbauer hat V4A Leitern mit falschen Maßen eingebaut, trotz vernünftiger Pläne.	8	14	5
594	Subunternehmer 1 als ARGE-Partner ist langsamer als erwartet. Wir müssen die unter Druck setzen oder werden selbst nervös.	4	12	9
595	TB- Info fehlte, wo liegen die Achsen und die genauen Rohrlagen. Die Pläne brauchten 8 Wochen Vorlauf für die Prüfung.	6	4	11
596	XYZ läßt geringere Rissbreiten zu als andere. Obergenau und nervig. Die Bewährung wird so, dass Statik unwichtig wird !	19	1	5
597	Zu Hause hab ich ein eigenes Büro, für Arbeiten, die Ruhe brauchen.	9	16	12
598	Vorschriftenhengste als Bauherrenvertreter, Änderungsvorschläge nehmen die nur an, wenn die einen Nachlass dafür bekommen.	10	1	2
599	Ich hätte die BHV und Bauaufsicht härter anfassen müssen.		13	9
600	Die hätten uns ein Jahr früher beauftragen sollen, dann hätten wir nicht so einen Zeitdruck gehabt.	4	15	9
601	Es wird mehr Umsatz pro Mitarbeiter gemacht, aber pro Lohnstunde bleibt immer weniger übrig.	4	19	2
602	Nach den ersten Grundsatzgesprächen zur Baustelle, bleiben noch viele Fragen übrig, oder entstehen erst. Ein zweites sollte Standard sein.	14	4	9
603	Es sollen wasserdichte Baugruben vom Subunternehmer übergeben werden, mit Schlitzwand ist das nicht möglich.	1	14	6
604	Die BHV sehen Fehler bei der Arbeit und machen uns nicht darauf aufmerksam.	10	2	9
605	Der Fugenkieker hat vorher gesehen, dass wir den 5cm Kragen nicht eingebaut haben und hat nichts gesagt. Mussten wir später wieder rausreißen.	10	3	8

lfd.Nr.	Fehlerereignis	U	B	K
606	*Erst 80 raus geschnitten und 20+20 freigestemmt, wurde nicht so glatt, wie der Verpressschlauch das braucht; dann 120 raus geschnitten und am Rand betoniert, ging schneller und besser.*	1	16	1
607	*Einsturzgefahr in der Baustelle und weder Subunternehmer noch unsere Firma noch XYZ kümmern sich wirklich darum.*	4	17	7
608	*Man muss alles doppelt machen, wenn man mit der Folie arbeitet. Und wenn die dann wieder eine Beule wirft, muss noch eine Naht zusätzlich gemacht werden.*	26	16	6
609	*Letzten Endes kommt es bei den Kosten auf das selbe raus; viel Frickelarbeit mit der Folie und dem Einpassen. Ist auch kompliziert.*	3	1	9
610	*Deckel verdreht und diesen Fehler 3x mit durch geschleppt, da ärgert man sich dann.*	8	18	1
611	*Es ist zu wenig Lagerfläche vorgegeben, da fehlt dann an manchen Stellen was.*	1	11	1
612	*Statt 14 Tg. brauchte der Subunternehmer 25 Tg. dann wollten wir eigentlich vom einen zum anderen ziehen und das klappt nicht.*	17	9	4
613	*Von dem Bewährungsplan her hätten wir 14m Eisen einbauen sollen, das geht hier unten gar nicht; Planänderungen und Verzögerungen.*	1	9	4
614	*Die Gesellen können nicht selbstständig genug arbeiten.*	12	7	6
615	*Ich würde mir gerne feste Zimmerleute aussuchen können.*	25	12	1
616	*Es kommen dann immer neue Einschaler, die gerade frei sind, und die müssen immer wieder neu angelernt werden.*	25	16	6
617	*Plan für die Leute- nee das machen wir hier nicht.*	11	3	8
618	*Bei den Nachunternehmen kommt auch immer wieder ein Neuer, da muss man alles wieder erklären und dann geht schon mal Info verloren.*	25	16	6
619	*Eigentlich müssen wir uns nicht um die Ausführung der Nachunternehmer kümmern, aber als Bauunternehmer bist du doch verantwortlich.*	28	22	6
620	*Podest wurde ohne Gefälle betoniert. Die Sohle wurde dann auch ohne 2% von dem Subbi eingemörtelt. Jetzt muss was ausgedacht werden.*	27	16	5
621	*Ich bin der einzige der das LV kennt.*	6	3	12
622	*Ungeschriebenes Gesetz: "Bring es besser nach Hause" =kaufm. Arbeit.*	11	22	9
623	*Bin als Ing. ausgebildet und mache hauptsächlich kaufmännische Arbeit.*	12	22	9
624	*Viel Schreibkram, Briefe gehen nur mit 2 Unterschriften raus; Sekretärin ist überlastet- bald geht gar nichts mehr raus.*	5	20	9
625	*Geringe Auftragssumme und trotzdem voll beschäftigt. Täglich Briefe vom Anwalt, die beantwortet werden müssen.*	13	10	6
626	*Nachtragskalkulation gemacht; der eigentliche Auftrag fehlt und der Arch. sagt "mach mal", ich muss juristisch drauf sein, sonst häng ich nachher damit dran.*	4	16	9
627	*Die normalen BL Aufgaben schaff ich gar nicht mehr.*	14	15	12
628	*Wenn der Polier ausgewechselt wird, ist es doppelt schwer; 1 Woche hatte ich hier gar keinen.*	5	20	6
629	*Der Polier hier hat noch eine zweite Baustelle, hier müßte aber einer Vollzeit sein.*	5	10	9
630	*Der Architekt geht davon aus, dass alles enthalten ist. Angebot wurde auf Basis des LV und der vorliegenden Pläne gemacht. Änderungen sind da nicht mit drin.*	16	1	9

lfd.Nr.	Fehlerereignis	U	B	K
631	*Unter den Gartenplatten ist noch Beton; erst später gesehen. Hättest du gucken müssen sagt jetzt der Architekt.*	10	16	3
632	*Unter dem Teppich noch 2cm Ausgleichsestrich gefunden, der muss jetzt auch noch raus; viel Ärger und wenig Geld dafür.*	16	16	6
633	*Schwarze Liste; mit dem Architekten nie wieder arbeiten.*	6	5	9
634	*Die Bewertung der Nachunternehmer wird oft nicht ausgefüllt, das wäre sooo wichtig.*	23	5	1
635	*Eine Liste mit Bewertungen von Büros und Architekten fehlt.*	6	4	9
636	*Es fehlen oft Informationen zwischen Kalkulation und BL. Kalk. war hier auf der Baustelle hat aber nicht die Zeit mir alles zu erklären.*	5	4	1
637	*Hier ein anderes Vorgehen, als geplant war. Der Kalkulator hat das dann auch irgendwann vergessen, weil er Neues im Kopf hat.*	6	14	1
638	*Durch die Änderungen ist der geplante Stukkateur zum alten Preis ausgestiegen. Nun musste ein neuer gefunden werden.*	4	16	1
639	*Beauftragter vom BH kommt ständig rein und unterbricht die Arbeit (labert einen voll).*	21	9	4
640	*Es wäre schön, wenn die Überstunden mehr honoriert werden würden.*	4	19	2
641	*Ich schiebe 60 Tage Urlaub für dieses Jahr vor mir her.*	5	10	9
642	*Ich komm nicht hinterher mit der Ablage für das QM.*	14	15	12
643	*Wir teilen die Sekretärin mit einer anderen Abteilung, die sagt immer, bin überlastet.*	5	9	11
644	*Nicht nach techn. Stand gebaut. Lüftungsrohr 70 statt 120cm Durchmesser. BH wollte das so.*	1	17	5
645	*Der A. will ein Vorzeigeobjekt bauen. Da gibt es ständig Reibereien.*	22	1	9
646	*In der Ausschreibung steht die Dämmung für den Balkon genau beschrieben, in den Plänen nicht. Ich hätte das im Kopf haben müssen; jetzt entsteht ein Absatz.*	9	16	1
647	*Bei der Hebeanlage nach 50cm auf Grundwasser gestoßen. Jetzt muss ne neue Entscheidung her.*	13	9	1
648	*Es fällt beim Rausnehmen der Fenster mehr raus, als gedacht. Nun passen die neuen Fenster nicht richtig; es muss nachgemauert werden, wer bezahlt?*	1	16	1
649	*Ich habe die Pläne nicht so genau angeguckt wie ich es hätte tun sollen.*	2	14	1
650	*Ich habe es nicht geschafft die Vorher-Nachher Fotos zu machen, für das "Firmenalbum".*	14	15	5
651	*BL vom vorherigen Projekt vergessen. Der wollte ne Beratung von mir.*	9	16	1
652	*Manchmal bin ich wohl zu geldgierig. Da schieß ich mit Nachträgen über das Ziel hinaus, will das Maximale raus holen, dann schlagen die Wellen hoch.*	10	5	9
653	*Die Leistungsmeldungen für das Controlling sind frisiert.*	27	17	
654	*Ein Mal im Jahr gibt es eine Provision für die BL, davon geht nichts an die Gesellen.*	11	19	2
655	*Viele Maurer können nicht einschalen. Es fehlen All Rounder in der Sanierung.*	12	7	6
656	*Die Guten, die, die jeder will, die arbeiten oft zu lange; die sind überlastet.*	15	9	
657	*Die Atemmasken trägt niemand.*	2	21	7
658	*Man kann nicht rein gucken, da stemmt man ne Wand weg und da ist ein Hohlraum.*		16	6

254

lfd.Nr.	Fehlerereignis	U	B	K
659	*Subbis sind oft keine Fachleute. Die achten nicht so auf die Sicherheit (Abbruch).*	12	21	7
660	*Eine Zahl falsch geschrieben, dadurch den Auftrag bekommen. Zuviel Rabatt gegeben.*	8		1
661	*Es passiert dauernd, dass wir nicht durchgängig Strom haben.*	2	8	12
662	*Ich wollte oben was abdecken, dann kam was Dringendes auf der anderen Baustelle, jetzt regnet es wieder und das Abdecken kommt eigentlich zu spät.*	13	14	5
663	*Auf Grundwasser gestoßen; jetzt ist es schwierig an das passende (13,5cm) Schachtgehänge zu kommen; Standard ist 11cm.*	13	16	1
664	*Man regt sich auf, das ist ja nicht persönlich- geht um die Sache.*	21	12	8
665	*Wenn die Leute nicht erkennen, dass der Arbeitsplatz Gold wert ist; wenn man sieht, dass die Wand nur halb fertig ist.*	19	7	8
666	*2-3 aus 10 Leuten sind zu langsam.*	19	7	8
667	*Wenn Kurzarbeit angemeldet ist, strecken die Leute die Arbeit.*	11	7	3
668	*Wenn der Polier nicht da ist, wie auf der Baustelle 3, dann klappt das nicht.*	5	20	5
669	*Ich kann auch in die Kalkulation rein gucken, dadurch wird man dann noch n bißchen aggressiver, auch den Leuten gegenüber.*	3	6	9
670	*Hab schon mal 4-5 Baustellen gleichzeitig. Das ist dann viel zu viel Gefahre.*	5	10	12
671	*Wir versuchen den BH das Geld über Nachträge hinten raus zu ziehen.*	4	17	8
672	*Werkzeuge bleiben vielleicht mal liegen.*	28	17	10
673	*Nebenan ist doch ne Ruine, da kommt ständig was dazu.*	1	11	5
674	*Die Leute kriegen Teilpläne, was insgesamt kommt, nee- wer Interesse hat, kann fragen.*	19	3	8
675	*Das sind nicht die optimalen Bauzeiträume, oft erst ab Mai-Juni; früher wär besser.*	4	12	
676	*Hier fehlten einige Sturzträger in den Zeichnungen, die wurden nachgetragen, Geld wollen die dafür nicht zahlen.*	6	1	6
677	*Ab "irgendeiner" Zahl Leute auf der Baustelle braucht man Ersthelfer.*	12	2	7
678	*Bei den Preisen ist es schwierig, man muss auf jeden Pfennig achten- gibt immer Krieg.*	4	5	9
679	*Es wäre einfacher, wenn die Nachunternehmer früher feststünden.*	3	1	9
680	*Schiebe 56 Tage Urlaub vor mir her.*	5	10	12
681	*Wie lange ich hierbleibe weiß ich nicht.*	15	5	2
682	*Reiß alles auf in der Ecke, für die Träger; kommt der Schlosser sagt: das soll 45cm raus gucken- hatte der schon neuere Zeichnungen- alles nochmal machen.*	6	5	4
683	*Unschlüssigkeiten, das gibt es hier. Den Gesamtplan sehe ich auch das erste Mal.*	15	4	9
684	*Das Wasser kam nicht richtig zum duschen, Klodeckel wackelt, allgemein die Container eben...*	2	12	8
685	*Die Steckdosen in den Containern könnten besser durchdacht sein, da muss man immer drunter kriechen.*	2	12	2
686	*Die Stahlbauer sagen nicht zeitig Bescheid, wenn sie Höhen brauchen. Die sagen Bescheid wir gehen rüber und dann schreiben die Wartezeiten auf.*	26	17	3
687	*Was bei dem Block hier passiert ist klar , dann ...wohl so ähnlich...Ne Woche vorher Bescheid kriegen was kommen wird, wär gut.*	15	4	2

lfd.Nr.	Fehlerereignis	U	B	K
688	*Auch kein Bauschild auf das man gucken könnte, kommt oft erst sehr spät.*	2	4	8
689	*Wasserbau im Winter ist teuer, warum immer dann. Müßte man für den Sommer kalkulieren, wäre dann viel günstiger.*	4	12	2
690	*Wie die Fertigteile dann eingehängt werden, weiß ich nicht, wahrscheinlich vom Wasser aus... hm...*	15	3	9
691	*Früher gab es Akkord, da war mehr Motivation für die Arbeit da.*	20	19	2
692	*Die Schalungsvorbereitung war teuer- die ist nicht gut zu brauchen. Man müßte mal vorher fragen, was geeignet ist. Nicht alles von Oben steuern.*	1	9	12
693	*Jetzt das selbe System Schalung, aber andere Arbeitsgänge- geht besser- aber die Elemente sind zu schwer!*	6	9	12
694	*Erst soll n Kopf drauf, dann nicht. Die Pläne ändern sich ständig.*	1	5	1
695	*Die Vorwegarbeit läuft schlecht. Was soll da für ein Rohr rein, manchmal weiß der Polier auch nicht.*	1	9	4
696	*Noch ein Block und dann kommen wir ins Stocken. Die Unklarheit ist nervig.*	15	4	2
697	*Was dazu zu lernen, z.B. Computer- die Zeit ist gar nicht da.*	14	15	12
698	*Ich würde gern fest zum Wasserbau gehören, ist wohl so über die Zeit jetzt, aber ich weiß es nicht genau.*	15	2	9
699	*Es wäre nicht schlecht mal eine Weile in Heimatnähe zu sein- Familie und so; von 10min Baustelle zu Fernbaustelle versetzt worden.*	9	12	2
700	*Jetzt hab ich immer einen 10 Stunden Tag, das ist nicht gut.*	5	10	12
701	*Man kommt nicht zum Saubermachen bei den Unterkünften und die Putzfrau kommt da nicht rein. Die sind also dreckig.*	14	12	2
702	*Keine Raucher-Nichtraucher Trennung, manche regen sich darüber auf.*	7	12	7
703	*Vielleicht ist das der Polier, der einen anfordert, ob der andere einen hergibt, ich weiß das auch nicht so genau.*	15	5	8
704	*Wie das weitergeht weiß ich nicht, da macht man dann n bißchen langsamer, hat keine rechte Lust mehr.*	15	4	6
705	*Keine Zeit um ein Dach für die Kreissäge zu bauen, so ist immer alles naß und dreckig.*	14	21	7
706	*Viele Kabel sind defekt, da gucken die Drähte raus. Ich schneid die dann durch.*	2	21	4
707	*Die Arbeitsschuhe könnten besser sein.*	2	8	7
708	*Ich kauf mir jetzt die Regensachen selber, die gelben Jacken sind doch Dreck.*	2	12	12
709	*Bei manchen Polieren läßt man das Denken. Normal macht man das schon.*	11	5	5
710	*Ja, man ist überanstrengt. Lange Tage und den Urlaub verschiebt man immer.*	5	10	12
711	*Kleinigkeiten, wo man den Polier fragen muss, das kommt öfters vor.*	6	4	4
712	*Die Schalung paßt nicht, Träger sind im Weg, das passiert.*	1	9	4
713	*Ich mag Wasserbau am liebsten, da würd' ich gerne bleiben.*	2	8	
714	*Mal was für die Familien machen, das fehlt.*	9	12	8
715	*Die Auftragslage sei im Keller- Arbeit ist doch da- da stimmt was nicht, der kleine Mann zahlt drauf.*	15	12	8
716	*Man wird auch mit Kollegen zusammengewürfelt, die man nicht mag.*	7	12	2

lfd.Nr.	Fehlerereignis	U	B	K
717	Mit Kollegen mal eine Woche Schulung, über Schulungssysteme.		4	4
718	Die Pläne kommen so kurzfristig, man kann gar nicht darauf reagieren.	1	9	9
719	Änderungen sind nicht vermerkt, ich mal dann Wolken drum.	2	16	6
720	Früher hatte man einen Vorarbeiter für jede Kolonne, die fehlen jetzt. 20 Mann ein Vorarbeiter.	5	20	12
721	Der Endpunkt steht immer fest, aber das Dazwischen verschiebt sich ständig.	13	16	9
722	Ich kann nicht überall mit mehr Leuten arbeiten, im Dunkeln geht vieles nicht.- Sicherungen fliegen raus ...	1	15	11
723	Es fehlt die Entscheidung, wie das mit der Spülleitung weitergehen soll. Da entsteht ein Stau.	28	9	11
724	243 Ü-Stunden, sind aber mehr. Wenn ich mehr aufschreibe, geht das Gelaber los.	9	10	12
725	Schalung bestellt, Planänderung, jetzt ist die Schalung ungeeignet. Es hätte auch preiswerter werden können.	6	16	1
726	Schulter ist kaputt, das muss irgendwann mal operiert werden.	5	21	7
727	Dauerthema, die Flechter sind immer ohne Helm.	23	1	7
728	Bootshaken und Tampen fehlen immer wieder, werden geklaut.	27	21	3
729	Am Wochenende passiert immer wieder was, da ist keiner hier. Das kann man nicht einschätzen.	1	16	1
730	Das Ing. Büro hat keine Ahnung. Soll n Kabel verlegen, so dass ich im Hafenbecken landen würde.	21	1	8
731	Inoffiziell soll der Hafenmeister das Becken absenken, damit wir dran kommen, Schwarzkasse, Schwarzgelder sind notwendig.	1	17	9
732	Das sind Schweinecontainer, die die Firma zur Verfügung stellt- zu klein- zu schäbig.	2	12	8
733	Der Antrag für die Versorgungseinrichtungen (Wasser, Strom, Telefon) wird meist zu spät geschrieben.	1	9	1
734	Der die Anker hier macht, bestellt nicht rechtzeitig oder kriegt seine Lieferung nicht. Bezahlt selbst drauf, und ich muss mich darum kümmern !	17	16	6
735	Die Fehlerliste schlurt, sollte eingepflegt werden, ich weiß aber auch gar nicht, wo ich die abgeben soll und wo die eigentlich ist.	6	4	1
736	Bis 23:30 gearbeitet und viel zu wenig geschlafen !	9	10	12
737	Seit 5 Jahren überlastet. Zwei Albtraumbaustellen hintereinander.	5	10	12
738	Man schleppt den Urlaub vor sich her.	9	10	12
739	Ich bin der Chef hier auf der Baustelle, mache mehr als die Gewerblichen und krieg wenig.	9	19	8
740	Bauherr redet über unwichtiges in der Bbespr. und wir arbeiten und arbeiten und nichts geht voran. Die Zeit läuft davon.	22	1	9
741	Der BH fragt irgendwelche technischen Sachen, die Humbug sind, und wir setzen uns damit auseinander, weil er der BH ist.	4	1	9
742	Irgendwer kommt später zur Baubespr. fragt dazwischen, Protokoll dauert ewig, Theo 4 muss sich zusammenreißen, das nervt.	2	9	9

lfd.Nr.	Fehlerereignis	U	B	K
743	*Protokoll kommt Dienstag und Mittwoch ist die nächste Besprechung.*	9	9	9
744	*Hab das mit der Spülleitung vor mir hergeschoben, mag Rohrleitungsbau nicht. Bauherr kümmert sich nicht, etwas verschlürt.*	9	2	11
745	*Muss Experten finden, der die Rohrleitung baut, dem muss ich sagen was er soll, der BH weiß selbst noch nicht was er will, das ist, was mich so ankotzt.*	6	2	9
746	*Wir müssen Druck machen, wann welche Pläne fertig sein sollen, so spät hab ich das noch nie erlebt.*	10	16	6
747	*In einem Plan steht das eine Maß im nächsten das andere, was glauben Sie, was das für Zeit kostet, da hinterher zu telefonieren.*	2	8	6
748	*In der Werkstattzeichnung stehen wieder ganz andere Maße drin, da hat der hinter meinem Rücken mit dem Planer gesprochen, ohne Info an mich.*	10	4	1
749	*Verlassen kann ich mich nicht auf die Pläne, gravierende Fehler! Die kommen und man sucht nach Böcken!*	1	8	6
750	*Da kam der Theo 5 rein und sagt, ich soll mir hier n Auftrag abholen. Rausgeschmissen, hat den dann trotzdem gekriegt, obwohl ich wußte der ist nicht vorbereitet.*	3	7	5
751	*Ich musste raus, denen das erklären, haben 1,5 Wochen verloren dadurch.*	26	9	11
752	*Ich würd lieber mit mehr Eigenen arbeiten, die bringen die Leistung, kein Einfluß beim ARGE Partner- sind wohl alles Vorarbeiter und bringen keine Leistung.*	4	11	2
753	*Wir sind total abhängig vom Vorlauf der Subunternehmer.*	3	11	9
754	*Vergessen Termine weiterzugeben, da hatte der Polier dann Überraschungen.*	17	1	
755	*Fachbücher gibt es schon, aber WANN soll man da noch rein gucken.*	14	15	9
756	*Interne Vorbesprechungen zu machen wäre sinnvoll.*	14	4	9
757	*Bei Wind gearbeitet und der Kran brauchte 1 1/2 Std. um ein Teil an die richtige Stelle zu kriegen.*	18	1	9
758	*Wir werden gemessen an den Ausländern, die alles machen, auch gefährliche Sachen. Das kann doch nicht der Sinn sein.*	3	12	8
759	*Mit Subunternehmern nimmt man sich das Material gegenseitig weg. 1 Säge, drei Gruppen, da fehlt immer was. Und wir stehen mit 5 Mann rum.*	10	8	4
760	*Überstundenprozente sollte es geben. Auf der Uhr war dann nichts, Versprechen nicht gehalten, jetzt muss man hinterher rennen.*	10	19	8
761	*Oft weite Wege, um an Maschinen ran zu kommen, Theos Kiste ist abgesperrt, da kommen wir nicht ran.*	2	9	4
762	*Ausgeschalt und hingeschmissen, keine Ordnung, wegen des Termindrucks.*	18	20	10
763	*Es fehlt die Zeit um Kartenunterstände zu bauen; die werden hin und her gereicht, zerreißen, abends in die Kiste geknüddelt. Keiner ist verantwortlich.*	28	17	3
764	*Ab und zu sind die Schlüssel verschwunden, die Flex die sollte auch mit Schnellspannverschluß sein, ohne Schlüssel.*	2	8	4
765	*Dann muss man was dazwischen bauen, weil die Schalung nicht paßt, Kantholz suchen, Platten suchen man weiß nicht was man braucht, lange Wege...*	1	16	9
766	*Man versucht das alles irgendwie hinzukriegen. Auch gegen die Vorschriften, um Ärger zu vermeiden... die Ausländer machen das sonst an eurer Stelle.*	11	16	9

lfd.Nr.	Fehlerereignis	U	B	K
767	Die Kollegen sollten mehr auf Sicherheit achten, und Hinweise von Anderen ernst nehmen und zuhören.	8	5	7
768	Wir haben mit fünf Leuten keinen Vorarbeiter.	5	12	6
769	Man muss ja seine Sachen von der Baustelle mitnehmen, da sollte man das 2-3 Tage vorher wissen.	15	1	8
770	Wir sind so degradiert, laufen nur noch provisorisch mit, die eigentliche Arbeit machen die Subbis oder Ausländer.	3	12	2
771	Ich hab das Gefühl, die wollen uns raus ekeln.	7	4	8
772	Auf der einen gut angesehen, auf der nächsten Baustelle degradiert, das geht in die Firma rein, da kriegt man Magenschmerzen.	10	1	8
773	Bin um 6:00 Uhr da, um noch was in Ruhe zu machen, geht gar nicht, kommen schon alle mit Fragen an.	16	9	9
774	Da gibt es viele Restecken, wo Maße fehlten oder Mängel sind. Das muss dann ganz schnell gehen, wenn die anderen Gewerke kommen.	18	16	1
775	Da findet der Fensterbauer dann, dass der Anschlag noch nicht gemauert ist, dann muss man ganz schnell jemand finden.	24	16	9
776	Ärger, wenn das nicht schnell genug geht vielleicht, da waren 1 1/2 Tage geplant und man hatte Folgepläne, Fertigteile gleich oben rauf.	1	14	9
777	Das mit den Fertigteilen gleich oben rauf, klappt vielleicht in 50% der Fälle, Wetter und so...	1	14	4
778	Es gibt nicht mehr viele Leute, die richtig Pläne lesen können.	12	7	6
779	Die deutschen Gesellen wollen immer gleich % für Überstunden, die Rumänen machen das immer und ohne zu murren.	4	6	8
780	Wir haben die Baustelle angenommen, weil es für die Eigenen keine Arbeit gab, die sind n bißchen zu wenig "dankbar".	4	7	8
781	Mit dem Wasser hier auf der Baustelle, das hat gedauert. Da gab es noch keine richtigen Pläne.	1	9	11
782	Bei den Fremdflechtern, da muss man aufpassen, die legen nur nach Tonnen, mit der Betonabdeckung sind die schlampig.	3	14	6
783	Ich hab mal vergessen Bewährung zu bestellen, bei den tausend Sachen passiert das schon mal.	9	16	9
784	Manchmal stellen die Subbis auch blöde Fragen, wo krieg ich Wasser her, wo soll ich den Müll hinschmeißen. Für son Spielkram hab ich keine Zeit.	28	15	9
785	Die Reinigungstruppe kam ohne Besen, Schaufel und Karre an.	6	9	6
786	Der Trockenbauer hat angefangen nach alten Plänen zu arbeiten. Musste wieder abgerissen werden.	27	8	1
787	Der Trockenbauer arbeitet ohne Auftrag, ich weiß gar nicht ob der hier bleibt.	1	4	1
788	Die Qualität bleibt auf der Strecke, speziell im Rohbau. Wegen dem Termindruck.	18	17	5
789	Nun soll der Verblend runter bis zum Fundament, das ist aufgrund der Einmalschalung so schlampig, dass das schwierig wird- Planänderungen.	13	8	9
790	Zwei Wochen mehr Luft auf jeder Baustelle, das würde viel erleichtern.	3	12	9

lfd.Nr.	Fehlerereignis	U	B	K
791	*Mal sonne Wahnsinnsphase ist toll, aber nicht von Anfang bis Ende, da kann man nicht mehr richtig abschalten.*	9	10	12
792	*Haben mich rein gesteckt in schlüsselfertig, hab nicht viel Ahnung davon, wie soll ich n Klempner kontrollieren.*	12	16	5
793	*Meinen Vorarbeiter musste ich abgeben, damit der zweite Polier hier bleiben durfte.*	15	10	9
794	*Nicht jeder kann nivillieren.*	12	7	6
795	*Die Schalpläne waren teilweise unzureichend bemaßt. Musste hinterher telefonieren.*	2	8	4
796	*Änderungen kamen zu spät, die Schalung stand schon und musste wieder weg genommen werden.*	6	14	3
797	*Es kamen jeden zweiten Tag Änderungen, das war schon extrem viel hier in den ersten 4 Wochen.*	6	16	1
798	*Manche Lehrlinge machen blau und werden nicht hart genug bestraft.*	11	7	8
799	*BL vergißt manchmal was, Urlaub oder ruft nicht zurück, um zu sagen auf welche Baustelle man kommt.*	6	4	2
800	*Musste 6 Std. lang Stahlträger eine 4m hohe Leiter raufschleppen und der Geselle stand unten. Keiner hat was gesagt.*	11	21	7
801	*4 Tage lang alleine Drehsteifen rausgebaut und runtergeschafft. Eigentlich Arbeit für 3 Leute.*	7	10	12
802	*Wenn man dagegen motzt, ist man das Arschloch, deshalb hält man die Klappe.*	11	12	2
803	*Gesellen lassen sich von Azubis kaum was sagen, obwohl man im 3. Lehrjahr schon auch was weiß.*	10	7	2
804	*Falsche Konsolen angeschleppt.*	8	18	4
805	*Der Geselle guckt sowieso nie auf die Zeichnung. Einmal fehlten 20 cm und wir mussten 5 Stück wieder abbauen.*	8	14	3
806	*Ich musste schon oft Überstunden machen, obwohl ich das gar nicht darf, bin billiger!*	3	15	12
807	*Die Ketten sind oft falsch eingehakt. Ösen oft nach Innen. Hab den Haken schon an den Kopf gekriegt.*	23	21	7
808	*Die Leute müssen in den Baustellenvertrag einsteigen, ohne vorher von den Überstunden und der Samstagsarbeit zu wissen.*	15	12	12
809	*Gegen Ende des Baus wird viel rum gestanden, die Kleinigkeiten werden nicht gut verteilt, ich arbeite dann oft alleine.*	10	6	6
810	*Die Arbeitshandschuhe sind auf jeder Baustelle mies. Gehen schnell kaputt, und n Spruch gibt es auch noch dazu.*	2	8	7
811	*Bosch Maschinen sind oft handlicher, sollten bei Flex und Stich eingesetzt werden.*	2	8	
812	*Bei Schlechtwetter im Regen was wegstemmen müssen.*	11	12	7
813	*Defekte Geräte werden nicht umgetauscht oder repariert sondern notdürftig geflickt.*			
814	*Viele machen sich die Arbeit nicht leichter. Zusammen tragen oder Geräte einsetzen.*			
815	*Früher wußten wir schon Wochen vorher, wohin wir als nächstes kommen.*			
816	*Den Plan kenne ich nicht.*			
817	*Zu wenig Lagerplatz und Gerät. Alles hin und her lagern, alles doppelt und dreifach tun.*			

lfd.Nr.	Fehlerereignis	U	B	K
818	*Über die Gefahr auf der Ramme, da darfst du nicht über nachdenken.*	23	21	9
819	*Man läuft unter der Ramme durch, wo der Pfahl ist, das dürfte man nicht tun.*	8	21	7
820	*Von Oben kommt schon mal ne Mutter runter, die sich gelöst hat, wenn das Gerät stark beansprucht wird.*	2	21	7
821	*Wir waren 6 Leute auf der Ramme, jetzt 4 Leute, sollen wohl noch weniger werden.*	5	12	6
822	*Gutes Regenzeug fehlt. Mit der Regenjacke drüber und Schwimmweste ist das alles viel zu eng.*	3	21	7
823	*Reservetag heute ist von ARGE-Partner aufgebraucht worden, weil die das Hochwasser nicht bedacht haben beim Pfahlziehen.*	26	7	1
824	*Ich hab nicht soviel Ahnung vom Rammen und so, muss das dem ARGE-Partner gegenüber aber vertreten.*	12	10	9
825	*Ich denke Wochen voraus, der Polier nur Tage, das gibt immer wieder Reibereien.*	22	1	9
826	*Manchmal muss wegen der Parität der ARGE-Verträge komplizierter im Ablauf gebaut werden, als Sinn macht. Das Kartenhaus kann schnell zusammenbrechen.*	3	16	4
827	*Dem Abbrecher freies Baufeld versprochen. So muss die Rammarbeit eingestellt werden. Das kostet weniger Geld als dem Abbrecher was zahlen zu müssen.*	3	16	1
828	*Den eigenen Leuten und dem BH erklären müssen, dass die Ramme wegen des Abbrechers stillsteht geht kaum.*	3	16	9
829	*Ich muss auch mal die Unwahrheit sagen.*	22	15	9
830	*Leistung versprochen, die nicht eingehalten werden kann; Technisch noch OK, aber ...*	22	16	5
831	*Ein Mann ist bei der Kälte ins Wasser gefallen und wurde gerade so noch raus gezogen.*	23	21	7
832	*Es war wichtig, dass ich den Leuten versprochen habe, dass sie bleiben können, sonst hätten die nicht so geackert. Jetzt muss ich das durchsetzen.*	22	11	9
833	*Die Geräte von unserer Firma sind nicht auf dem neuesten Stand. Die können wir für diese Arbeit nicht einsetzen.*	2	12	9
834	*Mir macht nichts mehr Spaß bei der Arbeit.*	9	10	2
835	*Ich hab mich noch nie erkundigt, ob die andere Arbeit (Hof) für mich haben, mit Teilzeit oder so.*	6	2	12
836	*Letzte Woche schon 9:00 pitschnaß; Regen außen, innen schwitzen, mit den Klamotten.*		12	7
837	*Rauhreif auf einem Träger, Klaue ist abgerutscht, Kette gegen die Brust von einem Kollegen gehauen.*	8	21	7
838	*Wenn wenig zu tun ist, dann ist das Arbeitsverhältnis auch nicht mehr so.*	10	12	2
839	*Monatelang Überstunden, keine Zeit für die Familie, die Kinder werden nebenher groß.*	18	12	12
840	*Hier ist es so schmal; Viel hin und her lagern; Man kommt nicht zu der eigentlichen Arbeit.*	3	9	10
841	*Man kann mit dem Autokran nicht hin und herfahren; Das Material liegt im Weg.*	3	9	10
842	*Die Unterlagen erst nach 2 Monaten bekommen.*	6	4	1
843	*Am Anfang war n bißchen viel Chaos hier, A-B, B-a , A-B lagern.*	1	12	1

lfd.Nr.	Fehlerereignis	U	B	K
844	*Gibt Leute, denen man dauernd hinterherlaufen muss; andere sehen die Arbeit selber.*	10	6	6
845	*Firmenfahrzeug für die Poliere, wenn man soviel fahren muss, das fehlt; man braucht n Zweitwagen für zu Hause.*		19	12
846	*Die anderen Poliere hab ich vielleicht ein Mal gesehen.*	14	5	8
847	*Durch Akkord, kein kontrollieren; ein Bereich ist schief geworden, die Mauer musste wieder runter genommen werden.*	27	7	3
847	*Facharbeiter haben kein Interesse an der Maßhaltigkeit vom Bau. Die kontrollieren nicht, und schauen nicht auf die Zeichnung.*	19	7	5
848	*Subunternehmer können vieles nicht. Fachgerecht z.B. Verpressschläuche, machen das die eigenen Leute.*	2	7	5
849	*Es fehlt ein Altpolier als Berater, der mal auf die Baustelle kommt.*	5	4	9
850	*Zwischen BH und BL ist dicke Luft, das merkt man dann auch, das überträgt sich.*	22	1	9
851	*Hier wußte man nicht den Abstand zwischen Verbund und Rohbau.*	1	16	4
852	*Aus der Zeichnung hatte man ungefähres, der Fensterbauer sagte dann später- ich brauche mehr.*	1	16	4
853	*Es gibt Verzögerungen, bei den Übergängen, da wo Wasser ist- das kann ich auch nicht entscheiden.*	1	9	11
854	*Schiffsform- eckig oder rund. Das hätte man gleich rund planen müssen, die Konsolen müssen jetzt entsprechend anders sein- alte müssen abgebaut werden.*	6	14	11
855	*Es ist die Tendenz, immer mehr Arbeit zu vergeben- das bringt keine Motivation.*	3	12	12
856	*Die Spirale wird immer schneller- auf den Terminen rumtrampeln müssen, Gebäude in immer kürzerer Zeit herstellen müssen.*	4	15	9
857	*Rohbau ist geschlampt. Termindruck- Qualität der Mitarbeiter, die Oberflächen, Kanten und Fluchten, das ist kein Handwerk mehr.*	8	7	5
858	*Die Konsolen, die aus dem Gerüst genommen wurden, werden nicht zurück gelegt.*	23	21	7
859	*Die Jungen nicht mit den Jungen arbeiten lassen, sondern mit den Alten- da kriegen die dann mehr mit.*	5		
860	*Bei den Terminabsprachen der Gewerke untereinander geht immer was schief.- Terminplan gilt nie so richtig.*	17	16	4
861	*Hier sein heißt keine Zeit für andere Sachen haben. Man kommt nicht dazu, im normalen Alltag Sachen in Ruhe weg zu arbeiten.*	13	15	6
862	*Die Architekten bilden die Details nicht aus, das braucht dann immer viel Zeit für die Entscheidungen.*	2	16	4
863	*Im Grunde genommen guckt man gleich auf die Pläne und sucht die Fehlenden, aber das sieht man oft erst bei der Ausführung.*	9	4	1
864	*Im Fußboden, Verbundestrich- Kanäle für die Elektrik sollen 8cm sein, der Estrich ist aber nur 7cm, jetzt soll ich unzulässig bauen, wegen der fehlerhaften Planung.*	1	9	11
865	*Die WCs werden zum zweiten Mal gebaut. Fehler aus dem 1. Bauabschnitt hier wiederholt, die Schächte waren nicht breit genug.*	6	9	3
866	*Es ist ein blödes Gefühl, der Termin steht und du weißt, das schaffst du nicht.*	18	10	9

lfd.Nr.	Fehlerereignis	U	B	K
867	*Strom und Wasser, das war unklar, woher das kommen soll. Es gab noch gar keine Wasserversorgung und für den Strom wollten die dann mehr Geld haben.*	1	9	9
868	*Das LV fehlte und parallel mit den Vergaben arbeiten, das ist einfach zu viel. Viele Unstimmigkeiten, mach mal wie da drüben aber eben n bißchen anders.*	1	10	12
869	*ARGE-Partner versteht manches nicht. Die denken anders, billig ist nicht unbedingt günstig!*	21	1	9
870	*Kaufm. wird bei denen mit dem spitzen Bleistift gerechnet. Telefon selbst einrichten, ewig warten...*	22	1	4
871	*Die schlüsselfertig Arbeit macht keiner wirklich gerne; Jeder will so schnell es geht wieder weg hier. 50-60 Std. Arbeit die Woche.*	5	10	12
872	*Man müßte mehr Personal vorsehen; klassische 3 Teilung. PL, BL, Polier*	5	20	9
873	*Man reagiert nur noch, kann nichts mehr vorweg planen.*	14	10	1
874	*Verzögerungen in der Vergabe; LV hätte früher erstellt werden müssen; ggf. Büro- die eigene_ Kalkulation hat auch zu spät damit angefangen.*	18	16	1
875	*Nachts aufwachen und nicht mehr einschlafen können.*	9	21	7
876	*Ich kann mir nicht vorstellen, dass man zu dem angebotenen Preis überhaupt bauen kann.*	4	7	2
877	*Für die Leute die Arbeit. Dann hat man die Baustelle und keine Leute mehr. Statt 12 angeforderten kommen nur 4 Leute.*	5	20	9
878	*Man braucht angemessenen Mengen, um es richtig zu machen. Sich mal auf ein Objekt konzentrieren zu können.*	9	10	9
879	*Geld, Bauführer, Polier- man wird nur noch getrieben. Wird einfach angeordnet, Überstunden und Samstagarbeit.*	18	12	12
880	*Beim Subunternehmer ist Mehrarbeit eine Selbstverständlichkeit, die springen gleich.*	18	12	12
881	*Was nützen viele Leute, wenn der Kran nicht da ist. Bei der Schalung heute braucht man für jedes Teil nen Kran.*	2	9	4
882	*Lehrjungen mussten 3 Wochen für die Maurer buddeln, kein Wunder, dass die keine Lust haben.*	3	12	2
883	*Bei soviel Überstunden ist das kein Wunder, dass die Augen zu fallen. Die Buskolonne ist gegen die Leitplanke gefahren.*	9	21	7
884	*Eben mal n viertel Jahr Überstunden und auf der nächsten Baustelle schon wieder, wie das wohl weitergeht.*	5	10	12
885	*Man erfährt zu kurzfristig vom Wechsel, man kriegt auch die ganzen Klamotten dann gar nicht ins Auto rein! Läßt die Gummistiefel dann schon mal stehen.*	15	5	12
886	*Wir sind drei Wochen im Verzug aber haben immer noch keine Pläne, nur Vorab. Und ständig Änderungen.*	1	14	9
887	*Und noch ne Woche rausholen, auf den Knochen der Leute- die machen doch daraus ihren Profit.*	18	11	9
888	*Wenn man was sieht muss man das sagen. Die Konsolen aus dem Gerüst wurden nicht zurück gelegt.*	8	15	7
889	*Hälfte hälfte, dann ist das OK, aber es gibt ja Baustellen, wo nur noch Ausländer sind.*	3	12	8

lfd.Nr.	Fehlerereignis	U	B	K
890	*Kranfahrer konnte gar kein Deutsch mehr. Das war gefährlich.*	3	21	7
891	*Gibt Probleme mit den Jungpolieren. Erfahrung fehlt, Sprüche kommen.*	12	12	8
892	*Leute eine Sache zu Ende bringen lassen. Die wurden abgezogen, jetzt müssen sich Neue erst mal wieder rein denken.*	25	16	6
893	*Wir freuen uns auch mal über Arbeit, bei der wir richtig nachdenken können.*	3	12	2
894	*Man muss erbetteln Vorarbeiter oder Polier werden zu können, da ist unsere Firma schlecht. Gleiches Geld für unterschiedliche Leistung.*	12	19	8
895	*Ich mach mir Sorgen, ob das finanziell aufgeht.*	6	12	2
896	*Bei vielen Dingen macht man Annahmen und man weiß nicht, wo das hingeht.*	6	16	9
897	*Neue Mitarbeiter müssen an unserem Stil ausgerichtet werden.*	11	1	
898	*Ich bin bei keiner Baubesprechung mehr.*	11	2	2
899	*Baustelle 1 läßt mir keine Ruhe, eigentlich müßte ich jetzt unterstützen und den Nachtrag verhandeln, aber ich hab keine Zeit.*	14	10	9
900	*Viel viel Arbeit liegt rum und ich unterstütze den BL nicht.*	9	10	9
901	*Der Streß entsteht wegen der Rendite der Bauherren und ihrer Finanzierung.*	4	12	9
902	*Keine Zeit für das QM-angeordnete 3 Personen Gespräch. Der BL und der Kalkulator müssen das tun.*	14	4	8
903	*Die BL heute kennen die Sprache vom Bau nicht mehr. Wenn sie es könnten, hätten sie gar keine Zeit es zu machen.*	12	5	8
904	*Sinnloses Zeug, diese Dokumentationen; das kann man gar nicht alles machen.*	14	1	2
905	*Eigentlich bräuchten wir mehr Personal aber da fehlt das Geld.*	5	20	6
906	*Ich fahre nur auf die Baustellen, wenn Probleme da sind.*	14	2	8
907	*Man müßte ein Entlassungsexempel statuieren, damit die mehr Leistung bringen.*	11	7	2
908	*Der Bauherrenvertreter ist ein sehr komplizierter Mann.*		12	9
909	*Ich ärgere mich über die niedrigen Preise.*	4	12	2
910	*Ich habe den falschen Kran ausgesucht. Der war zu schwach für die benötigte Leistung.*	8	9	4
911	*Von Nachunternehmerproblemen hör ich mal, machen tut das dann der Bauleiter.*	6	2	6
912	*Ich würde lieber ganz alleine so ein Projekt machen.*	4	12	
913	*Den alten Überbau haben wir in der Stabilität zu hoch eingeschätzt, da musste das Verfahren dann geändert werden.*	1	14	4
914	*Der Bauherrenvertreter hat Probleme mit seinem Vorgesetzen, der BH selber ist schwierig, das macht alles nicht entspannend.*	10	13	9
915	*Bei einem Baugrundrisiko wie hier sind wir sehr abhängig von guten Bodengutachten.*	1		5
916	*Ich komme zur Baubesprechung, wenn der oberste Bauherr da ist. Der nimmt nur mich ernst, da können wir uns kabbeln, ohne_ das einer das Gesicht verliert.*	11	13	6
917	*Nachfolgerprobleme für Theo (Aufsteiger) , jetzt fehlt wieder ein guter Bauleiter.*	5	20	6
918	*Nachdenken, Akquisition betreiben, das müßte man eigentlich verstärken; viel zu viel im Detail drin...*	9	12	12

lfd.Nr.	Fehlerereignis	U	B	K
919	*Ich seh, ich muss die Bauleiter entlasten aber da fallen dann andere Dinge hinten runter...*	5	15	9
920	*Ich denke jetzt mach ich das, dann werd ich wieder unterbrochen, ich hab dann auch zu wenig Disziplin...*	9	10	9
921	*Man kann die Guten verlieren, wenn man sie nicht aufsteigen läßt, dann hinterlassen die auch eine Lücke..*			6
922	*3 arbeiten, 2 bohren in der Nase, die werden immer mitgeschleppt. Die Leistung kommt einfach nicht...*	19	7	8
923	*Unsere Bewährung ist besser, nur zu teuer gegenüber den Anderen. Das ist die Krux, das System.*	4	11	8
924	*Kommen keine Aufträge rein, arbeiten die Leute langsamer, da muss man sich überlegen, wie man die bei der Stange hält.*	15	16	9
925	*Wenn Sachen für die Baustelle gebraucht werden, 48 Std. vorher Bescheid geben, nicht immer so kurzfristig.*	1	15	3
926	*Oft wird ohne Fax bestellt, die müssen das doch sowieso aufschreiben, auf die Bedarfsmeldung !*	10	15	6
927	*Die Container kommen vollkommen verdreckt und demoliert zurück.*	10	8	3
928	*48 Std. ist zu knapp für eine Containerbestellung. Wir brauchen länger um den vernünftig herzurichten. Wir machen die erst auf Bedarf fertig.*	3	15	4
929	*Ärger mit den Betten in den Containern, die Matratzen ...*	6	8	3
930	*Die Mitarbeiter fühlen sich zu sicher ! Das liegt sicher an der Kontinuität der Firma, aber die Leistung sinkt.*	6	7	2
931	*Wenn eine neue Baustelle anfängt ist das total chaotisch. Man könnte meinen, die haben noch nie gebaut.*	1	9	1
933	*Die Leute in der Arbeitsvorbereitung sind überfordert.*	5	12	10
934	*Die komplizierten Lamellen, die konstruiert wurden, werden jetzt doch nicht mehr gebraucht !*	28	13	3
935	*Ich muss Aufgaben übernehmen, die eigentlich zum Bauleiter gehören.*	28	22	6
936	*Es werden Entscheidungen vom Bauherren nicht getroffen und dadurch entstehen Verzögerungen.*	10	9	4
937	*Erst wenn der Auftrag da ist, wird der Bauleiter informiert.*	11	4	1
938	*Die Baustelleneinrichtung war eine Fehlkalkulation.*	1		3
939	*Der Polier hat nicht gesehen, dass der Subbi die Stürze zu niedrig gemauert hat.*	27	14	5
940	*Den SiGE Plan benutzt keiner.*	23	15	7
941	*80 Tonnen Bewährung im Rohbau wurden nicht mit einkalkuliert.*	24	18	3
942	*Bevor die Statik da war, wurde kalkuliert und ein Angebot abgegeben. Verkalkuliert !*	3	18	1
943	*Es fehlen gute Maurergesellen in der Firma.*	5	20	5
944	*Nicht zur Veröffentlichung gestattet*	4	9	6
945	*Nicht zur Veröffentlichung gestattet*	26	4	1
946	*Nicht zur Veröffentlichung gestattet*	11	22	1

lfd.Nr.	Fehlerereignis	U	B	K
947	*Man sollte mal wieder eine Baustelle selber machen. Regelmäßig hingehen.*	14	6	
948	*Die Konstellation auf der Baustelle, der eine Geschäftsführer kennt den Bauherren gut, das ist nicht so optimal.*	22	13	
949	*Der Kontakt zu den Baustellen ist verloren gegangen.*	14	5	2
950	*Ich kümmere mich um die Prestigeobjekte. Bremerhaven, da hängen weitere Projekte dran. Da waren wir vorher nicht präsent.*	11	5	8
951	*Ich fahre nicht der Baustellen wegen hin, sondern der Bauherren wegen.*	11		2
952	*Alle Baustellen sind im Schnitt 1,5% im Minus kalkuliert.*	4	11	12
953	*Die Baustellen laufen so kurz, da ist gar keine Zeit für Strategien.*	18	16	12
954	*Man merkt erst nach 4-5 Monaten, das was schief läuft, da können wir nur noch relativ wenig tun.*	27	2	5
955	*Gewerbliche kommen gar nicht in die Firma, die können auch nicht reden...*	11	3	8
956	*Strenge und klare Orgastruktur, das große Problem ist, trotzdem so flexibel zu sein, dass es den Wünschen und Möglichkeiten der MA entspricht.*		5	9
957	*Viele kleine Könige, trotzdem miteinander und nicht gegeneinander oder auf Kosten der anderen Abteilung, das ist ein Riesenproblem.*	10	13	8
958	*Ein Austausch zwischen der Haupt- und den anderen Niederlassungen findet kaum statt. Die sind einfach weit weg.*		5	8
959	*Die Bauleiter haben ein Standardauto und jeder will immer irgend etwas extra haben.*	20	19	9
960	*Bauleiter müssen bestimmte Bauvolumen alleine hinkriegen.*	6	2	9
961	*Der Bauherr bestellt mich hin zur Baustelle, wenn nicht aufgeräumt ist, oder ein SUBBI seiner Wahl den Auftrag nicht bekommen hat.*	11	13	9
962	*Im Nachhinein stellt sich raus, dass der Preis nicht hinkommt. Änderungen kamen dazu, jetzt sind wir vollkommen aus dem Kurs. Bei der Kalkulation ein riesen Irrtum.*	4	14	3
963	*Ich fahre unregelmäßig zu den Baustellen, wenn die pikobello laufen, fahr ich da gar nicht hin.*	11	2	8
964	*Man muss auch mal Nein sagen. Zu so schlechtem Preis nicht arbeiten.*	4	19	2
965	*Die Verantwortung und das Risiko liegen einseitig auf dem Rücken der Unternehmer, der Bauherr bezahlt nur noch.*	10	1	12
966	*Es gibt viele Bauherren, die einen übervorteilen wollen. In den Verträgen müssen wir nach Fallstricken suchen.*	16	1	9

Berichte ohne Codierungen sind gelistet, weil sie in die Erarbeitung von Verbesserungsvorschlägen eingegangen sind.

Tab. 20: Zusammengefasste ermittelte Fehlerereignisse

2.4. Bewertung von Fehlerereignissen über hierarchische Ebenen hinweg

	Geschäftsleitung Abteilungsleitung	Bauleitung	Polier	Vorarbeiter Geselle Auszubildender
Ursachen	1. Konkurrenzbedingte Engführung	1. Unzureichende Planung u. Arbeitsvorbereitung	1. Unzureichende Planung u. Arbeitsvorbereitung	1. Unzureichende Planung u. Arbeitsvorbereitung
	2. Unzureichende Planung u. Arbeitsvorbereitung	2. Rationalisierungsbedingte Engpässe	2. Kalkulatorische Engpässe	2. Fehlende Standards für Arbeitsmittel u. Arbeitsbedingungen
	3. Rationalisierungsbedingte Engpässe	3. Überlastung	3. Rationalisierungsbedingte Engpässe	3. Konservatives Führungsverständnis
	4. Konservatives Führungsverständnis	4. Konservatives Führungsverständnis	4. Unzureichender Informationsaustausch	4. Mangelnde Transparenz der Projekte, des Arbeitseinsatzes
Begleiterscheinungen	1. Aushalten müssen	1. Improvisieren	1. Improvisieren	1. Aushalten müssen
	2. Informationsdefizit wahren	2. Überforderung	2. Kritik an Kollegen	2. Gefährdung der Mitarbeiter
	3. Meinungsunterschiede	3. Kommunikationsdefizit	3. Arbeitsablaufbehinderung	3. Arbeitsablaufbehinderung
	4. Planentwicklung	4. Kritik an Kollegen	4. Aushalten müssen	4. Arbeiten mit mangelhaftem Material, Arbeitsmitteln od. -bedingungen
Konsequenzen	1. Stress: Zeitdruck, Zusatzaufgabe, Streit, Unsicherheit, Improvisieren	1. Stress: Zeitdruck, Zusatzaufgabe, Streit, Unsicherheit, Improvisieren	1. Stress: Zeitdruck, Zusatzaufgabe, Streit, Unsicherheit, Improvisieren	1. Motivationsverlust
	2. Zusatzkosten	2. Zusätzlicher Planungs- u. Organisationsaufwand	2. Zusätzlicher Planungs- u. Organisationsaufwand	2. Kooperationsgefährdung, -verlust, -rückzug
	3. Kooperationsgefährdung, -verlust, -rückzug	3. Motivationsverlust	3. Kooperationsgefährdung, -verlust, -rückzug	3. Gefährdung des Mitarbeiters oder des Arbeitsergebnisses

Tab. 21: Bewertung der Fehlerereignisse über hierarchische Ebenen hinweg

2.5. Zuständigkeiten für die Umsetzung erarbeiteter Verbesserungsvorschläge in die Praxis

Abteilungsleitung	in Verbindung mit
	Bauleiter, Polier
	Bauleitung
	Bauleitung, Kalkulation
	Bauleitung, Technisches Büro
	Betriebsrat, Bauleitung, Polier
	Einkauf
	Geschäftsleitung
	Kalkulation
	Kalkulation, Arbeitsvorbereitung, Bauleitung, Polier
	Kalkulation, Personalplanung
	Personalabteilung, Qualitätsmanagement
	Polier
Arbeitsvorbereitung	in Verbindung mit
	Abteilungsleitung, Bauleitung
	Bauleiter, Polier
	Polier
Bauhof	in Verbindung mit
	Maschinenverwaltung
	Maschinisten
	Polier, Gesellen
	Technische Bau Genossenschaft
Bauleiter	in Verbindung mit
	Arbeitsvorbereitung
	Maschinist, Polier
	Meister, Vorarbeiter
	Polier
	Polier, Gesellen
	Polier, Qualitätsmanagement
	Polier, Sicherheitsbeauftragter
	Polier, Technisches Büro
	Polier, Vorarbeiter
	Polier, Vorarbeiter, Gesellen
	Sicherheitsbeauftragter
	Sicherheitsbeauftragter, Abteilungsleitung
Betriebsrat	in Verbindung mit
	Abteilungsleitung, Geschäftsleitung, EDV-Abteilung

Einkauf	in Verbindung mit
	Abteilungsleitung, Bauleitung
Geschäftsführung	in Verbindung mit
	Abteilungsleitung, Bauleiter
	Abteilungsleitung, Bauleitung, Polier, Vorarbeiter, Gesellen
	Abteilungsleitung, Bauleitung, Poliere
	Abteilungsleitung, Niederlassungsleitung
	Abteilungsleitung, Personaleinsatzplanung
	Abteilungsleitung, Poliere
	Bauleiter, Polier
	Bauleitung
	Einkauf
	Personalabteilung
	Personaleinsatzplanung
	Qualitätsmanagement
Geselle	in Verbindung mit
	Maschinisten, Polier
	Polier
Kalkulation	in Verbindung mit
	Abteilungsleitung, Bauleiter, Polier
	Polier
Maschinist	in Verbindung mit
	Polier
Niederlassungsleiter	in Verbindung mit
	Betriebsrat
Personaleinsatzplanung	in Verbindung mit
	Polier
Polier	in Verbindung mit
	Geselle, Vorarbeiter
	Vorarbeiter
Qualitätsmanagement	in Verbindung mit
	Abteilungsleitung, Bauleiter, Polier
	Arbeitsvorbereitung, Bauleitung, Polier
	Einkauf, Abteilungsleiter
	Sicherheitsbeauftragter
	Sicherheitsbeauftragter, Gesellen
Technisches Büro	in Verbindung mit
	externe Büros, Abteilungsleitung, Bauleitung
	Flechter, Geschäftsführung, Abteilungsleitung

Tab. 22: Zuständigkeiten für die Realisierung von Verbesserungsvorschlägen